中国地方政府债券市场
发展趋势研究

张欣怡◎著

ZHONGGUO DIFANG ZHENGFU ZHAIQUAN SHICHANG
FAZHAN QUSHI YANJIU

中国社会出版社
国家一级出版社 · 全国百佳图书出版单位

图书在版编目（CIP）数据

中国地方政府债券市场发展趋势研究 / 张欣怡著
.—北京：中国社会出版社，2022.5
ISBN 978-7-5087-6751-2

Ⅰ.①中… Ⅱ.①张… Ⅲ.①地方政府—债券市场—经济发展—研究—中国 Ⅳ.① F832.51 ② F832.7

中国版本图书馆 CIP 数据核字（2022）第 057726 号

出 版 人：浦善新	**终 审 人**：李　浩
责任编辑：陈　琛	**责任校对**：张　迟
封面设计：李　尘	

出版发行：中国社会出版社	**地　　址**：北京市西城区二龙路甲 33 号
邮政编码：100032	**编 辑 部**：(010)58124856
网　　址：shcbs.mca.gov.cn	**发 行 部**：(010)58124864；58124848
经　　销：新华书店	

印刷装订：北京虎彩文化传播有限公司	
开　　本：170 mm×240 mm　1/16	
印　　张：15	**字　　数**：240 千字
版　　次：2022 年 5 月第 1 版	**印　　次**：2022 年 5 月第 1 次印刷
定　　价：60.00 元	

中国社会出版社微信公众号

中国社会出版社天猫旗舰店

前　言

2014年，修订后的《中华人民共和国预算法》，允许地方政府发行债券，这是中华人民共和国成立后政府财政管理发展中具有里程碑意义的事件。2015年以来，我国地方政府债券市场得到了迅速发展，在地方经济、社会发展及国家宏观经济管理中，发挥了重要作用。

首先，保障了地方政府债券发行任务的完成，为地方经济社会发展提供了巨额的资金，地方政府债券已成为我国债券市场的重要品种。在地方政府债券发行中，地方政府充分利用国债发行设施、技术和方法，推动了地方政府债券一级市场和二级市场的发展。其次，地方政府债券市场为投资者提供了便利。银行、保险公司等机构投资者及个人投资者，可以十分便利地购买地方政府债券，充分满足了各类投资者的需要。最后，地方政府债券市场为国家宏观经济调控提供有效手段，中央可以利用地方政府债券市场开展对国民经济运行实施跨年度、跨周期的调节，为国家宏观经济管理服务。

因此，本书在文献综述、理论分析、国际比较的基础上，试图就我国地方政府债券市场的总额、结构、绩效、管理体制、法制建设等方面进行研究，总结、归纳存在的问题，讨论在“十四五”时期和2035年前改革发展的重点领域和政策建议，希望能为政府相关决策提供一些有价值的参考，并进一步推动这一领域的学术研究。

本人长期从事财政学领域的教学研究工作，也切身感受到地方政府债券及其他债务问题研究的紧迫性、重要性，本书的成果也算作是一个阶段性的总结。由于本人能力和水平有限，欢迎广大读者对书中的不足之处提出批评指正。

2021年11月10日

目 录

第一章　绪论

一、研究背景

自 2015 年以来，我国地方政府债券发行已有 7 年多的时间，地方政府债券市场得到迅速发展。2015 年发行地方政府一般债券 28606. 90 亿元，专项债券 9743. 70 亿元。截至 2020 年 12 月末，全国地方政府债务余额 256615 亿元。其中，一般债务 127395 亿元，专项债务 129220 亿元；政府债券 254864 亿元，非政府债券形式存量政府债务 1751 亿元。2020 年，全国发行地方政府新增债券 45525 亿元，其中一般债券 9506 亿元，专项债券 36019 亿元。2020 年全国发行地方政府再融资债券 18913 亿元。其中，发行一般债券 13527 亿元，发行专项债券 5386 亿元。2020 年，债券市场共发行各类债券 56. 9 万亿元，地方政府债券占 11. 3%[①]。2020 年 11 月 4 日发布的《财政部关于进一步做好地方政府债券发行工作的意见》强调，"不断完善地方债发行机制，提升发行市场化水平""杜绝行政干预和窗口指导，促进地方债发行利率合理反映地区差异和项目差异"[②]。可见，提高地方政府债券发行的市场化程度，仍是当前我国地方政府债券管理工作的重要任务之一。从最近几年我国地方债券发行情况看，地方政府债券发行的市场化程度有待提高，问题体现如下。

第一，地方债券发行价格，不能灵敏、准确地反映资金市场供求关系，价格功能不够健全，存在掩盖市场风险，误导投资者、误导政府之嫌。从一些个案可以看出，有些地方政府通过现金管理、国库业务等手段，影响地方政府债券承销团成员在债券发行时的报价，有操纵市场和价格的情况。

---

① 中国人民银行货币政策分析小组：《2020 年第四季度中国货币政策执行报告》，中国人民银行网站，2021 年 2 月 8 日。

② 财政部：《财政部关于进一步做好地方政府债券发行工作的意见》，财政部网站，2020 年 11 月 4 日。

第二，地方政府债券发行价格与国债价格存在捆绑关系。财政部曾明确规定，“采用承销或招标方式的，发行利率在承销或招标日前 1 至 5 个工作日相同待偿期记账式国债的平均收益率之上确定”，此种情况持续到 2021 年 1 月 1 日。这就意味着目前地方债券，特别是专项债券的发行，主要依赖的是政府资信，特别是省级政府资信。有些地方还曾出现过地方政府债券发行价格低于同期国债价格的反常现象。

第三，地方政府债券评级不能准确揭示地方政府的资信及风险，也未能影响其发行价格。目前只有省级政府能够发行债券，所有债券的评级结果都是 3A 级，但资金使用主要是市县政府，市县政府没有举债权，需要发债只能由省级政府代理。目前的评级结果，在纵向上，并不能完全准确反映省、市、县各级政府间的财政状况、债券还本付息能力等资信差异。在横向上，也没有能清晰体现东部、中部和西部地区政府财政经济等资信水平的不同，这种状况在发债初期尚可，但随着时间的推移，其不合理的因素更加显著。

第四，专项债券项目收益信息披露，对债券发行价格影响有限。这里有两个方面的因素，一是项目信息本身披露不够充分，如项目的建设技术、市场前景、项目建设运营的风险等信息披露不完整，难以对债券发行价格产生有效的影响；二是在现行地方政府债券发行机制下，投资者对专项债券项目建设、项目绩效及其信息的忽略。投资者购买地方政府债券，看重的是省级政府的资信，而不是专项债券资金建设项目的绩效。投资者认为，即使项目收益未达到预期，甚至没有经济效益，省级政府为了维护自身信誉，也会想方设法筹集资金保证还本付息，出现债券违约的概率很低。由于有以上保证，只要省级政府发行债券，投资者就可参与购买其债券，属低风险投资。

因此，本书希望通过对我国地方政府债券市场的规模、结构、绩效和法制建设等方面的研究，具体分析我国目前地方政府债券发行市场化的实际情况，分析其原因，为进一步提高我国地方政府债券发行的市场化水平，促进地方债券市场规范发展提供合理建议。

二、研究意义

（一）学术价值

研究地方政府债券市场发展问题，其学术价值主要体现在以下几方面。

一是建立中国特色社会主义现代财政理论。公债理论是现代财政理论的重要组成部分，而地方政府债券，是我国公债的种类之一，研究、总结和归纳我国地方政府债务管理规律，可以为建设中国特色社会主义现代财政理论作出重要贡献。我国目前地方政府债务的发展以及存在的问题，除具有各国地方政府债务的一般特征之外，在许多方面，更具有我国现行经济社会发展和社会制度的特征。在我国地方隐性债务中，地方政府投融资平台的债务，就是一种特殊类型的国有企业债务。这种情况，在其他国家则很少见。这类债务问题的解决和研究，构成了中国特色社会主义财政理论发展的基础。又如我国目前增长速度很快的地方政府专项债券，既和其他国家的市政债券有相似、相同之处，又存在较大差异。在我国地方政府债券资金建设项目绩效评价中，其评价结果的运用，是在我国现行政治体制、行政管理体制下，具有鲜明的中国特色。再是我国地方政府债务的区域特征，与世界上其他大国地方政府债务的区域特征有很大差别。因此，开展地方政府债务市场发展趋势课题研究，对我国地方政府债务管理的特殊问题进行深入探讨，归纳、总结其内在的运行规律，使之上升为理论，用于指导我国地方政府债务管理实践，为中国特色社会主义财政理论作出重要贡献。

二是建立中国特色社会主义现代金融理论。在现代市场经济条件下，地方政府债务风险与金融风险，在一定程度上，就是一件事的两个方面。地方政府债务资金的来源，主要是金融机构。贷款来自银行、城投债及地方政府债券，由银行、保险公司、证券公司认购。一旦地方政府债务出现风险，发生违约，这些金融机构就会遭受损失。而在货币政策、宏观审慎政策配合政府治理地方政府债务风险的过程中，有些实践也具有鲜明的中国特色，对各类金融机构给地方政府投融资平台贷款、购买债券决策时，就需要考虑政府财政政策导向、国家宏观管理要求、企业资信水平，以及与其他市场主体关系等诸多因素；在投资地方政府专项债券时，需要考虑项目还本付息的能力，而不能仅仅看省级政府资信。在区域政府地方政府债务风险治理方面，银行在信贷资金的投放、城投债及地方政府债券方面，也需要考虑缩小区域发展差距、城乡发展差距，实现区域发展一体化、城乡一体化的国家发展目标和要求。因此，地方政府债券市场发展趋势课题研究，有利于探索我国货币政策、宏观审慎政策与财政政策配合的具体途径，为建立中国特色社会主义金融理论作出重要贡献。

（二）应用价值

从我国地方政府债券管理的现实来看，研究地方政府债券市场发展问题，其应用价值主要体现在以下几方面。

1. 综合运用财政政策、货币政策和宏观审慎政策工具，有效遏制地方政府债务风险的蔓延

从我国地方政府债务风险的实际情况分析，债券债务等显性债务整体上处在安全线以内，而地方政府投融资平台、城投债等隐性债务呈持续蔓延状态。通过对地方政府债券市场研究，进一步探索地方政府投融资平台债务、国有高校债务、国有医院债务、高速公路债务、棚户区改造债务等隐性债务现状、形成机制、风险传递渠道，特别是地方政府投融资平台债务化解缓慢的原因，分析其中的主要障碍，提出在“十四五”时期和2035年前解决地方政府隐性债务风险的切实可行的政策建议，有效遏制其风险的蔓延，对实现我国经济社会的可持续发展，具有重要的现实意义。

2. 综合运用财政政策、货币政策和宏观审慎政策工具，优化地方政府专项债券结构，防范专项债券泛化所产生的风险

2015年以来，我国地方政府专项债券发行量增长迅速，种类不断增加，目前除财政部制定了制度的土地储备专项债券、棚户区改造专项债券和公路专项债券外，还涉及水利专项债券、高校专项债券、生态环保专项债券、扶贫专项债券等30多个种类。由于专项债券发行额不计入地方财政赤字，地方政府将发行专项债券作为在现行条件下拉动经济增长的主要手段，2020年专项债券发行量高达3.7万亿元。在时间紧、任务重的情况下，有些地方专项债券发行财务测算质量不高，甚至虚增预测收益，包装项目，实际难以达到项目收益与项目融资相平衡的要求，这就为今后二三十年的财政运行留下了隐患。因此，研究地方政府债券市场，有利于建立

地方政府专项债券法定分类标准，遏制其无序增长，加强专项债券管理，依法打击财务造假行为，有效管控专项债券领域的地方政府债务风险。

3. 综合运用财政政策、货币政策和宏观审慎政策工具，提高债务资金使用绩效，培养税源，防范和化解地方政府债务风险

在债务总额一定的情况下，债务资金的使用绩效，是防范和化解地方政府债务风险的根本性的措施。从我国地方政府债券发行情况看，专项债券要求用项目的收益偿还债券的本息，债券资金的使用绩效直接和债券还本付息相关；一般债券用于没有收益项目的投资，其偿还来源是政府一般公共预算的税费收入，但从较长周期来看，这些教育、医疗、科技、文化等项目，也为经济增长创造了良好的条件，如提供优质的劳动力资源、可以继续开发应用的科技成果等，也是一种长期的税源培养，一个地区整体上经济社会在政府债务资金的支持下得到较快的发展，其增加的税费收入也能保证债券本息的偿还。从我国目前地方债务资金实际使用的绩效状况看，资金闲置、挪用、浪费等现象普遍存在，绩效管理制度不健全，还有很大提升空间。因此，研究地方政府债券市场，有利于进一步完善我国政府债券资金绩效评价制度，解决其存在的突出问题，如绩效指标不健全、评价结果应用程度有限等，充分发挥债券资金在地方经济社会发展中的作用，创造更多的社会价值，保障地方政府债券按期还本付息，从根本上防范和化解债务风险。

4. 综合运用财政政策、货币政策和宏观审慎政策工具，防范和化解区域地方政府债务风险

从目前我国债券债务风险情况看，在整体上仍处在安全线内，全国地方政府债务率低于财政部确定的100%的红线，但从某一个省、市、县的数据分析，就不容乐观。有的省从2016年起，债务率就越过了100%的红线，有的地级市，债务余额是其公共预算收入的2倍以上，债务还本付息主要依靠借新债还旧债，以及上级政府的转移支付。且我国各地区经济社会发展不平衡的现象由来已久，在这种情况下，如何防范和化解区域地方政府债务风险，迫在眉睫。因此，研究地方政府债券市场，有利于利用空间溢出模型，精确计量地方政府债务发行在区域之间的溢出效应，具体分析是推动区域经济社会发展水平差距的缩小，还是继续扩大区域经济社会发展差距，这种溢出效应如何影响区域地方政府债务风险，在此基础上，提出有针对性的政策建议，防范和化解区域地方政府债务风险。

（三）社会意义

从社会意义看，研究地方政府债券市场的发展问题，有利于实现我国经济社会的可持续发展。在“十四五”时期及2035年以前，我国经济社会发展面临较为复杂严峻的国内外环境。在国际上，美国对我国采取了政治、经济、军事、科技、教育等多方面遏制的战略，设置为头号竞争对手。英国、日本、加拿大、澳大利亚等国紧随其后，给我国经济社会发展的国际环境带来了较为恶劣的影响，国际斗争形势较为复杂。在国内，改革开放40多年的经济高速度发展，也积累了不少的风险，如房地产风险、环境风险、收入差距扩大风险等，需要在经济社会发展中逐步化解。研究地方政府债券市场，有利于化解地方政府债务风险，增强政府财政实力，提高政府治理能力和治理体系的现代化，使我国政府有较充裕的财力和能力应对国内外环境的挑战，在国际竞争中赢得有利的地位。在国内及时处置各类经济社会矛盾和危机，实现国家经济社会的可持续发展。同时，地方政府债务风险的化解，也有利于维护国家正常的经济社会秩序，为城乡居民创造良好的生活环境，走可持续发展道路，实现“十四五”时期及2035年以前的发展目标。

第二章 文献综述

一、国外文献综述

（一）地方政府债券市场规模

对于地方政府债务市场规模，国外学者进行了较多的研究，Mikesell、John（2002）[①]、Besancenot et al.（2004）[②] 认为地方政府债务市场规模与预算有关。De Mello（2000）[③] 提出地方政府债务市场规模的扩张与政府进行改革的融资需要有关。

另外，有不少研究者就地方政府债务与企业债务和私人投资的挤入挤出关系展开了探索。研究结论主要有以下三个方面。

一是大多数学者认为地方政府债务对企业债务和私人投资存在着挤出效应。Liaqat（2019）[④] 采用 127 个国家 1980 年到 2017 年的数据，利用面板向量自回归（VAR）模型，估计了地方政府债务与私人投资之间的动态关系。发现地方政府债务对私人投资存在挤出效应，且导致了产出增速的下降，并且在收入有差距的国家之间的私人投资对政府债务的反应也同样存在这种关系。Irem Demirci et al.（2019）[⑤] 在国际环境下开展研究，使用了 40 个国家 1990—2014 年的数据，在国际环境下证明了地方政府债务对企业债务有一定的挤出作用，且这种挤出作用在由国内融资的政府债

① Mikesell, John L. The threat to sales taxes from ecommerce a review of the principal issues [J]. Municipal Finance Journal, 2002, 23 (3): 48-60.

② Besancenot D., Huynh K., Vranceanu R. Default on sustainable public debt: Illiquidity suspect convicted [J]. Economics Letters, 2004, 82 (2): 205-211.

③ De Mello R. Fiscal decentralization and intergovernmental fiscal relations: A cross-country analysis [J]. World Development, 2000, 8 (2): 365-380.

④ Zara Liaqat. Does government debt crowd out capital formation? A dynamic approach using panel VAR [J]. Economics Letters, 2019: 86-90.

⑤ Irem Demirci, Jennifer Huang, Clemens Sialm. Government debt and corporate leverage: International evidence [J]. Journal of Financial Economics, 2019 (2): 337-356.

务，有规模效应、利润率高的公司以及金融市场较为发达的国家表现得更加显著。产生这种问题的原因，主要是金融市场投资者希望在自身的投资组合中，保持相对稳定的债务和股票比例。Dinci Jessica Penzin、Olajide Sunday Oladipo（2021）[①] 通过对小型开放经济体——尼日利亚的案例进行研究，选取尼日利亚债务管理办公室（DMO）的数据，使用协整的自回归分布滞后（ARDL）的研究方法进行实证检验，发现地方政府债务对私人投资有抑制作用，且这种抑制作用显著并且具有长期性。Cong et al.（2019）[②] 也有一致的研究结论。

二是地方政府债务存在着挤入挤出的双重效应，在对国有企业方面表现为挤入，对非国有企业表现为挤出。Liang et al.（2017）[③] 通过对 2008 年金融危机中国实行 4 万亿元经济激励计划后地方债务融资的规模和现状进行分析，发现中国目前存在着信贷错配的现状，表现为国有企业的债务杠杆率的上升和非国有企业的债务杠杆率的下降，并且通过实证检验发现地方政府债务显著挤出了非国有企业的投资，相反，对国有企业表现为挤入。Salyungu Mabula、Felician Mutasa（2019）[④] 使用 1970—2016 年来源于坦桑尼亚国家统计局、坦桑尼亚银行、世界银行和学术期刊的数据，通过协整的自回归分布滞后（ARDL）模型进行检验，探讨公共债务对坦桑尼亚私人投资的影响。通过实证检验得出结论，公共债务和私人投资之间存在着非线性关系，这种非线性关系同时在长期和短期存在。因此，存在着债务“适度”的规模。该研究建议政府对项目执行采取严格的政策监管措施，确保项目借入的资金都能产生积极的回报，并且提议政府对公共债务进行密切监视，确保公共债务都能用在合适的投资当中。

三是部分学者认为地方政府债务的融资会完善基础设施供给、投资公共产品以及资金会流入惠及民生的项目，并且能够使投融资环境得到不断优化，提高社会总需求和增加企业投资机会，因此地方政府债务扩张能够

---

① Dinci Jessica Penzin, Olajide Sunday Oladipo. Domestic debt and private investment: the case of a small open economye [J]. The Journal of Developing Areas, 2019, 55 (4): 249-267.

② Cong L. W., Gao H., Ponticelli J., Yang X. Credit allocation under economic stimulus: Evidence from China [J]. The Review of Financial Studies, 2019, 32 (9): 3412-3460.

③ Yousha Liang, Kang Shi, Lisheng Wang, Juanyi Xu. Local government debt and firm leverage [J]. Asian Economic Policy Review, 2017 (2): 210-232.

④ Salyungu Mabula, Felician Mutasa. The effect of public debt on private investment in Tanzania [J]. African Journal of Economic Review, 2019 (1): 109-135.

起到挤入私人投资的作用（Traum、Yang，2015）①。

此外，还有许多研究者对地方政府债务扩张与经济增长和产业结构升级的关系进行了实证层面的研究。总的来看，有四个方面的认识：一是认为地方政府债务扩张对经济增长和产业结构升级有显著的促进作用；二是认为地方政府债务扩张对经济增长和产业结构升级不仅没有显著的促进作用，甚至有些时候前者对后者产生抑制作用；三是认为学者认为地方政府债务规模与地方经济发展关系存在增进和抑制的双重效应；四是就长期和短期的时间阶段对地方公共债务的挤入挤出效应作出分析。

Panizza、Presbitero（2012）② 通过对公共债务与经济增长的因果关系研究，发现无论是短期还是长期，政府债务的增长和财政赤字的增加，都能对经济产生推动作用。Cerra V、Saxena S C（2008）③ 则是在 2008 年全球经济危机的背景下进行分析，发现政府债务的增长有助于经济实现复苏。Liao（2021）④ 总结了国内外相关研究，分析了中国进入经济新常态后，地方政府通过举债融资将资金投向不同行业的现状。发现地方政府债务扩张一方面可以使政府努力完成“转方式、调结构”的目标，另一方面可以推动产业结构升级和产业结构的合理化建设。研究发现，地方政府债务的扩张通过影响二、三产业来影响产业结构的变化，因此得出地方政府债务的扩张，对经济增长和产业结构升级有一定的促进作用的研究结论。

而有些学者对此持不同意见，认为地方政府债务扩张不利于经济增长和产业转型升级。Kozera Agnieszka et al.（2020）⑤ 根据波兰地方政府日益增长的债务与对农村地区的影响展开分析，利用 TOPSIS 方法建立一个综合的城市债务水平指标分析 2007—2017 年波兰农村的债务率，发现在 2007—2009 年时，大多数农村债务水平较低，只有极少一部分（1/5）处于较高的债务水平，而随着地方政府向欧盟寻求资金帮助，农村地区的债

① Nora Traum, Shu - Chun S. Yang. When does government debt crowd out investment? [J]. Journal of Applied Econometrics, 2015 (1): 24-45.

② Ugo Panizza, Andrea Filippo Presbitero. Public debt and economic growth: Is there a causal effect? [J]. Mo. Fi. R. Working Papers, 2012, 41 (C).

③ Cerra V, Saxena S C. Growth Dynamics: The myth of economic recovery [J]. American Economic Review, 2008, 98 (1).

④ Qi Liao. The theoretical mechanism of local government debt affecting industrial structure changes [J]. World Scientific Research Journal, 2021 (4).

⑤ Kozera Agnieszka, Standar Aldona, Satola Lukasz. Managing rural areas in the context of the growing debt of polish local government units [J]. Agriculture Volume, 2020 (9): 376.

务水平不断提高，2015—2017 年，较多（1/3）的农村、直辖市处于高负债或极高负债水平，威胁到了整个公共部门的稳定性，不利于地区经济的增长。

另一部分学者认为地方政府债务对经济增长有挤入挤出的双重作用。Checherita et al. （2012）① 运用财政可持续性视角展开理论分析，认为公共债务的水平和地方经济增长的关系是倒 U 形的，存在“适度”的规模水平。Roberts，M. A. （2017）② 认为在金融部门存在垄断的情况下，少量固定利率的公共债务可以促进经济增长，但如果导致利率的提高，则会对经济产生挤出效应。Moussa et al. （2020）③ 分析了西非经济联盟公共债务与经济增长之间的关系，通过 GMM 模型进行估计，发现西非经济联盟公共债务与经济增长之间的关系是倒 U 形的，许多发达国家也有类似的关系。并且研究找到了适度的标准——GDP 总量的 15%，研究发现当公共债务占 GDP 的 15%以下时，会对经济增长产生积极影响，当公共债务达到 GDP 的 15%，这种增长会消失。Weige Yang、Xinyue Wang （2020）④ 通过研究证实，地方政府债务的规模与地方经济发展水平存在着高度的相关性：一方面，如果地方政府债务规模是合理的，就会对地方财政的可持续发展、利民生等项目的建设有显著的促进作用；另一方面，如果地方政府的债务规模超出了合理的水平，将不利于经济的增长和可持续运行。因此，如何对地方政府规模进行合理把控，是应该思考并且解决的问题。Zhao et al. （2019）⑤ 借鉴了国内外专家学者关于债务可持续性的研究视角，利用 Moran’s 散点图、LISA 空间关联局部指标图和 SE-SDM 半参数空间模型，研究了中国 30 个省、自治区、直辖市地方政府债务与区域经济增长的关系。研究证明，地方政府债务对经济增长的影响有两个方面，并且呈现非线性

① Checherita-Westphal C，Hallett A H，Rother P. Fiscal sustainability using growth- maximizing debt targets ［J］. IDEAS Working Paper Series From Re PEC；St. Leuis 2012，46（6）.

② Roberts，M. A. A non-monotonic relationship between public debt and economic growth：The effect of financial monopsony. ［J］ The B. E. Journal of Macroeconomics，2017，17（2）：1-10.

③ Moussa SIGUE，Moussa COULIBALY. Evaluation of the non-Linear effects of the public debt on the economic growth of the WAEMU ［J］. Research in Economics and Management，2020（2）.

④ Weige Yang，Xinyue Wang. Research on the relationship between local government debt scale and local economic development ［J］. Frontiers in Economics and Management，2020（9）.

⑤ Rubo Zhao，Yixiang Tian，Ao Le，Francis Boadu，Ze Ren. The effect of local government debt on regional economic growth in China：A nonlinear relationship approach ［J］. Sustainability Volume，2019（11）.

特征。在地方政府债务规模较小时，能够促进民间投资、推动产业升级。当地方政府债务规模超过一定水平时，地方政府债务对民间投资会产生一定的挤出效应，不利于经济的可持续发展，也不利于地区产业升级。Tao Wu、Peng Zhong、Lingyue Wu（2021）[①] 以 2008—2018 年公开市场上地方政府及其投融资平台公司发行债券的季度面板数据为样本，利用面板平滑过渡回归（PSTR）模型来研究中国地方政府债券市场发行量与经济增长之间的因果关系。研究结果表明，当中国地方政府债券市场规模在不断增加的过程中，地方政府债券市场融资对经济增长的积极影响将逐渐减弱，甚至产生负面影响。因此，学者认为对于中国和其他发展中国家，单纯地依靠地方政府发行债务进行融资推动整个社会经济的增长是很困难的。

在此基础上，一些学者就长期和短期内政府投资对私人投资的挤入挤出效应的差异展开了研究，发现短期内，政府投资对私人投资具有挤出效应；长期内，政府投资对私人投资具有挤入效应。Saungweme Talknice、Odhiambo Nicholas M.（2019）[②] 使用了自回归分布滞后（ARDL）模型对 1970—2017 年的津巴布韦公共债务年度时间序列数据进行分析，发现津巴布韦公共债务在短期内挤出私人投资，在长期挤入了私人投资。研究建议政府考虑促进长期财政持续供给，延长政府证券期限结构的财政和金融政策，以确保短期和长期公共债务服务支出的可持续性。

此外，有学者从地方政府债务如何影响新兴城市化的视角、地方政府债务如何影响预算外实体债务水平的视角做了分析，丰富了对地方政府债务规模的研究角度。Shujuan Li、Peishen Cao（2020）[③] 探究了地方政府债务与新型城市化的关系，发现地方政府债务对城镇化的影响并不明确。一方面，地方政府债务推动了城镇化率的增长，政府债务流向基础设施和公共产品供给也会相应地带动经济和产业的发展；另一方面，地方政府债务不利于城镇居民收入的增加。因此，研究提出对地方政府债务影响的判断

---

① Tao Wu, Peng Zhong, Lingyue Wu. Has local government debt promoted economic growth in developing countries? New evidence from a survey in China [J]. E3S Web of Conferences, 2021.

② Saungweme Talknice, Odhiambo Nicholas M. Does public debt service expenditure crowd-out economic growth? empirical evidence from an African developing country [J]. Studia Universitatis Babes-Bolyai Oeconomica, 2019 (3): 23-38.

③ Shujuan Li, Peishen Cao. Does local government debt promote China's new urbanization? [J]. Chinese Economy, 2020 (4): 342-354.

需要站在不同的经济周期中进行评估。Seong-ho Jeong (2020)① 对地方政府债务规模与预算外实体债务水平的关系做了分析，以韩国地方政府为例，通过面板回归方法实证分析了2008—2013年韩国16个大城市和省份地方政府债务水平对预算外实体债务水平的影响。调查结果证明，当地方政府债务总额较多时，地方政府会通过公共企业增加公共债务的预算，从而减轻地方债的预算压力，最终会导致财政幻觉。

（二）地方政府债券市场结构

国外的专家学者对地方政府债券的结构研究包括：①地方政府债务财政透明度对债务融资成本和结构的影响。②PPP模式的研究。

第一，地方政府债务财政透明度对债务融资的成本和融资结构的影响。学者认为较高的财政透明度有助于地方政府债务融资成本的下降和隐性债务的减少，会趋向合理的债券市场结构配置。Hongdan Ji (2020)② 对中国试点前后的地方政府专项债券票面利率开展研究，采用倾向得分匹配方法对信息准确性与地方政府专项债券票面利率的关系进行实证。研究表明，地方政府的信息透明化有助于其专项债券票面利率的提高。但同时也要考虑到“马太效应”，不盲目对信息准确性作出要求。对信息准确性的管理首先要考虑地方政府的融资成本，其次要考虑到市场主体和政府利益的平衡，在此前提下要尽量加大信息披露的力度，推动地方政府专项债券的平稳有序可持续的发展。Bo et al. (2017)③ 对中国地方政府债务的透明度开展研究，通过对地级市融资平台的贷款和发行数据的加总，对地方债务的规模和结构得到较准确的估算，并且预见了政府出台提高透明度的政策后会产生的积极和消极的影响，发现地方政府提高透明度后能导致隐性债务的减少，有利于地方政府债务的合理配置，得到优于其他国家经验的可取之处。

第二，政府和社会资本合作的PPP模式研究。政府和社会资本合作

---

① Seong-ho Jeong. Does the size of local government debt affect the level of debt of off-budget entities? The case of local government in Korea [J]. International Review of Administrative Science, 2020 (2): 333-348.

② Hongdan Ji. Research on the influence of information accuracy on the coupon rate of local government special bonds in China [J]. Economics, 2020 (4).

③ Bo L, Mear F C J, Huang J. New Development: China's Debt Transparency and the Case of Urban Construction Investment Bonds [J]. Public Money & Management, 2017, 37 (3): 225-230.

（PPP）是一种地方政府债务融资机制，在一定程度上能够缓解地方政府债务的压力，解决城镇化资金短缺的问题。Buso et al.（2017）[①] 在法国预算会计改革的背景下，运用倾向得分匹配法（PSM）和COX模型对城市层面的数据进行分析，研究PPP模式是不是地方政府为了隐藏部分公共债务而使用的一种融资方式。结果发现地方政府偏爱PPP而不是传统的政府采购，不能用隐藏债务的可能性进行解释。新规实行后，地方政府采用PPP模式进行采购时会更加考虑到财政的可持续性。Lizhen Li、Xiumei An（2018）[②] 认为，PPP模式能够在一定程度上作为基础设施投融资建设的一种方式和来源，推动公共服务的规模提供和保质保量提供。但是PPP推广普及后产生了一系列的问题，包括PPP逐渐成为地方政府承担本金损失、帮助地方政府实施固定收益和回购的一种新的地方政府融资平台，推动地方政府隐性债务的提高。因此，明确政府应该和不应该参与的事情、完善对PPP的监管和绩效体系建设、对PPP风险进行考察十分重要。Casady Carter Boon（2021）[③] 采用fsQCA方法，考察了拉美和加勒比地区（LAC）、中东欧、中东和非洲（CEMA）以及亚太地区（APAC）48个不同PPP市场的制度设置，发现PPP市场的成熟需要依靠可靠的市场、完备的制度规定和制度激励以及民众的社会意愿。除此之外，要想使一个国家的PPP市场平稳有序发展，还需要有较高的市场透明度。

（三）地方政府债券市场绩效

国外学者对地方政府债券市场绩效做了诸多研究，主要集中在地方政府债券市场的效率、地方债信用评级和地方政府债券市场绩效的评价管理。

第一，地方政府债券市场效率的研究。Jianxin Wu et al.（2018）[④] 以

---

① Marco Buso，Frederic Marty，Phuong Tra Tran. Public－private partnerships from budget constraints：looking for debt hiding？［J］. International Journal of Industrial Organization，2017（51）：56-84.

② Lizhen Li，Xiumei An. Local government implicit debt under China's public private partnerships：Scope，formation and governance［J］. Journal of Investment and Management，2018（5）.

③ Casady Carter Boon. Examining the institutional drivers of Public-Private Partnership（PPP）market performance：A fuzzy set Qualitative Comparative Analysis（fsQCA）［J］. Public Management Review，2021，23（7）：981-1005.

④ Jianxin Wu，Yanrui Wu，Bing Wang. Local government debt，factor misallocation and regional economic performance in China［J］. China & World Economy，2018（4）：82-105.

2000—2013 年中国 31 个省、自治区、直辖市的地方政府债务的全要素效率和生产效率为研究对象，发现忽视地方政府债务可能导致对中国部分省份经济政策效率的高估。学者对中国不同地域的地方政府债务效率进行分析，发现东部地区的单要素效率和全要素效率均优于非东部地区，西部地区表现最差。此外，东北地区是唯一一个经历了全要素表现下降的地区。由此可见，国家通过投资驱动的方式对地区的发展进行主导调控对各地区经济的发展有双面效应。一方面可能导致中西部地区的经济增长，另一方面可能延缓东部地区的经济发展。

第二，地方政府债券市场的绩效管理。在经济发展的过程中，地方政府的资金需求不断扩大，政府需要通过发行债务进行融资，并且将其作为政府资金的主要来源（Dianhong Zheng、Changsheng Li，2017）①。国外对政府债务绩效评估和绩效管理的实践，对切实推进我国政府债务绩效管理全面实施具有极大实用价值。目前学者针对绩效预算制度化、金融理论等研究，对如何进行地方政府债券市场绩效的管理提出建议。

Mauro S G et al. （2018）② 对绩效预算制度化的外部压力和内部动力进行探究，通过分析在相同背景下运行的三个组织（意大利的三个部委）在相同的绩效预算实践可以或不能在这些组织中以类似的方式实现，从而得出了目前绩效预算制度的外部压力和内部动力之间缺乏协调的实证结论。

Dimu Ehalaiye et al. （2017）③ 考察了新西兰地方政府债务的财政决定因素，采用面板数据方法基于财政问责和道德风险理论，分析了关键金融因子与新西兰地方政府债务之间的关系。研究结果表明，在 2008 年全球金融危机期间，新西兰地方政府的借款水平没有受到明显的影响，但全球金融危机过后，较低的利率导致新西兰地方政府快速增加了借贷活动。研究将这种变化归结为金融机构的影响，提出对于地方政府债券市场的管理，要把握地方政府和金融机构的关系，合理利用金融机构的要素（借款利

---

① Dianhong Zheng，Changsheng Li. Credit risk evaluation of local government debt in Jiangsu Province［J］. World Rural Observations，2017（2）.

② Mauro S G，Cinquini L，Grossi G. External pressures and internal dynamics in the institutionalization of performance-based budgeting：An endless process?［J］. Public Performance & Management Review，2018，41（2）：224-252.

③ Dimu Ehalaiye，Nives Botica Redmayne，Fawzi Laswad. Financial determinants of local government debt in New Zealand［J］. Pacific Accounting Review，2017（4）：512-533.

率）等推动经济增长。

（四）地方政府债券市场管理体制

建立地方政府债券市场管理体制，通过体制机制完善对地方政府债券市场的管理对于一个国家地方债市场的平稳有序发展十分重要。地方政府采取债务融资的方式在一定程度上能够推动地区经济发展和促进宏观政策的落实。但是随着民生需求的加大，地方政府债务规模的扩大，阻碍了地方政府债务的平稳运行，增加了地方政府债务风险，不利于对地方政府债务进行管理（Dai Siyuan，2020）[①]。国外文献中专家学者对公共债务管理的研究主要是从风险角度出发，通过风险的成因、风险预警等措施探究政府债券市场管理的改革思路。

第一，对公共债务风险的研究。对于公共债务风险，学者认为主要的原因是薄弱的国家一级制度质量（Rajakaruna，2021）[②]、较低的信息透明度、不完善的国家管理体制和不健全的法律法规（Dai Siyuan，2020）[③] 等。

Rajakaruna（2021）[④] 通过使用 1996 年至 2018 年巴基斯坦国家一级机构质量数据，对巴基斯坦国家层面的制度质量与公共债务之间的关系进行评估。发现话语权与问责、监管质量、腐败控制等因素与公共债务存在显著正相关关系，而政治稳定、政府效能、法治等因素对公共债务存在显著负相关关系。Li et al.（2021）[⑤] 研究了中国地方政府债务风险的空间关联特征及其空间溢出效应，发现中国地方政府债务风险有一定的空间相关性，并且子群的分布和中国七大地理区域的分布有一定的相似性。这种地方政府债务风险的空间溢出效应是分权改革下的地方政府竞争、权责划分和地方政府干预相结合的结果。Ouyang Alice Y.、Li Rui（2021）[⑥] 基于财

---

① Dai Siyuan. Risks and countermeasures of local government debt in China ［J］. Modern Economy, 2020（10）: 1611-1620.

② Rajakaruna Iwanthika, Suardi Sandy, Perera Nelson. On public debt and twin imbalances in the South Asian region ［J］. Applied Economics, 2021, 53（27）: 3080-3069.

③ Dai Siyuan. Risks and countermeasures of local government debt in China ［J］. Modern Economy, 2020（10）: 1611-1620.

④ Rajakaruna Iwanthika, Suardi Sandy, Perera Nelson. On public debt and twin imbalances in the South Asian region ［J］. Applied Economics, 2021, 53（27）: 3080-3069.

⑤ Li Xing, Ge Xiangyu, Fan Wei, Zheng Hao. Research on spatial correlation characteristics and their spatial spillover effect of local government debt risks in China ［J］. Sustainability, 2021（5）: 2687.

⑥ Ouyang Alice Y., Li Rui. Fiscal decentralization and the default risk of Chinese local government debts ［J］. Contemporary Economic Policy, 2021（3）: 641-667.

政分权的视角，通过城市建设投资债券和地方政府债券的数据，引入财政透明度、预算约束、债务配额限额和地方官员能力等角度，考察政策措施如何通过对财政收入和支出的分权影响地方政府债务违约的风险。实证结果证明了对财政收入分权时，地方政府债务违约风险降低，而对财政支出分权则会增加地方政府债务违约风险。也有的学者从其他角度开展分析，Zheng、Huang et al.（2021）[①] 分析了地方政府债务风险与银行风险的联动关系，基于动态因子模型，将中国 31 个省级数据分解进行研究，结果表明地方政府债务风险与金融风险之间存在着一定的协同关系，因此完善地方政府债务风险治理十分重要。

从措施层面，学者认为可以通过构建风险预警体系、提高政府财政透明度的方式降低地方债的风险。Zhang et al.（2021）[②] 基于 KMV 和 TOPSIS 模型对中国地级市地方政府结构性债务风险进行了实证分析，通过比较阈值的大小进行检验。结果表明，中国有 7 个省市目前没有相应的地方政府债务风险预警，有 10 个省市处于轻度预警状态，其他省市处于中度预警的状态。鉴于此，构建风险预警体系可以被看作一种科学合理和行之有效的措施与政策防范化解政府债务风险手段。World Bank（2021）[③] 通过对世界银行的公共债务热点地图进行评估，发现与其他符合开发协会资格的撒哈拉以南国家相比，乌干达在公共债务和债务管理透明度方面做得很好，这得益于乌干达在公布债务数据方面的持续努力和隐性公共债务数据的较多披露。因此，通过提高政府债务的透明度可以很好地为防范化解政府债务风险做准备。

第二，地方政府债券市场管理的改革。中国地方政府债务普遍面临融资方式单一、缺乏科学的监管制度、对执行者（地方政府官员）缺乏有效的评价体系等问题（Han Hong，2020）[④]。国外许多学者就如何通过健全地方政府债券市场管理体制，以提高政府投资资金效率，进而实现促进经济

---

① Zheng Changjun，Huang Siwei，Qian Ningyu. Analysis of the co-movement between local government debt risks and bank risk in China [J]. The Singapore Economic Review，2021 (3).

② Rongzhou Zhang，Ruoyu Shi，Cheng Li. Local government debt risk measurement and early warning structural system building- research based on KMV and TOPSIS models [J]. E3S Web of Conferences，2021.

③ Stucka Tishomir，Sebudde Rachel，Walker Richard. Public debt transparency in Uganda [M]. World Bank，2021.

④ Han Hong. The causes and risk Prevention of local government debt in China [J]. International Journal of Social Science and Education Research，2020，3 (9).

增长的效果展开了深入分析。

Zengping He、Genliang Jia（2020）[①] 在现代货币理论框架下反思中国地方政府债务问题，发现按照目前的政策规定，中国地方政府的收入需要缴纳一部分给中央政府，在这种情况下地方政府就会被迫承担着一定的财政压力，作用在地方政府债务层面则不利于地方政府债务的偿还和风险的控制。因此，要想解决中国地方政府的债务问题，就要在分权制的视角下让中央政府承担更多的财政负担。M. Yu. Kozhevnikov（2019）[②] 认为中国地方政府债务面临的困难主要是供需结构不匹配。当前地方银行给出的贷款多为短期的贷款，但是地方基础设施项目的建设所需周期较长，需要较长时间的资金投入，因此需要发行长期债券，这种供给和需求的不匹配使得地方政府通过发行债务进行融资成为必然。因此，未来改革的方向是政府提供政策机会将一部分短期债务转化为长期债务，通过中央对地方政府的债务预算进行重新分配。Menghan Dai（2021）[③] 对 2014 年中国国务院出台的国发〔2014〕43 号文从控制存量债务、激励相容政策等角度开展了研究，通过 DID 模型识别国家实施债务管理政策后对地方政府债务的整体影响效果，实证研究发现，国发〔2014〕43 号文的调控政策确实控制了省一级的存量债务和债券发行，但对发债率的影响并不明显，同时研究发现，激励相容政策能够帮助政策实现传导。

此外，还有的学者分析了出售公共（金融和非金融）资产是否作为代替发行公共债务，进而恢复欧洲国家公共债务可持续性的方式（Irina Bilan，2015）[④] 以及官员因素对债券市场的影响。Cheol Liu et al.（2017）[⑤] 通过寻租理论的视角对地方官员的腐败程度对地方政府债务的影响进行分析，发现腐败官员的选择会导致一系列负面的财政结果。一个州的公共腐

① Zengping He，Genliang Jia. Rethinking China's local government debts in the frame of modern money theory［J］. Journal of Post Keynesian Economics，2020（2）：210-230.

② M. Yu. Kozhevnikov. Debt of local governments of China：Assessment issues and analysis［J］. Studies on Russian Economic Development，2019（6）：714-716.

③ Menghan Dai. Is the regulation policy of local government debt effective in controlling stock debt? Analysis based on document No. 43，2014 of the Chinese state council［J］. World Scientific Research Journal，2021（3）.

④ Irina Bilan. An evaluation of the sale of public assets as alternative public debt reduction strategy in European countries［J］. EIRP Proceedings，2015，10（1）：335-344.

⑤ Cheol Liu，Tima T. Moldogaziev，John L. Mikesell. Corruption and state and local government debt expansion［J］. Public Administration Review，2017（5）：681-690.

败程度越高，其州和地方债务的总水平就越高。研究通过对州的腐败程度作出假设，发现如果10个州的腐败程度处于平均水平，那么在其他条件相同的情况下，它们的公共债务将减少9%。并且研究表明一个州的腐败程度达到较高的水平后，单纯依靠制度措施进行控制很难有效地遏制住国家和地方公共债务的增加。因此，地方政府需要通过对公共部门腐败源头的遏制来对地方政府债券市场实施更有效的管理。김애진（2017）[①] 分析地方政府首脑在制订地方政府债券发行计划中的作用，通过对韩国226个城市在2005年到2015年10年的地方政府债券发行数据的分析，运用面板数据分析的固定效应模型将地方政府债券发行余额作为因变量分析。得出以下三个结论：①地方政府首脑所属政党与上一级政府的市长、省长相同，且政府首脑资历高时，会对地方政府债券的发行余额产生积极影响；②如果地方政府的负责人曾经是政府官员，则地方政府债券的发行较为保守，从而对地方政府债券的发行余额产生消极影响；③在社会经济因素方面，负债率和人均资助分配对地方政府债券发行余额有积极影响，而人均地方补贴税分配对地方政府债券发行余额有消极影响。地方主义、政治因素和将地方政府债券发行项目纳入中期地方财政计划的制度因素也会对地方政府债券发行余额产生一定的消极影响。

二、国内文献综述

（一）我国地方政府债券市场规模

1. 地方政府债务规模规范研究

地方政府债务融资有利于防范化解地方财政风险和解决因基础设施和公共服务建设带来的地方债务问题（张宁，2021）[②]。目前，地方债发行规模呈现集中供给的趋势，发行期限延长，发行供需结构得到改善，新增专项债投资的方向由土地储备、棚户区改造项目转向多元化项目，有力地拉动了地方基础设施的建设（孙彬彬、陈宝林，2020）[③]。当前国内学者主要

① 김애진. A study on the effect of political factors of local governments on the issuance of local government bonds [J]. The Korea Journal of Local Public Finance, 2017 (1): 161-193.

② 张宁. 地方政府债务融资模式的国际比较分析与借鉴 [J]. 财会通讯, 2021 (11): 150-160.

③ 孙彬彬, 陈宝林. 地方债发行回顾与展望 [J]. 债券, 2020 (12): 27-30.

从时间演变、债务扩张的原因、定价机制角度出发，对地方政府债券市场规模进行了规范性的阐述。

从时间演变的角度看，2009 年，地方政府开始通过发行债券进行融资的试点，2009—2014 年发行额度较小但逐年增长，2015 年新预算法的实施和国发〔2014〕43 号文件的出台使地方政府债券发行规模迅速扩大。2017 年后地方政府债券的发行相对稳定，规模控制在 4 万亿~6 万亿元，显性债务余额控制得较好，均在地方政府债务限额之内（李升，2021）①。2020 年，经济和社会运行受到新冠肺炎疫情的影响，地方政府专项债券的发行有助于积极的财政政策的推动。截至 2020 年 12 月末，地方政府债券占债务市场规模的 22. 83%，是市场规模中占比最大的单一品种，存量规模约是国债的 1. 37 倍（刘锐、龙小燕，2021）②。2015 年到 2020 年，我国地方政府债务累计发行量达 29. 2 万亿元。2020 年，我国地方政府累计发行地方债 6. 4 万亿元，有利于推动政府“六稳”“六保”政策的稳步实施和保持我国经济正增长的态势（刘颖，2021）③。

学者认为，地方政府债务扩张的原因主要与土地财政、官员晋升和地方经济压力等有关。张莉、年永威、刘京军（2018）④ 通过“土地融资”的视角分析发现，土地出让与地方政府债务之间存在着链条，土地出让具有融资放大效应，能带动地方政府债务扩张，且这种效应放大了房地产波动时引起的经济波动。曹婧、毛捷、薛熠（2019）⑤ 以地方政府债务与官员晋升面临的压力和地方财政等的关系为研究视角，认为财政压力不是城投债扩张的主要原因，而官员的晋升压力会促进地方政府债务，特别是城投债的扩张。

学者也对地方政府债务的定价机制和利率两个方面进行研究。刘澜

① 李升．地方政府债券的发展现状及其“十四五”展望［J］．财政监督，2021（11）：75-80.

② 刘锐，龙小燕．地方政府债券银行：理论逻辑、实践基础与实现路径［J］．中央财经大学学报，2021（4）：14-23.

③ 刘颖．2015 年以来地方债发行情况及政策建议［J］．中国债券，2021（1）：61-64.

④ 张莉，年永威，刘京军．土地市场波动与地方债——以城投债为例［J］．经济学，2018，17（3）：1103-1126.

⑤ 曹婧，毛捷，薛熠．城投债为何持续增长：基于新口径的实证分析［J］．财贸经济，2019，40（5）：5-22.

飚、范世成、邸超伦（2020）① 通过信用利差分析其定价机制，研究不同因子对城投债券交易信用利差和发行信用利差的解释作用，得到中国的宏观大经济、省级的经济发展水平，包括土地财政下房地产市场的规模结构以及城投平台主体都是地方政府债务定价的解释因素。

对于地方政府债务利率的研究，一部分学者进行对比分析，将地方政府债务利率与国债、城投债利率进行对比，探究地方政府债务发行利率的影响因素。吴京、陈玉洁、王剑锋（2020）② 将地方政府债务的发行利率与国债利率作对比，提出由于体制机制问题，地方政府债务的发行利率存在“异象”。与国债相比，地方政府债务的信用风险和流动性方面均劣于国债，理论上地方政府债券利率应该低于同期国债收益率，然而实践中的情况则与之相反。潘俊、王禹、王亮亮、王伯森（2018）③ 将地方政府债务的发行利率与城投债利率作对比，认为地方政府债券发行利差显著低于城投债且与债券期限的长短、地区经济的发展程度有关。温来成、马昀（2019）④ 的分析是在财政透明度的视角下展开，以 2015 年预算法作为背景，根据 2009—2017 年省级面板数据使用双重差分法的分析方法，考察财政透明度水平不同的地方投融资平台城投债发行平均利率是否会产生差异。发现财政透明度低的地方，地方政府债务的平均发行利率高。财政透明度的高低通过地方政府债务的融资成本向公众展现。

2. 地方政府债务规模实证研究

从实证层面，一部分学者对地方债务规模的测算从风险角度入手，纳入债务依存度、偿债比率等指标，与 PPP 等模式进行整合，选取相关模型进行预测地方政府债务的风险，从而推算合理的地方政府债务规模。徐蕾、刘小川（2018）⑤ 使用 KMZ 模型对我国地方政府债务的风险和债务可持续性的关系进行研究。以 2016 年为基期，预测 2017—2021 年全国 31 个省区市的债务违约风险，发现中部地区相较于东西部地区的债务可持续状

---

① 刘澜飚，范世成，邸超伦．我国地方政府债券定价机制研究——基于城投债信用利差的分析［J］．广东社会科学，2020（1）：18-29.

② 吴京，陈玉洁，王剑锋．我国地方债发行利率异象成因的主流观点——一个文献综述［J］．地方财政研究，2020（8）：48-56+105.

③ 潘俊，王禹，王亮亮，王伯森．城投债与地方政府债券发行定价差异及其机理研究［J］．会计研究，2018（9）：31-38.

④ 温来成，马昀．财政透明度与地方政府融资成本——来自 2015 年《预算法》实施的证据［J］．地方财政研究，2019（12）：28-35.

⑤ 徐蕾，刘小川．地方政府债务违约风险测度［J］．上海经济研究，2018（1）：84-93.

况最好，并且得出债务增长速度越快、债务可持续性越差的结论。缪小林、石若瑾（2020）[①] 选取2008—2017年我国30个省（自治区、直辖市）地方政府债务发行的数据，选取广义矩估计（Generalized method of moments，GMM）从实证角度测度地方政府债务规模对地方债务风险的影响，得到根据条件不同，政府新增债务规模可能与地方债务风险之间产生不同的影响或者依赖关系，而良好的财政资金配置效率能够抑制由于新增地方政府债务导致的地方债务风险的扩大。姜爱华、郭子珩（2019）[②] 以全国315个地市为研究样本，基于审计结果的截面数据进行分摊，运用倾向得分匹配法（PSM）进行分析研究，发现具有更高PPP投资规模的地级市往往具有更高的地方债规模，因此，控制PPP的发行规模较为重要。

另一些学者通过债务余额最优水平、风险控制、影子银行等角度进行研究，增添了对地方政府债务发行规模的实证分析维度。肖毅、何志强、吴宗书（2017）[③] 通过流通性、通货膨胀预期、风险、信号和期限机构等渠道研究了我国247个地级市的城投债的数据，探究货币政策对地方政府债务的影响。当货币政策为紧缩时，对地方政府债务的影响比较复杂，一方面紧缩的货币政策会导致地方债发债的规模减少，另一方面地方政府债务的发行成本也相应降低。李梓娴（2021）[④] 运用改进的KMV模型，以河南省2000—2019年地方政府债务的数据为研究对象测度了地方债发行量和违约率的关系，发现经济大环境、地方政府偿还能力、债券发行结构和评级对地方政府债券发行规模有影响。张帅（2021）[⑤] 运用面板向量自回归（PVAR）模型，使用系统GMM估计、脉冲响应函数、方差分解以及格兰杰因果关系检验等方法分析了影子银行、地方政府债务及金融发展之间的关系，得到了地方政府债务的快速发展推动了影子银行的发展，影子银行的快速发展为地方政府债务增添了金融风险，不利于增加政府债务。

---

① 缪小林，石若瑾．地方债：规模、效率与风险［J］．公共财政研究，2020（3）：18-35.

② 姜爱华，郭子珩．地方政府债务规模与PPP模式偏好——来自中国地级市的经验证据［J］．山东财经大学学报，2019，31（6）：24-35.

③ 肖毅，何志强，吴宗书．货币政策对地方债发行的影响机制［J］．上海金融，2017（8）：17-23.

④ 李梓娴．基于KMV模型的地方政府债券违约风险研究——以河南省为例［J］．时代金融，2021（1）：52-55.

⑤ 张帅．影子银行、地方政府债务及金融发展动态关系研究——基于省级面板PVAR模型［J］．重庆大学学报（社会科学版），2021（3）：216-227.

3. 地方政府债务对经济发展的影响的研究

研究者对地方政府债务与经济增长、产业结构升级的关系进行了实证研究，主要结论有以下三点。

一是地方政府债务对经济增长和产业结构升级的促进作用较为显著。王秋石、关阵（2021）① 通过元回归分析和元分析研究期刊论文得出的729个效应量，得出地方政府债务对中国经济有积极的促进作用，地方政府发行的债务注入基建投资可以通过杠杆效应推动地方经济增长。郝毅、李政（2017）② 通过实证分析地方政府债务平台和地方政府债务的关系，发现在经济不景气时，地方政府会通过增加土地的供给方式进行融资，保障其经济萧条期的资金来源。一方面，有利于稳定经济、推动产业结构变革；另一方面，有利于项目的可持续开展。因此需要将监管的重心转移到投资的项目上去。

二是地方政府债务在达到一定的规模前能够促进经济增长，达到“适度”的规模后可能对经济增长起到抑制作用。苏民（2021）③ 通过对135个国家的面板数据进行分析，认为公共债务有一个“适度”的债务水平。在债务水平达到适度之前，公共债务会产生财政扩张的乘数效应，能够促进生产性投资，提供更多资源推动经济增长。当债务积累量过大，达到一定程度后，投资者为了规避风险会减少投资，这与毛捷、黄春元（2018）的研究结果一致。毛捷、黄春元（2018）④ 使用我国地级市的层级数据进行实证分析，发现地方政府债务与经济增长之间呈现出倒U形的影响关系。在地方政府债务达到“平衡点”之前，地方政府债务对经济增长表现为积极的促进作用，当地方政府债务达到“平衡点”之后，会对地方经济的发展产生抑制作用。韩立岩、丁丁、任若恩（2019）⑤ 总结了相关学者对债务余额与经济增长的关系，也提出在最优债务余额之前，地方债余额

① 王秋石，关阵．中国地方政府债务促进了经济增长吗？——一个元分析［J］．公共管理与政策评论，2021（3）：107-122.

② 郝毅，李政．土地财政、地方政府债务与宏观经济波动研究——以地方政府投融资平台为例［J］．当代经济科学，2017，39（1）：1-12+124.

③ 苏民．公共债务对经济增长的非线性影响研究——基于135个国家面板数据的实证分析［J］．南方金融，2021（5）：148-162.

④ 毛捷，黄春元．地方债务、区域差异与经济增长——基于中国地级市数据的验证［J］．金融研究，2018（5）：1-19.

⑤ 韩立岩，丁丁，任若恩．稳健中的积极：地方债发展思考［J］．国际金融，2019（5）：57-61.

显著促进经济增长，在最优债务后趋于消失，提出政府应该促进新动能，通过市场形成产业链的延伸，带动民间投资。崔金平、代斌（2020）[①] 则是基于增长和风险的双重效应，选取国内 30 个省区市（除西藏外）2012—2017 年的数据作为样本，使用非线性面板门槛的估计方法，研究地方债务对于地区经济发展水平和信用状况的作用效果，发现地方债务对地方经济的促进作用呈现倒 U 形趋势，对债券发行的规模和结构要进行合理控制。

三是政府投资对经济增长和产业结构升级没有显著的促进作用，甚至有些时候前者对后者产生抑制作用。倪志良、宗亚辉、郭玉清（2018）[②] 的研究发现，虽然土地融资可以满足地方经济发展的需要，但是土地出让的收益没有透明化不利于地方经济发展，并且过度发展第二产业也不利于地方产业结构的建设。张宗军、孙祁祥（2018）[③] 通过面板数据模型和空间杜宾模型分析 2003—2015 年 31 个省区市的 3 个内生变量和 7 个外生变量的关系，研究发现，由于地方政府发行城投债对邻近的地区形成显著的负效应，地方政府对“土地财政”的较大依赖性，严重威胁到了我国的财政和金融的安全。

4. 地方政府债务对微观企业影响的研究

地方政府债务的规模是否合理可以用其对微观企业的影响作出分析。关于地方政府债务与微观企业投资的挤出或挤入关系的研究成果十分丰富，主要研究结论分为以下三大类。

一是地方政府债务对微观企业投资有挤出效应。余海跃、康书隆（2020）[④] 通过对城市面板数据和中国工业企业数据库进行建模分析，得出融资平台发行地方政府债务，对企业投资具有挤出效应并且挤出效应十分显著。因此，整治地方政府债务要坚持“将隐性债务变为显性化”的原则。万其龙（2019）[⑤] 有同样的结论，认为地方政府债务规模扩张的同时

---

① 崔金平，代斌．基于增长效应和风险效应下地方债务适度规模研究［J］．金融发展研究，2020（4）：54-59.

② 倪志良，宗亚辉，郭玉清．“省直管县”改革、土地融资激励与地区经济增长［J］．现代经济探讨，2018（10）：21-29.

③ 张宗军，孙祁祥．外生型城镇化发展的驱动机制与融资路径转换——基于 SDM 的实证检验［J］．经济科学，2018（5）：56-67.

④ 余海跃，康书隆．地方政府债务扩张、企业融资成本与投资挤出效应［J］．世界经济，2020，43（7）：49-72.

⑤ 万其龙．基于空间视角的地方政府债务竞争与私人投资挤出效应［J］．经济与管理研究，2019，40（4）：93-108.

私人投资的规模增长明显乏力且后劲不足，不利于宏观经济的发展，也不利于经济平稳增长和产业结构优化升级。

张建顺、郭浩宇（2021）① 从企业创新的角度分析了地方债和企业创新的关系，选用2609家企业的宏微观数据，得到地方债务过多不利于企业创新的结论。还有的学者从地方政府腐败对私人投资积极性的视角（潘春阳、吴柏钧，2019）②、地方债务融资方式的视角（毛锐、刘楠楠、刘蓉，2018）③ 做了研究，也发现地方政府债务对微观企业投资有一定的挤出效应。

二是地方政府债务会对私人投资和私人消费产生挤入效应。高国华（2019）④ 通过对地方政府专项债券意义的分析，认为地方政府专项债券新规的出台，一方面能够提升债券在市场上的作用，带动地方经济投资，另一方面能够带动民间资本的参与，推动私人投资。尹李峰、张登、缪小林（2021）⑤ 通过对175个地级市的地方政府专项债数据进行分析也得出了同样的结论，认为地方政府债务发行专项债券的募集资金主要流向了公益类的基础设施建设，而通过这种公益类建设项目的传导会对私人投资产生一定的挤入效应。

三是地方政府债务的影响可能有挤入挤出两个层面的影响，一方面由于地方债务投资的方向多为传统的基础设施和公共服务的建设，有利于企业自身增加投资的回报率，可能会带动企业进行投资；地方政府债务的发行会增加企业融资的成本，挤占信贷资源，不利于企业进行投资。杨云、孟星辰（2020）⑥ 选取2009年到2016年中国253个地级市城投债规模、资金用途的数据，探究其对私人资本存量的影响。发现城投资金投向公共设施领域，会增加私人资本的积累，而城投资金投向消费、零售等领域，

---

① 张建顺，郭浩宇．地方债治理促进了企业创新吗？——来自上市公司的经验证据［J］．国际金融研究，2021（6）：86-96.

② 潘春阳，吴柏钧．腐败控制、私人部门参与基础设施提供与反贫困效应——来自发展中国家的经验证据（1996—2014）［J］．南方经济，2019（1）：60-80.

③ 毛锐，刘楠楠，刘蓉．地方债务融资对政府投资有效性的影响研究［J］．世界经济，2018，40（10）：51-74.

④ 高国华．地方政府专项债新规对地方经济的影响［J］．债券，2019（7）：36-40.

⑤ 尹李峰，张登，缪小林．专项债是否拉动了经济增长？——基于私人投资和政府投资传导的比较［J］．天津财经大学学报，2021，41（5）：19-32.

⑥ 杨云，孟星辰．城投债影响私人资本存量：理论与经验证据［J］．经济社会体制比较，2020（1）：146-158.

可能会不利于资本积累。

(二)我国地方政府债券市场结构

我国地方政府债务的分类方式较多(见表2-1)。目前地方政府债务市场结构方面的研究主要集中在两个方面:一是对地方政府债务的分类中的专项债券、隐性债务和置换债券进行研究;二是关于地方政府债结构的优化调整研究。

表2-1 地方政府债务分类

分类角度	分类
偿债资金来源	一般债券
	专项债券
发行方式	公开发行债券
	定向发行债券
募集资金用途	新增债券
	置换债券
	再融资债券
风险管理	显性债务
	隐性债务

1. 地方政府专项债券的研究

2015年预算法执行后,地方政府专项债券发行主要用于有收益的公益性项目,纳入政府性基金预算管理(龙小燕、赵全厚、黄亦炫,2021)①。而2015年,一般债券的发行规模比专项债券高,在地方政府债务中依然占有重要地位。2019年,专项债券发行规模逐渐上升,专项债在地方政府债务中发挥了更重要的作用,地方政府债券在结构上发生了比较大的转变。从地域结构来看,专项债券的发行也存在着较明显的区域差异,未来专项债券将会成为地方基建资金的重要来源(李升,2021)②。近年来,专项债券在期限方面除了原有的1年、2年、3年、5年、7年和10年等,增加了

① 龙小燕,赵全厚,黄亦炫.地方政府专项债券的问题解析与制度完善[J].经济纵横,2021(4):120-128.

② 李升.地方政府债券的发展现状及其"十四五"展望[J].财政监督,2021(11):75-80.

期限更长的 15 年、20 年期限。内容上增加了收费公路、土地储备、棚改等专项债券（温来成、翟义刚，2019）①。步入 2020 年，受新冠肺炎疫情的影响，中央分三次提前下达了地方政府新增专项债券的额度，期望通过地方政府专项债券的发行减缓经济下行的压力（尹李峰、张登、缪小林，2021）②。近来，财政部特别强调了 2021 年专项债券不安排一般房地产项目、产业项目和用于租赁住房建设以外的土地储备项目。这意味着地方政府专项债要进一步按照"资金跟着项目走"的原则，做好项目储备和前期工作，更加注重项目的效益、效率、质量（钟玮，2021）③。可见，专项债券是在我国供给侧结构性改革的大背景下，未来一段时间内地区进行基础设施建设"补短板"的需要而设立的（赵全厚，2020）④。

从地方政府专项债券的视角，学者对其规模和结构、与经济增长的联系、存在风险、专项债管理、专项债未来改革方向进行了深入的研究。刘颖（2021）⑤ 对自 2015 年地方政府重启债券发行以来地方政府专项债券的发行演变进行分析，2015 年到 2020 年专项债券发行规模为 14.2 万亿元，平均发行期限 9.1 年。数据显示，地方政府在 2017 年发行量增加，2019 年发行大幅跃升并开始可用于重大项目资本金。马常青（2020）⑥ 总结了地方政府专项债的资金流向，发现专项债主要将资金投向了公路、水利、市政等基础设施的建设以及城镇污水垃圾处理等生态环保项目。此外，专项债的资金流量还用于医疗卫生、教育等民生项目。钟玮（2021）⑦ 总结了近期地方政府专项债出现的资金闲置率高、项目收益较以往偏低等问题。研究建议，未来政府要合理利用专项债杠杆，统筹规划财力、需求和安全，建立"健全防范化解重大风险体制机制"。

在专项债与经济增长的相关研究中，马海涛（2019）⑧ 通过对宏观经济基本面的研判以及对当前减税降费大背景政策的解读，认为地方政府专

---

① 温来成，翟义刚．地方政府债券市场发展问题研究［J］．财政科学，2019（1）：27-33.

② 尹李峰，张登，缪小林．专项债是否拉动了经济增长？——基于私人投资和政府投资传导的比较［J］．天津财经大学学报，2021，41（5）：19-32.

③ 钟玮．高质量推进地方政府专项债管理［J］．新理财（政府理财），2021（6）：47-48.

④ 赵全厚．在"稳投资"中创新地方政府专项债券风险防范机制［J］．中国财政，2020（5）：60-62.

⑤ 刘颖．地方政府专项债券发行演变与改进建议［J］．地方财政研究，2021（2）：4-10.

⑥ 马常青．完善地方政府专项债发行［J］．中国金融，2020（22）：62-63.

⑦ 钟玮．高质量推进地方政府专项债管理［J］．新理财（政府理财），2021（6）：47-48.

⑧ 中国地方政府专项债券管理研讨会［J］．中央财经大学学报，2019（6）：129.

项债务规模的增加对缓解财政下行压力、推动宏观经济平稳有序增长十分必要。田进（2019）[①] 从合法性和合理性的角度，认为地方政府发行专项债券用于公益类项目融资，有利于遏制原有的不合理、不合法的举债，是增加项目投资和稳定经济增长的重要抓手，对国家宏观债务把控具有重要意义。

对于专项债管理，乔宝云、吴卓瑾（2019）[②] 指出，专项债券要稳预期、防风险，融资要考虑项目的偿债能力。此外，专项债的发行要与实际项目的需求相匹配。铁路、城际交通、收费公路、水利工程等项目建设周期和运营周期都长，因此要发行期限长的专项债与之相匹配。在绩效评级方面，也要强化对地方专项政府债务的信用评级和差别化实施定价。赵全厚（2020）[③] 认为，专项债的管理不能仅仅基于预算进行把控，还要通过现金流进行管理。一方面采用规模经济和范围经济的理念，打破原有的行政区划管理模式和部门管理模式的制约，以项目为凝聚点，找到项目现金流的管理方法，从而解决适合专项债券项目少的问题，进而拓展新增项目。另一方面，研究指出当下一般债券和政府专项债券所用的偿付资金池是分开的，偿付一般债券的资金池是不能通过公共预算资金进行偿付的。因此，建立健全专项债券偿债基金机制，扩大基金预算存量规模十分必要。

2. 关于地方政府隐性债务的研究

防范化解隐性债务的风险是我国目前面临的重要战略问题，国内学者对地方隐性债务的研究数量较多，主要集中在其内涵、产生原因、风险和管理方面。

政府隐性债务是指不是由法律或合同规定的，而是由中长期公共支出政策中预先确定的责任所形成的债务，以及依赖于特定事件发生才形成的、政府迫于道义责任而承担的债务（李丽珍，2021）[④]。对于地方隐性债

① 田进．关于地方政府专项债券的思考［J］．经济师，2019（11）：67+69.

② 乔宝云，吴卓瑾．稳定预期、防范风险 更好地发挥地方政府专项债券的作用［J］．中国财政，2019（16）：26-28.

③ 赵全厚．在“稳投资”中创新地方政府专项债券风险防范机制［J］．中国财政，2020（5）：60-62.

④ 李丽珍．地方政府或有隐性债务风险预警系统构建与应用研究——基于 BP 神经网络分析法［J］．财政论丛，2021（3）：14-25.

务的内涵，目前学者没有得出一致的结论。温来成、贺志强（2021）[①] 将地方隐性债务的内涵大致总结为地方政府投融资平台债务、土地储备历史债务、担保历史债务和社会保障收支缺口形成的债务等6个研究维度。

对于地方政府隐性债务的原因，学者普遍认为其与分税制改革造成的事权和支出责任不匹配有关（马海涛、吕强，2004[②]；温来成，2014[③]）。也有的学者从官员晋升和激励的视角进行研究，李升、朱欣、韩海彬（2019）[④] 通过对2012—2016年的省级面板数据进行分析，探究地方显性债务和隐性债务的形成机制，发现地方政府官员在需要晋升时会倾向于发行超额的隐性债务。吉富星（2019）[⑤] 也有类似的研究结论，地方政府官员的晋升压力会导致地方隐性债务的膨胀，并且地方政府分权后的地方政府事权和财权不匹配也会增加地方隐性债务。赵全厚、赵泽明（2021）[⑥] 认为我国隐性债务多是在法定限额之外举借的债务，包括通过违规合同、违规兜底保证、违规担保测定的债务，由于即使是“非法”的项目也有一定的线索存在，因此，是可以依据凭证进行追索计量的。因此，可以清楚地测算政府隐性债务的规模和口径。

由于地方政府隐性债务主要是或有债务，当这些债务使用低效的时候会产生一定的风险（刘尚希，2018）[⑦]。针对地方隐性债务的管理，温来成、李婷（2019）[⑧] 提出当前对隐性债务的含义理解不一、规模不能准确统计、跨部门协调存在困难，阻碍了对隐性债务的管理。因此，通过立法厘清隐性债务的边界，建立全国统一的隐性债务测算和发布的体制机制、通过加快投融资平台转型的方式进行部门统筹是防范化解隐性债务的风险

① 温来成，贺志强．“十四五”时期地方政府隐性债务治理的改革建议［J］．地方财政研究，2021（3）：10-16+23.

② 马海涛，吕强．我国地方政府债务风险问题研究［J］．财贸经济，2004（2）：12-17.

③ 温来成．深化财税体制改革重要路径：地方债管理的制度化、规范化和法制化［J］．财政监督，2014（6）：18-19.

④ 李升，朱欣，韩海彬．地方显性债务与隐性债务的形成机制：基于融资约束的实证考察［J］．天津商业大学学报，2019，39（1）：17-24.

⑤ 吉富星．隐性债务治理与政府融资规范［J］．中国金融，2019（3）：67-68.

⑥ 赵全厚，赵泽明．我国地方政府隐性债务化解再认识与再探讨［J］．地方财政研究，2021（3）：4-9.

⑦ 刘尚希．以拆弹的精准和耐心化解地方隐性债务风险［J］．地方财政研究，2018（8）：4-6.

⑧ 温来成，李婷．我国地方政府隐性债务边界的厘清及治理问题研究［J］．中央财经大学学报，2019（7）：18-26+114.

的重要举措。

徐清飞（2019）① 通过对地方债发债制度进行研判，发现地方隐性债务出现的原因是地方发债制度设计时没能做到对权力合理、清楚地配置，加上在实际运行的过程中，投资者有约定俗成的政府兜底地方债务的预期。因此，一方面，我们要对地方债务隐性风险实行分层次的制度防控，规范地方政府债务的发债行为，避免财政资金的浪费和效率的损失；另一方面，要优化报警体制和自动运行的机制，让地方治理不是只依赖政府管理来解决，而是将地方风险防控的权力关进制度的笼子里。

3. 关于地方政府置换债务的研究

石晓军、王訸、付莉（2020）② 对地方政府置换债务从理论和实证两个方面进行了探究。理论方面，研究者刻画了债务置换影响地方政府债务结构的理论模型，引入双主体（地方政府与商业银行）作为解释变量，通过公式以及因子测算地方政府债务的违约概率，并根据研究数据对发行结构进行研究。研究表明，当地方政府有较高的违约风险时，地方政府债务会倾向公开发行的发行结构；商业银行在博弈中占上风时，地方政府债务会倾向定向发行的发行结构。同时，通过 2015—2017 年 30 个省区市财政厅（局）公布的地方政府债券数据对理论模型进行实证检验，通过公开发行债券的规模占比作为被解释变量完成检验后证明了结论是稳健的。孔丹凤、谢国梁（2020）③ 将财政视角和金融视角进行联动，分析地方政府债务置换、商业银行理财收益率提高的原因。研究发现，当地方政府进行债务置换之后，地方政府对银行理财融资的依赖度提高，银行理财收益率提高。鉴于此，监管部门应该时刻注意地方隐性债务的规模。

4. 地方政府债券市场结构的优化视角研究

对于地方政府债券市场结构的优化，学者从逐步置换减少隐性债务、优化债券市场的期限结构、优化地方政府债券市场的角度给出建议。

对于当前隐性债务的优化研究。陈龙、马洋洋（2021）④ 认为当前我

① 徐清飞．地方隐性债务风险的法律防控［J］．法商研究，2019，36（6）：114-126.

② 石晓军，王訸，付莉．地方政府债券双轨制发行结构的理论模型及实证研究［J］．现代财经（天津财经大学学报），2020，40（1）：41-55.

③ 孔丹凤，谢国梁．地方政府债券、债务置换与商业银行理财收益率［J］．当代财经，2020（9）：66-75.

④ 陈龙，马洋洋．优化政府债务结构，提升政府债务使用效率［N］．21 世纪经济报道，2021-04-02.

国地方政府债务结构存在地方债务存量，尤其是地方隐性债务规模过大的问题，会挤压其他市场主体的空间，不利于财政政策的操作。因此，需要统筹优化财政、金融和区域资源，分类治理地方债的存量，使用公募REITs的新工具，探索用市场化的手段减少隐性债务的新模式。

对于债券市场期限结构的优化研究。孙晓霞（2019）① 通过研究发现，我国地方政府债券的发行期限集中在3年、5年、7年、10年期，1年期和10年期以上的发行量不足。因此，未来地方政府债务需要在品种结构、期限结构、投资主体上作出重大改变，从政策上进行调控，发行新的地方政府债券，弥补1年期和10年期以上的地方政府债务的期限短板，鼓励保险、基金、证券、个人、境外投资者等投资主体参与投资，从而最终能够达到“稳增长、降成本、补短板”的地方政府债券的优化目标。

对于地方政府债券市场的优化研究。胡耀亭、曹萍（2017）② 认为当前我国债券市场的结构不合理，对实体经济的服务能力有限。因此，我国债券的市场结构需要继续调整，要增加债券服务实体经济的能力。对债券结构市场的优化需要完善金融市场的整体结构，建设协调统一的货币政策，规范债券的监管市场，通过对债券产品的创新吸引债券市场的投资者，达到增加债券市场结构优化调节的目的。

（三）地方政府债券市场绩效

为推动地方政府债券市场绩效的规范化发展、推动国家治理能力和治理体系的现代化，国务院、发改委、财政部等有关部门相继颁布了一系列政策性文件，其中具有代表性的文件包括《中共中央 国务院关于全面实施预算绩效管理的意见》（中发〔2018〕34号）、2014年新修订的《中华人民共和国预算法》和《国务院关于加强地方政府性债务管理的意见》（国发〔2014〕43号）。党的十九大以来，党中央和国务院更是高度重视地方政府债务的绩效管理，提出《关于做好2018年地方政府债务管理工作的通知》（财预〔2018〕34号），推动绩效管理继续规范（金荣学、董浩然，

---

① 孙晓霞．供给侧改革引领地方政府债券市场高质量发展［J］．清华金融评论，2019（7）：21-23.

② 胡耀亭，曹萍．中美信用债市场期限差异化研究及启示［J］．深圳大学学报（人文社会科学版），2017，34（3）：113-118.

2021）[①]。这些地方政府债务管理的顶层制度为债务预算绩效管理奠定了良好的基础（孙晓霞、刘国永、黄超，2020）[②]。

目前国内关于地方政府债券市场绩效的研究非常多，包括指标体系的设计、研究视角的创新、地方政府债券市场效率的评价、效率与风险的关系以及对地方政府债券市场绩效的管理。

1. 地方政府债券市场绩效指标体系的设计研究

我国自2014年开始进行地方政府债务的评级，然而无论是一般债券还是专项债券，各地对其进行评级的指标多选择为地方政府（主体评级）的指标范围，导致地方政府债券全部评价为3A，评价雷同并且没有参考价值，没有市场公信力。因此，除了传统的经济实力、财政状况、债务管理、政府治理等作为评价指标外，要考虑到一般债券和专项债券的区别、专项债内部不同行业之间收益水平、偿债能力、偿债周期的差异进行指标选择和打分（苏策、张宇，2021）[③]。

学者对于地方政府债券市场绩效指标体系的设计视角主要有两个方面，一是"投入-产出"的角度（洪源、吕鑫、张彩云，2015[④]；张吉军、金荣学、张冰妍，2018[⑤]），二是"3E"（考燕鸣、王淑梅、马静婷，2009[⑥]；李一花、阎保华、贾聪聪，2020[⑦]）的角度。

金荣学、董浩然（2021）[⑧]总结相关学者研究成果，选取"投入-产出"的相关指标，设计了地方政府债券市场绩效指标体系（见表2-2）。

---

① 金荣学，董浩然．基于数据包络分析法的地方债绩效评价——以A省地市州为例［J］．现代商业，2021（3）：154-156.

② 孙晓霞，刘国永，黄超．全面实施地方债绩效管理助力财政逆周期调节［J］．绩效管理，2020（24）：61-64.

③ 苏策，张宇．地方债信用评级：体系完善与制度监管［J］．宁夏社会科学，2021（3）：97-108.

④ 洪源，吕鑫，张彩云．地方政府融资平台债务绩效评价指标体系的构建［J］．湖南大学学报，2015（1）.

⑤ 张吉军，金荣学，张冰妍．高质量发展背景下地方政府债务绩效评价体系构建与实证——以湖北省为例［J］．宏观质量研究，2018（4）.

⑥ 考燕鸣，王淑梅，马静婷．地方政府债务绩效考核指标体系构建及评价模型研究［J］．当代财经，2009（7）.

⑦ 李一花，阎保华，贾聪聪．地方政府债务绩效与债务风险的实证研究［J］．公共财政研究，2020（6）：4-19.

⑧ 金荣学，董浩然．基于数据包络分析法的地方债绩效评价——以A省地市州为例［J］．现代商业，2021（3）：154-156.

表 2-2 地方政府债券市场绩效指标体系设计①

变量类型	具体指标
投入变量	地方债余额
产出变量	公路通车里程
	互联网用户数
	人均公园绿地面积
	每万人拥有的卫生机构床位
	每万人小学生在校人数

2. 地方政府债券市场绩效研究视角的创新

王泽彩、徐军伟（2020）② 基于财政与金融协同、公共绩效与市场绩效协同的视角，结合地方财政治理现代化背景，对地方政府债务打造金融机构偏好的金融资产端、发挥地方政府债务“金边债券”的优势等角度进行分析。提出要串联利益相关者，将不同的债务平衡点作为平衡经济发展的核心绩效指标之一，从管理学的角度，协同地方财政和金融、公共绩效和市场绩效构建结合弹性的指标体系。

孙晓霞、刘国永、黄超（2020）③ 基于公平、经济、效率和效果四个层次的“4E”原则，从债务的配置、债务的投入、“借、用、还”全过程管理、资金运营等视角，提出地方政府债务的绩效评价要以目标管理为基础，以风险防控为底线考虑债务限额的分配效率，落实《关于全面实施预算绩效管理的意见》（中发〔2018〕34 号）要求的正向激励措施，以责任约束为基础落实反向约束。

文峰（2021）④ 基于全面、全流程的分析视角，并在参照新预算法第三十五条，《中华人民共和国预算法实施条例》第四十四条、第四十五条、第四十七条的基础上，提出要解决地方债的历史遗留问题、防范化解地方

① 金荣学，董浩然．基于数据包络分析法的地方债绩效评价——以 A 省地市州为例［J］．现代商业，2021（3）：154-156.

② 王泽彩，徐军伟．地方政府债券绩效管理的问题与对策——基于财政与金融协同、公共绩效与市场绩效协同的视角［J］．财政研究，2020（2）：44-54.

③ 孙晓霞，刘国永，黄超．全面实施地方债绩效管理助力财政逆周期调节［J］．绩效管理，2020（24）：61-64.

④ 文峰．我国“十三五”时期财政监督工作回顾与“十四五”展望［J］．财政监督，2021（3）：13-19.

债风险，要从地方政府债务的发行、预算编制、审批、执行等全过程进行监督。并且通过地方政府债务专项检查的方式，摸清楚地方债规模、结构的确切数据，防止地方政府的隐瞒、漏报等行为。

郑兴新等（2020）① 基于地方政府债务、金融效率与民营中小企业融资的动态关系进行，通过 PVAR 模型对 2008—2016 年的省际面板数据进行分析。实证结果表明，地方债的增长与金融效率的提高是双向联动的关系，二者可以相互促进，但地方债对民营中小企业融资有着显著的挤出效应。研究还探讨了经济增长速度不同的地区的差异，发现实体经济增速快会降低地方债增长与金融效率的促进程度，也会加深对民营中小企业融资的挤出效应。

3. 地方政府债券市场绩效的效率研究

对于地方政府债务效率的测算，学者多运用数据包络分析法（DEA）进行测算。金荣学、董浩然（2021）② 基于数据包络分析法，分析 A 省 13 个地市州政府债务绩效，通过对投入-产出视角的分析，发现经济水平高的地区地方政府债务的效率不一定高，纯技术效率对债务支出效率的负面影响大，因此要从监督机构、债务使用主体和被投资主体角度进行地方政府债务的监管。赵桂芝、冯海欣（2019）③ 也使用 DEA 方法分析了我国各省区市的地方政府债务资金支出的综合效率、规模效率和纯技术效率，发现由于管理能力偏低，我国地方政府债务的效率偏低，且效率存在区域差异。未来，寻找区域债务管理侧重点，完善债务资金投向使用的监管是绩效管理的重点。王金秀、于井远（2018）④ 也同样运用 DEA 模型，分析地方政府债务支出效率，发现地方政府债务支出的规模效率与平均技术效率的变化有关。金荣学、毛琼枝（2017）⑤ 将数据包络分析法（DEA）与主成分分析法进行结合，基于我国 30 个省区市的政府绩效数据进行实证，发

① 郑兴新，张琦，佘怡漫，申若雯，陈石．地方政府债务、金融效率与民营中小企业融资的动态关系研究——基于省际面板数据的 PVAR 模型实证分析［J］．国际商务财会，2020（4）：78-86.

② 金荣学，董浩然．基于数据包络分析法的地方债绩效评价——以 A 省地市州为例［J］．现代商业，2021（3）：154-156.

③ 赵桂芝，冯海欣．新预算法下我国地方政府债务使用绩效的区域差异与对策启示［J］．辽宁大学学报（哲学社会科学版），2019，47（2）：38-46.

④ 王金秀，于井远．我国地方财政支出效率评价：基于三阶段 DEA 方法［J］．中南财经政法大学学报，2018（5）：79-87.

⑤ 金荣学，毛琼枝．基于主成分与数据包络组合法的地方政府债务绩效评价［J］．华中师范大学学报（人文社会科学版），2017，56（3）：55-61.

现我国半数以上的省区市债务使用率处于规模报酬递减或者不变的阶段，提高地方政府债务资金的使用效率，加快建立问责机制十分重要。

4. 地方政府债务市场绩效与风险研究

李一花、阎保华、贾聪聪（2020）①通过固定效应模型和门槛回归模型对2010—2016年我国25个省区市的样本进行实证分析地方政府债务绩效与风险之间的关系。发现不论是总体规模还是通过效率、效果和公平进行细分角度的研究，地方政府债务绩效与风险之间都有联系，且地方政府债务绩效（按需举债、合理分配债务资金、加快项目信息披露等）有助于降低风险，但是仍然要考虑到纵向财政缺口的因素。吴粤、王涛、竹志奇（2017）②构造了包括家庭、厂商、中央银行、财政部门在内的封闭DSGE模型，运用三段DEA模型测度效率、KMV模型测算风险，并且研究了债务效率与债务风险间的关系，发现效率和风险存在负相关的关系。鉴于此，研究从增量和存量两个方面给予了建议，存量去产能、调结构，增量保障公共事业投资力度，严防寻租腐败行为。仲凡（2017）③分析了地方政府债务市场绩效与风险的相关程度，利用DEA方法评估2011—2013年地方政府性债务绩效，针对不同的债务风险与绩效的组合模式分别提出相应的改革思路。缪小林、石若瑾（2020）④则将地方政府债务市场的效率看作地方政府债务风险的核心要素，当地方财政债务资金高效运行时，在规定的期限内，每一笔资金都能收到最优的投资回报。鉴于此，不仅地方政府到期还本付息的举债承诺所需的资金能够被覆盖，通过资金在不同部门和生产要素之间流转，还能清偿一部分存量债务，有效避免了地方政府债务的持续累积，降低了风险。而地方政府债务未能有效运行时，到期还本付息的承诺无法兑现，地方政府债务存量累积会增加债务风险。

5. 地方政府债务市场绩效管理研究

地方政府债务市场绩效管理有助于改善政府提高公共服务的质量，提升财政支出的效率。而绩效工作的奖励是提升工作效率、推动政府预算绩

① 李一花，阎保华，贾聪聪．地方政府债务绩效与债务风险的实证研究［J］．公共财政研究，2020（6）：4-19.

② 吴粤，王涛，竹志奇．政府投资效率与债务风险关系探究［J］．财政研究，2017（8）：29-42+55.

③ 仲凡．基于风险与绩效相关性的地方政府性债务管理研究［J］．财政研究，2017（3）：20-32.

④ 缪小林，石若瑾．地方债：规模、效率与风险［J］．公共财政研究，2020（3）：18-35.

效管理实施的重要方式（付妍雯、王思琪，2021）①。王雪松（2019）②认为我国绩效目前存在的问题是绩效激励的约束作用不强，预算管理、绩效评价、法律法规未能做到协同配合。因此，要从内部出发建立联系，将预算的绩效与部门的预算管理、部门内控相互衔接。此外，绩效评价的结果也要和具体的项目相挂钩。对于绩效的激励机制，王雍君（2018）③认为当前政府绩效的激励机制设计存在一系列难题，包括源于投入预算体制的逆向激励、绩效激励的目标未能做到互斥、未能将项目质量与资金使用量的“双重评估”落实到绩效评价当中等，寻找合适的绩效激励机制对我国政府预算等工作的开展具有重要的价值。李红霞、刘天琦（2019）④认为预算绩效与政府治理协同面临许多困境，包括长期预算绩效受人文因素影响大，预算主要由财政部门主导、缺乏与其他部门的沟通协调，预算绩效与政府法律机制缺乏合力等，因此要再造绩效管理的全流程，明确多责任主体体制，与政府的法治化进程协同推进。付妍雯、王思琪（2021）⑤重视绩效目标的作用，通过分析广东省“部门自审+第三方机构初审+财政部门复审”的绩效目标管理机制、北京市全成本预算绩效管理和上海市闵行区“三位一体”的绩效管理流程，提出科学合理准确的绩效目标的编制是开展绩效评价的基础和前提，也是实施激励约束机制的关键环节。

（四）地方政府债券市场管理体制

我国一直把科学高效的地方政府性债务管理机制作为重要的财政政策目标。中央政府先后出台《关于加强地方政府性债务管理的意见》和新预算法等一系列政策法规，对发行地方政府债券的合法性作出规定，对地方政府债务的规模实行限额管理（许鹏，2019）⑥。《中共中央关于制定国民

---

① 付妍雯，王思琪．完善我国地方政府预算绩效管理激励约束机制的思考［J］．财政监督，2021（7）：53-59.

② 王雪松．行政事业单位全面实施预算绩效管理的难点与对策［J］．纳税，2019，13（6）：270+272.

③ 王雍君．绩效管理中的激励机制设计难题［J］．新理财（政府理财），2018（9）：19-20.

④ 李红霞，刘天琦．预算绩效与政府治理：契合性与协同性视角［J］．中央财经大学学报，2019（6）：11-19+118.

⑤ 付妍雯，王思琪．完善我国地方政府预算绩效管理激励约束机制的思考［J］．财政监督，2021（7）：53-59.

⑥ 许鹏．土地财政、地区金融发展水平与地方政府债券发行定价关系的研究［J］．当代经济管理，2019，41（11）：86-92.

经济和社会发展第十四个五年规划和二〇三五年远景目标的建议》提出要建立现代财税金融体制，而建立规范合理、科学高效的政府债务管理制度正是加快建立现代财政制度的重要举措（毛捷，2021）①。目前，国内关于地方政府债券市场管理体制的研究成果非常丰富，本书按照研究视角的差异对这方面的已有内容展开了梳理和分类。

1. 地方政府债务风险的研究

对地方政府债券市场的管理主要是对债务风险的管理。由于目前地方政府债务还处于扩张阶段，且地方政府债务总量大、结构不合理，因此面临着较大的违约风险。因此，对债券市场违约的风险的研究很重要。

对于地方政府债务风险形成的原因，学者认为与地方政府债务的超规模膨胀、隐性债务占比过大（沈丽、范文晓，2021）②、统计口径不确定、缺乏及时准确的监控和预警（牛霖琳、夏红玉、许秀，2021）③、过多的担保债务和有类债务（毛锐、刘楠楠、刘蓉，2018）④、融资平台等利益主体相互博弈（张洁梅、王钰沛、张玉平，2019）⑤ 有关。

从地方政府债务风险与金融风险的关系来看，毛锐、刘楠楠、刘蓉（2018）⑥ 使用 DSGE 模型模拟了债务与金融风险累积叠加的情况，分析 2009—2016 年产出等变量的季度数据，得到地方债具有顺周期性的特征，地方债使金融风险叠加，可能导致产生系统性的金融风险。李玉龙（2019）⑦ 重点研究了地方政府债务风险与土地财政、系统性金融风险的联系，发现由外部性冲击造成的土地价格下降会影响地方政府债券，并通过有关金融部门的传导，增大系统性金融风险。基于这种风险之间的空间联

---

① 毛捷．警惕两个比重持续上升深化政府债务管理改革［J］．中国财政．2021（3）：32-35.

② 沈丽，范文晓．地方政府债务扩张对区域金融风险的溢出效应［J］．经济与管理评论，2021，37（2）：51-63.

③ 牛霖琳，夏红玉，许秀．中国地方债务的省级风险度量和网络外溢风险［J］．经济学，2021，21（3）：863-888.

④ 毛锐，刘楠楠，刘蓉．地方政府债务扩张与系统性金融风险的触发机制［J］．中国工业经济，2018（4）：19-38.

⑤ 张洁梅、王钰沛、张玉平：利益相关者视角的地方政策融资平台风险管理研究［J］．管理评论，2019（3）：61-70.

⑥ 毛锐，刘楠楠，刘蓉．地方政府债务扩张与系统性金融风险的触发机制［J］．中国工业经济，2018（4）：19-38.

⑦ 李玉龙．地方政府债券、土地财政与系统性金融风险［J］．财经研究，2019，45（9）：100-113.

系，沈丽、范文晓（2021）[①] 对地方政府债务的风险的溢出效应进行分析，运用空间回归模型偏微分方法分析 2009—2017 年的省际面板数据，证实了区域间存在着空间层面相互关联的金融风险，这种金融风险的空间溢出效应与相互关联的投资者的利己行为有关，并且相似经济环境的地区、邻近的地区都有类似的效应。胡才龙、魏建国（2021）[②] 运用引力模型识别省级债券风险的空间网络关系，基于 Cov-AHP 方法测度省级政府债券风险压力系数，探究省级债券的风险是如何在区域与区域之间实现传导。发现中国地方政府债券风险存在“全域性”的特征，具有较强的省际空间关联度和显著的空间溢出效应。

学者对地方政府债务风险的评价主要从经济发展、债务总量、利益相关者的关系、财政收支等因素进行探究，并且寻找控制风险的有效措施。张洁梅、王钰沛、张玉平（2019）[③] 通过构建熵权-正负理想点评价模型分析代表性地方政府债务融资平台的风险和形成原因，发现政府、金融机构、融资平台等不同利益相关者的利益诉求存在冲突以及利益博弈会导致地方债务产生风险，而这个风险目前总体可控。靳伟凤等（2020）[④] 基于熵权法-理想解法-RBF 神经网络对地方政府债务的风险进行评价，发现负债率、GDP 增速、担保债务比、投入产出率等都可以用来对风险进行评价。

2. 地方政府债券市场管理体制和土地财政的研究

近年来，中国的地方政府资金来源大多与土地进行挂钩，地方政府债务的发行要靠土地作为担保，且投资多用于房地产建设，地方政府债务资金的偿还也与土地挂钩，形成了所谓的土地财政（许鹏，2019）[⑤]。张曾莲、严秋斯（2018）[⑥] 对土地财政、预算软约束和地方政府债务规模的关

① 沈丽，范文晓．地方政府债务扩张对区域金融风险的溢出效应［J］．经济与管理评论，2021，37（2）：51-63.

② 胡才龙，魏建国．中国地方政府债券风险空间关联网络结构特征及收敛性研究［J］．江西财经大学学报，2021（2）：12-23.

③ 张洁梅，王钰沛，张玉平．利益相关者视角的地方政府融资平台风险管理研究［J］．管理评论，2019，31（3）：61-70.

④ 靳伟凤，张海星，孙艺，底萌妍．地方政府债务风险的评价与预警机制研究——基于辽宁省的样本分析［J］．统计与决策，2020，36（19）：155-158.

⑤ 许鹏．土地财政、地区金融发展水平与地方政府债券发行定价关系的研究［J］．当代经济管理，2019，41（11）：86-92.

⑥ 张曾莲，严秋斯．土地财政，预算软约束与地方政府债务规模［J］．中国土地科学，2018，32（5）：45-53.

系进行研究，发现土地财政会通过政府预算软约束的传导，对政府债务的规模产生扩张的效应。并且，地方政府通过债务进行融资对土地财政具有很强的依赖特性，会导致一定的信用风险的产生。王晓凌（2021）[①] 通过研究发现，目前土地出让收入受房地产市场调控政策影响较大，导致土地出让的风险、地方债务偿还的风险与房地产风险捆绑，加上有限的土地数量，不利于地方政府对债券市场进行管理。

杨继东、杨其静、刘凯（2018）[②] 基于2004—2013年地级市的面板数据，测算分析了以地融资对地方政府债务增长的影响，发现土地出让对地方政府债务的发行存在着“土地出让—地方政府债务—地方政府债务风险”的传导机制并且受到官员任期、土地增值的影响。因此，建立规范的地方政府举债融资机制，管理地方政府融资平台对土地的依赖性，非必要不承诺将储备土地预期出让收入作为偿债的资金来源。

3. 对地方政府债券市场管理的现状的研究

我国地方政府债券在2009年逐步发行。2014年，我国出台了《国务院关于加强地方政府性债务管理的意见》以及新预算法对债券市场的管理进行了进一步规范。2017年全国金融工作会议提出了“终身问责”和“严控地方债务增量”的政策要求，但因为我国债务融资发行体量大，地方差异大，仍然未能建立健全完备的管理体制（张乐乐，2021）[③]。对于专项债来说，目前存在市级政府、县级政府和财政部等部门之间的权责不对等，专项债信息披露过于简单、不透明以及专项债定价严重扭曲且未能对被投资的项目资产进行合理把控等问题（谭天骄、李亘，2020）[④]。对地方政府债券市场监管目前还是在推广自我监管和买方驱动阶段，主要针对市场上的发行人、承销商、中介机构等市场参与者，通过机构监管、定位某项业务的功能监管、建立综合体的综合监管等多种方式进行监管（宋宇，2019）[⑤]。

4. 对地方政府债券市场管理改革的研究

学者对地方政府债券市场管理改革，主要从改革意义、专项债券管理

---

① 王晓凌．地方政府债务风险成因及对策研究［J］．经济研究导刊，2021（12）：34-36.

② 杨继东，杨其静，刘凯．以地融资与债务增长——基于地级市面板数据的经验研究［J］．财贸经济，2018，39（2）：52-68+117.

③ 张乐乐．地方政府债务管理的国际经验借鉴［J］．财会通讯，2021（7）：152-156+161.

④ 谭天骄，李亘．完善我国地方政府专项债的建议［J］．中国财政，2020（5）：78-79.

⑤ 宋宇．地方政府债券市场监管机制探讨［J］．财政监督，2019（18）：64-72.

改革、地方政府债券绩效全过程管理改革、国际经验借鉴等角度进行了分析。

梁若冰、王群群（2021）[①] 通过多期DID数据模型估算了1417家上市公司非金融企业的数据，发现地方政府债券市场管理改革可以缓和地方债务融资风险提高和企业融资困难的问题。地方政府债券市场管理改革短期内可以通过去杠杆为中小企业争取更多的融资红利，从长期看可以摆脱对银行融资的依赖，减少企业的融资成本。谭天骄、李亘（2020）[②] 认为地方政府债务的改革主要在于把握专项债务的改革。首先，要完善法律法规，建立一套专项债券管理流程。其次，要适度对专项债券进行扩容，把专项债的发债主体逐渐向下转移，完善地方债二级市场的流动性。最后，对项目来说，要将专项债锁定到项目，根据各省份的实际状况合理评估项目风险，对专项债券进行定额匹配、定需匹配。

此外，对地方政府债券市场进行管理，还要从政府和市场的关系角度考虑，建立全流程的绩效评价机制，同时借鉴国外经验，站在国际视角下对我国政策方案提出建议。张怡亮（2020）[③] 通过对相关政策性文献的分析（《国务院关于加强地方政府性债务管理的意见》），提出对地方政府债券市场进行管理，首先要处理好政府和市场的关系，发挥市场在资源配置中的决定性作用，构建全流程绩效评估管理闭环，包括“事前绩效评估—事中绩效运行监控—事后绩效评价”。张乐乐（2021）[④] 通过对美国、澳大利亚、俄罗斯等国家地方政府性债务管理的历史沿革、现实情况、举债途径和债务管理模式进行分析，得到对我国地方政府债券市场管理的经验。第一，根据美国、澳大利亚的经验，在预算中要对债务余额和偿还状况进行详细说明。第二，发达国家大都实行债务报告制度，在存续期内，政府应该第一时间公布需要披露的重大事件，确保债务管理透明，对我国来说，更要尽力提高地方政府债务的透明度。第三，美国有证券交易委员会，澳大利亚有借款委员会等专业独立的机构，在我国管理机构较多，需要建立独立的地方债管理领导小组。此外，学者研究发现，债务危机的发

---

① 梁若冰，王群群．地方债管理体制改革与企业融资困境缓解［J］．经济研究，2021，56（4）：60-76.

② 谭天骄，李亘．完善我国地方政府专项债的建议［J］．中国财政，2020（5）：78-79.

③ 张怡亮．地方政府债券发行选择和绩效管理问题研究［J］．预算管理与会计，2020（10）：60-63.

④ 张乐乐．地方政府债务管理的国际经验借鉴［J］．财会通讯，2021（7）：152-156+161.

生并非单一的因素导致，因此要重视对地方政府债务全过程的监督管理。

（五）地方政府债券市场法律制度

我国地方政府债券市场的发展经历了 1998 年国债转贷、2009 年代发代还、2011 年的自行发债“试点”，直到 2015 年新预算法颁布实施后，中央政府“代发”时代结束，地方政府才确立了独立的发债主体资格。此后，国家颁布了一系列文件助力地方政府债券的发行，我国地方政府债券规模迅速扩张（郑芳芳、陈素云，2021）①。2020 年 12 月，国务院正式发布了《地方政府债券发行管理办法》指导文件，对债券发行额度和期限、信用评级和信息披露、债券发行与托管等方面进行了明确界定（李升，2021）②。

2015 年新预算法作为允许我国地方政府举借地方债务的政策性文件，大幅度改变了地方政府为公共事业募资的形式，一直引起许多学者的研究和讨论。目前，学者关注了预算法实施前后的地方政府债务定价、财政透明度与地方政府融资成本、引入 PPP 模式等进行探讨，总结如下。

刘澜飚、范世成、邸超伦（2020）③ 研究探讨新预算法的发布将会从什么机制影响地方政府债务的定价。文章在已有文献的基础上，对宏观和微观主体进行实证分析，发现新预算法出台前后，中国的国家级宏观因素对城投债务信用利差的解释力度下降，省级的经济因素、金融数据对城投债务的定价机制的解释能力提高。房地产因素则在新预算法出台后对城投债务定价机制的解释上占据主要位置。

宋琳（2018）④ 对新预算法实施前后地方债置换的问题进行研究，发现新预算法正式出台之前，由于我国地方政府不存在直接发行债券的权力，因此也没有赤字。但是，由于分权制下的事权与财权不对应，地方政府较多地通过融资平台、信托公司、地方城投公司进行贷款，产生了巨大的债务压力。而新预算法实施后的地方债置换是缓解这类压力的有效手

---

① 郑芳芳，陈素云．地方政府债务绩效管理的现实基础与实现路径［J］．地方财政研究，2021（2）：22-30.

② 李升．地方政府债券的发展现状及其“十四五”展望［J］．财政监督，2021（11）：75-80.

③ 刘澜飚，范世成，邸超伦．我国地方政府债券定价机制研究——基于城投债信用利差的分析［J］．广东社会科学，2020（1）：18-29.

④ 宋琳．财政风险金融化视阈下的地方债置换法律规制问题研究［J］．西南大学学报（社会科学版），2018，44（1）：62-69.

段。新预算法实施后，债券则被置换为中长期、利率较低，还本付息更为稳定的地方政府债券。

温来成、马昀（2019）[①] 对新预算法实施前后财政透明度与地方政府债务融资成本高低的关系进行分析，指出新预算法对地方政府债务有以下两方面的影响，一方面，新预算法在第四条作出规定，要将政府的全部收入和支出纳入预算，这就包括了要将地方政府债务纳入预算，接受人民代表大会的监督，有助于提高地方财政的透明度，推动政府债务的发展；另一方面，新预算法在第三十五条作出规定，地方政府的举债只能通过发行地方政府债券的方式，不允许通过其他方式，并且举债的规模需要报请人民代表大会批准，任何地方政府不得以其他方式举借债务或者为其他单位或个人的债务提供担保。这些措施通过“开前门、堵后门、筑围墙”的方式，加强了地方政府债务的治理。

张月玲、郝梓秀（2017）[②] 探讨了新预算法实施前后为缓解地方政府债务，实行的允许地方政府举债、引入 PPP 模式等方法，指出新预算法对地方政府发债的主体、发债的用途、发债的规模、发债的方式、发债的风险作出明确的限制。首先，新预算法规定了只有经国务院批准的省级政府可以举借债务，地方政府不得随意发债。此外，新预算法规定通过发债取得的资金只能用于公益性资本支出，即具有公共产品属性、不以营利为目的的项目资产，不得用于经常性支出，而且必须明确债务偿还计划，都有利于规范地方政府债务的发行。

张子荣（2021）[③] 以绩效的地区差异为研究视角探究新预算法实施前后不同地区的绩效差异，将 30 个省级行政区的地方政府债务有关数据进行分析，发现自从新预算法对地方政府发债融资开始允许后，地方政府债务的支出效率显著提高并且风险下降。但仍有地区差异，表现为东部地区的整体的支出效率高，中部、西部地区总体的支出效率略低。

刘继峰、曹阳（2017）[④] 认为尽管有新预算法的颁布，我国地方政府

---

① 温来成，马昀．财政透明度与地方政府融资成本——来自 2015 年《预算法》实施的证据［J］．地方财政研究，2019（12）：28-35.

② 张月玲，郝梓秀．新《预算法》、地方政府债务与 PPP 模式［J］．行政事业资产与财务，2017（28）：1-3.

③ 张子荣．中国地方政府债务使用绩效地区差异研究——基于新《预算法》实施前后 DEA 模型的分析［J］．经济经纬，2021，38（2）：141-150.

④ 刘继峰，曹阳．我国地方政府债务法律监管研究［J］．法学杂志，2017，38（8）：76-85.

债务法律监管制度依然存在一定的问题。一是没有形成刚性的制度约束。尽管有新预算法第三十五条与第九十四条的规定，但其描述仍然较为抽象，没有举例列举有关行为，且现有的制度偏倡导性，没有能够形成刚性的法律制度。譬如国发〔2014〕43号文也只对风险评估和预警机制提出了倡导性意见，也没有形成刚性的制度要求。二是地方政府债务的风险管控的职权和责任不够明确，没有规定由哪个部门进行统计数据的发布，也未能确立合适的风险预警体系。现有的制度面对经济下行压力较大的环境，对地方债务因为较大债务融资需求而违规举债、扩大地方政府权力的行为显得监控力度不够。三是缺少问责机制。国办函〔2016〕88号文提到了地方政府债务风险问责，在第六条设定了责任追究机制，但要求对省级以下的政府存在脱节，已经出台但没有落实都是其存在的问题。

此外，学者基于不同的视角对其他地方政府债券市场法律制度建设相关内容展开了研究。其中，包括对专项债发行以及项目配套工作法律制度研究，对国发43号文的研究，等等。具体内容如下。

梁虎、张珩（2021）[①] 对《国务院关于加强地方政府性债务管理的意见》（国发〔2014〕43号文）实施前后对银行信贷资金“脱虚向实”的影响进行分析，在理论层面，研究了地方债务治理挤出个人和企业的贷款从而影响银行和个人的需求竞争机制和价格竞争机制。在实证层面，通过构建包含银行-时间固定效应的双重差分（DID）模型，发现进行地方债管理对于银行总贷款、个人贷款和企业贷款均产生了显著影响，银行信贷资金“脱虚向实”也同样受到了地方债务治理的影响。

乔宝云、吴卓瑾（2019）[②] 对中办、国办印发的《关于做好地方政府专项债券发行及项目配套融资工作的通知》（以下简称《通知》）进行分析，认为《通知》体现了我国的经济周期、长期经济趋势和国家治理改革三维交织的发展逻辑。根据《通知》的要求，我国要在较大幅度增加地方政府专项债务的规模上，加强地方政府专项债与财政政策、货币政策和投资政策的结合，聚焦重大项目的领域。一方面，开好前门，防范化解重大风险；另一方面，进一步细化配套设施，建立正向激励。

---

① 梁虎，张珩．地方债务治理对银行信贷资金“脱虚向实”的影响——基于国务院“43号文”准自然实验的经验考察［J］．当代财经，2021（2）：63-74.

② 乔宝云，吴卓瑾．稳定预期、防范风险更好地发挥地方政府专项债券的作用［J］．中国财政，2019（16）：26-28.

三、文献述评

从国内外来看，当前关于地方政府债券市场方面的研究成果十分丰富，这些文献大致可以被分为五个方面：地方政府债券市场的规模研究、地方政府债券市场的结构研究、地方政府债券市场的绩效研究、地方政府债券市场的管理体制研究、地方政府债券市场的法制建设研究。

关于地方政府债券市场的规模研究的角度很多，包括地方财政规模扩张的原因、定价机制、时间演变等角度。大部分学者对其进行的实证研究集中在地方政府债务与经济增长、产业结构升级的关系和地方政府债务对私人投资的挤入挤出效应，但当前学术界对这方面的研究结论还存在很大的争议。目前地方政府债务与经济增长、产业结构升级的关系的研究结论分为以下几种情况：一是认为地方政府债务对经济增长和产业结构升级有显著的促进作用。二是认为地方政府债务在达到一定的规模前能够促进经济增长，达到“适度”的规模后可能对经济增长起到抑制作用。三是认为政府投资对经济增长和产业结构升级没有显著的促进作用，甚至有些时候前者对后者产生抑制作用。地方政府债务与微观企业投资的挤入挤出效应也可以分为以下三种情况：一是地方政府债务对微观企业投资有挤出效应；二是地方政府债务会对私人投资和私人消费产生挤入效应；三是地方政府债务的影响可能有挤入挤出两个层面的影响：一方面，由于地方债务投资的方向多为传统的基础设施和公共服务的建设，有利于企业自身增加投资的回报率，可能会带动企业进行投资；另一方面，地方政府债务的发行会增加企业融资的成本，挤占信贷资源，不利于企业进行投资。

关于地方政府债券市场结构的研究主要包含地方政府债券市场的分类和期限结构等结构优化两个方面。其中，这类文献绝大多数是关于政府投资结构的实证研究，且涉及的计量工具和模型种类丰富。比如，面板向量自回归（VAR）模型、面板平滑过渡回归（PSTR）模型、协整的自回归分布滞后（ARDL）、TOPSIS 方法、Moran’s 散点图、LISA 空间关联局部指标图、倾向得分匹配法（PSM）和 COX 模型、模糊集定性比较分析（fsQCA）方法、KMV 模型、DID 模型、广义矩估计下的系统 GMM 方法、DID 模型等。

关于地方政府债券市场绩效的研究非常多，包括政府投资绩效管理指标体系的设计、研究视角的创新、地方政府债券市场效率的评价和绩效与风险的关系探究。但有关地方政府债券市场绩效的社会共识和制度依据以及评价结果应用等方面的研究还有待进一步加强。

关于地方政府债券市场管理体制和地方政府债券市场法律制度的文献绝大多数都属于规范性研究。其中，国内关于政府投资管理体制的研究主要是基于改革意义、专项债券管理改革、地方政府债券绩效全过程管理改革、国际经验借鉴等角度进行了分析。国内学者认为对地方政府债券市场进行管理，还要从政府和市场的关系角度考虑，建立全流程的绩效评价机制，同时借鉴国外经验，站在国际视角下对我国政策方案提出建议。关于政府投资法律制度的研究主要是围绕 2015 年新预算法的颁布、国发〔2014〕43 号文等重要法律文件而展开的。而国外专家学者关于政府投资管理体制的研究主要是基于风险和改革措施，并且研究了日本、美国、澳大利亚等国家的地方债制度以及 PPP 模式的法制依据。

上述研究成果为本书的研究奠定了良好的基础，同时，也存在一些问题，主要包括：第一，对一些问题研究还有待深入，如现阶段地方政府债券发行的最优规模如何确定、如何发展地方政府债券期货市场等；第二，对地方政府债券市场发展的量化分析还有待加强，如地方政府债券发行的绩效问题等；第三，地方政府债券市场管理的一些体制机制问题，需要进一步研究。

第三章　中国地方政府债券市场发展的理论基础

现阶段，我国地方政府债券的发行、流通和偿还等市场活动，是政府筹集和运用资金的重要政策手段，为发展社会主义市场经济，以及国家治理体系和治理能力现代化服务。地方政府债券市场的健康发展，离不开理论的正确指导。

一、中国特色社会主义理论

（一）中国特色社会主义理论体系的发展

中国共产党在领导中国革命、建设、改革的长期实践中，坚持把马克思主义基本原理同中国具体实际相结合，不断推进马克思主义中国化，先后形成了毛泽东思想、邓小平理论、“三个代表”重要思想、科学发展观以及习近平新时代中国特色社会主义思想等重大理论创新成果，逐步形成了中国特色社会主义理论体系，指导我国社会主义现代化建设，实现两个一百年的奋斗目标和中华民族伟大复兴的梦想。

1. 毛泽东等第一代领导集体对中国特色社会主义的探索①

毛泽东思想是马克思列宁主义同中国革命和建设具体实践相结合的产物，是马克思主义中国化的第一个重大理论成果，为当代中国发展进步奠定了根本政治前提和制度基础。中华人民共和国成立后，以毛泽东为代表的第一代领导集体，根据中国社会主义改造和建设的实践，借鉴苏联社会建设的经验，对中国特色社会主义道路作了艰苦的、初步的探索。1956 年 4 月毛泽东同志在中央政治局扩大会议上作《论十大关系》的讲话，提出“一定要努力把党内党外、国内国外的一切积极的因素，直接的、间接的积极因素，全部调动起来，把我国建设成为一个强大的社会主义国家”，初步提出了有关中国社会主义经济、政治建设的若干

---

① 毛泽东．毛泽东选集［M］．北京：人民出版社，1991.

新方针，体现了以毛泽东为代表的第一代领导人对建设社会主义的新思考。1956 年 9 月，中国共产党第八次全国代表大会在北京举行，大会正确分析了我国国内形势和主要矛盾变化，提出“国内的主要矛盾，已经是人民对于建立先进的工业国的要求同落后的农业国的现实之间的矛盾，已经是人民对于经济文化迅速发展的需要同当前经济文化不能满足人民需求的状况之间的矛盾”。明确党和全国人民在新形势下的主要任务是“集中力量解决这个矛盾，把我国尽快地从落后的农业国变为先进的工业国”。后来毛泽东同志还在《关于正确处理人民内部矛盾的问题》等著作中，探索了建立中国特色社会主义道路的具体问题。

2. 邓小平理论①

邓小平理论是中国特色社会主义理论体系的开源和奠基之作。以 1978 年党的十一届三中全会为标志，我们党和国家实现伟大转折，进入改革开放和社会主义现代化建设新时期，以邓小平同志为主要代表的中国共产党人，坚持解放思想、实事求是，深刻总结了我国社会主义建设正反两方面的经验和其他国家社会主义兴衰成败的历史经验，逐步形成和丰富了邓小平理论。1982 年中国共产党第十二次全国代表大会中，邓小平同志首次提出并使用了“建设有中国特色社会主义”的伟大命题，系统概括了社会主义社会的基本特征，并从中国国情出发，确定了以经济建设为中心，“现代化”“高度民主”“高度文明”三位一体，经济、政治、思想文化三大建设一把抓的总思路和总任务，初步形成了邓小平理论的基本框架。1987 年党的十三大系统阐述了邓小平理论的基本轮廓，明确提出我国处于社会主义初级阶段，概括了党的“一个中心、两个基本点”的基本路线，确定了建设有中国特色社会主义的六条具有长远意义的指导方针，并明确提出我国现代化建设“三步走”的战略目标。至此，我们党已经对建设有中国特色社会主义的理论有了比较充分的论述，这也标志着邓小平理论的初步形成。1992 年邓小平同志在视察南方的重要谈话中，科学地总结了党的十一届三中全会以来改革开放和现代化建设的基本实践和基本经验，进一步强调了改革开放的重大意义，指出“革命是解放生产力，改革也是解放生产力”，从理论上深刻回答了许多困扰和束缚人们思想的重大认识问题，关于姓“资”还是姓“社”，邓小平同志指出，“判断的标准，应该主要看是否有利于发展社会主义社会的生产力，是否有利于增强社会主义国家

① 本书编写组．中国共产党简史［M］．北京：人民出版社；中共党史出版社，2021.

的综合国力，是否有利于提高人民的生活水平”，关于计划与市场的关系，他指出“计划和市场都是经济手段”，强调“社会主义的本质是解放生产力，发展生产力，消灭剥削，消灭两极分化，最终达到共同富裕”。这个谈话是对社会主义认识的新飞跃，标志着邓小平理论的最终成熟和形成。1997 年党的十五大正式使用邓小平理论的科学概念，把邓小平理论确立为党的指导思想，明确写进了党章，大会强调，坚持党的十一届三中全会以来的路线不动摇，就是高举邓小平理论的伟大旗帜不动摇。报告指出，邓小平理论是在和平与发展成为时代主题的历史条件下，在我国改革开放和现代化建设的实践中，在总结我国社会主义胜利与挫折的历史经验，并借鉴其他社会主义国家兴衰成败历史经验的基础上，逐步形成和发展起来的。它抓住“什么是社会主义，怎样建设社会主义”这个根本问题，第一次比较系统地初步回答了建设有中国特色社会主义的一系列基本问题。

3. “三个代表”重要思想

“三个代表”重要思想是中国特色社会主义理论体系承上启下的中间环节。党的十一届四中全会后，以江泽民同志为主要代表的中国共产党人，高举毛泽东思想、邓小平理论伟大旗帜，坚持改革开放、与时俱进，在深刻认识和准确把握世情、国情、党情发展变化的基础上，创立了“三个代表”重要思想。2000 年江泽民同志在广东省考察工作时，从全面总结党的历史经验和如何适应新形势新任务的要求出发，首次对“三个代表”重要思想进行了比较全面的阐述：“我们党之所以赢得人民的拥护，是因为我们党在革命、建设、改革的各个历史时期，总是代表着中国先进生产力的发展要求，代表着中国先进文化的前进方向，代表着中国最广大人民的根本利益，并通过制定正确的路线方针政策，为实现国家和人民的根本利益而不懈奋斗。”同年，江泽民同志在上海主持召开江苏、浙江、上海党建工作座谈会时进一步指出，始终做到“三个代表”，是我们党的立党之本、执政之基、力量之源。2001 年，江泽民同志在庆祝中国共产党成立 80 周年大会上发表讲话，系统阐述了“三个代表”重要思想，他指出，我们党要始终代表中国先进生产力的发展要求，就是党的理论、路线、纲领、方针、政策和各项工作，必须努力符合生产力发展的规律，体现不断推动先进生产力的解放和发展的要求，尤其要体现推动先进生产力发展的要求，通过发展生产力不断提高人民群众的生活水平。我们党要始终代表中国先进文化的前进方向，就是党的理论、路线、纲领、方针、政策和各项工作，必须努力体现发展面向现代化、面向世界、面向未来的，民族的科学的大众的社会主义文化的要求，促进全民族思想道德素质和科学文化素质的不断提高，为我国经济发展和社会进步不断提供精神动力和智力支持。2002 年，党的十六大把“三个代表”重要思想确立为全党的指导思想。大会指出，“三个代表”重要思想是在科学判断党的历史方位的基础上提出的，是对马克思列宁主义、毛泽东思想、邓小平理论的继承和发展，用一系列紧密相连、相互贯通的新思想、新观点、新论断，反映了当代世界和中国的发展变化对党和国家工作的新要求，深化了对中国特色社会主义发展的规律性认识，是加强和改进党的建设、推进中国社会主义自我完善和发展的强大理论武器，是党必须长期坚持的指导思想，是中国共产党的立党之本、执政之基、力量之源①。

4. 科学发展观

新世纪新阶段，以胡锦涛同志为主要代表的中国共产党人，高举中国特色社会主义伟大旗帜，坚持以邓小平理论和“三个代表”重要思想为指导，顺应国内外形势发展变化，在全面建设小康社会进程中推进实践创新、理论创新、制度创新，创立并深入贯彻落实科学发展观，坚定不移地把改革开放继续推进向前。2003 年，胡锦涛同志在江西考察时提出“科学发展观”概念，指出要牢固树立协调发展、全面发展、可持续发展的科学发展观。同年，党的十六届三中全会第一次在党的正式文件中完整地提出了科学发展观，强调“坚持以人为本，树立全面、协调、可持续的发展观，促进经济社会和人的全面发展”。2004 年，在中央人口资源环境工作座谈会上，胡锦涛同志对科学发展观的科学内涵、基本要求和指导意义作了全面阐述，指出，坚持以人为本，就是要以实现人的全面发展为目标，从人民群众的根本利益出发谋发展、促发展，不断满足人民群众日益增长的物质文化需要，切实保障人民群众的经济、政治和文化权益，让发展的成果惠及全体人民。全面发展，就是要以经济建设为中心，全面推进经济、政治、文化建设，实现经济发展和社会全面进步。协调发展，就是要统筹城乡发展、统筹区域发展、统筹经济社会发展、统筹人与自然和谐发展、统筹国内发展和对外开放，推进生产力与生产关系、经济基础和上层建筑相协调，推进经济、政治、文化建设的各个环节、各个方面相协调。

---

① 江泽民．全面建设小康社会，开创中国特色社会主义事业新局面——在中国共产党第十六次全国代表大会上的报告［M］．北京：人民出版社，2002.

可持续发展，就是要促进人与自然的和谐，实现经济发展和人口、资源、环境相协调，坚持走生产发展、生活富裕、生态良好的文明发展道路，保证一代接一代地永续发展。2007 年，中国共产党第十七次全国代表大会在北京举行，大会创造性地提出并深刻阐述马克思主义中国化的第二次飞跃的理论成果——中国特色社会主义理论体系，大会首次概括提出，中国特色社会主义理论体系，就是包括邓小平理论、“三个代表”重要思想以及科学发展观等重大战略思想在内的科学理论体系。大会指出，科学发展观的第一要义是发展，核心是以人为本，基本要求是全面协调可持续，根本方法是统筹兼顾。新的发展阶段继续全面建设小康社会、发展中国特色社会主义，必须坚持以邓小平理论和“三个代表”重要思想为指导，深入贯彻落实科学发展观①。经历了从实践、认识、再实践、再认识的过程，科学发展观理论逐渐发展成熟，2012 年党的十八大正式确立科学发展观为全党的指导思想，大会指出，面向未来，深入贯彻落实科学发展观，对坚持和发展中国特色社会主义具有重大现实意义和深远历史意义，必须把科学发展观贯彻到我国现代化建设全过程、体现到党的建设各方面。

5. 习近平新时代中国特色社会主义思想

习近平新时代中国特色社会主义思想是马克思主义中国化的最新成果。党的十八大以来，顺应国内外形势变化和我国各项事业发展，以习近平为主要代表的中国共产党人，从理论和实践结合上系统回答了新时代坚持和发展什么样的中国特色社会主义，怎样坚持和发展中国特色社会主义，创立了习近平新时代中国特色社会主义思想。习近平新时代中国特色社会主义思想，明确坚持和发展中国特色社会主义，总任务是实现社会主义现代化和中华民族伟大复兴，在全面建成小康社会的基础上分两步走，在本世纪中叶建成富强、民主、文明、和谐、美丽的社会主义现代化强国；明确新时代中国社会的主要矛盾是人民日益增长的美好生活需要和不平衡不充分的发展之间的矛盾，必须坚持以人民为中心的发展思想，不断促进人的全面发展、全体人民共同富裕；明确中国特色社会主义事业总体布局是“五位一体”、战略布局是“四个全面”，强调坚定道路自信、理论自信、制度自信、文化自信；明确全面深化改革总目标是完善和发展中国特色社会主义制度、推进国家治理体系和治理能力现代化；明确全面推进

① 胡锦涛．高举中国特色社会主义伟大旗帜　为夺取全面建设小康社会新胜利而奋斗——在中国共产党第十七次全国代表大会上的报告［M］．北京：人民出版社，2007.

依法治国总目标是建设中国特色社会主义法治体系、建设社会主义法治国家；明确中国共产党在新时代的强军目标是建设一支听党指挥、能打胜仗、作风优良的人民军队，把人民军队建设成为世界一流军队；明确中国特色大国外交要推动构建新型国际关系，推动构建人类命运共同体；明确中国特色社会主义最本质的特征是中国共产党领导，中国特色社会主义制度的最大优势是中国共产党领导，党是最高政治领导力量，提出新时代党的建设总要求，突出政治建设在党的建设中的重要地位。为贯彻落实习近平新时代中国特色社会主义思想，党的十九大报告提出新时代坚持和发展中国特色社会主义的基本方略，并概括为“十四个坚持”：坚持党对一切工作的领导、坚持以人民为中心、坚持全面深化改革、坚持新发展理念、坚持人民当家作主、坚持全面依法治国、坚持社会主义核心价值体系、坚持在发展中保障和改善民生、坚持人与自然和谐共生、坚持总体国家安全观、坚持党对人民军队的绝对领导、坚持“一国两制”和推进祖国统一、坚持推动构建人类命运共同体、坚持全面从严治党[①]。习近平新时代中国特色社会主义思想是对马克思列宁主义、毛泽东思想、邓小平理论、“三个代表”重要思想、科学发展观的继承和发展，是马克思主义中国化最新成果，是中国特色社会主义理论体系的重要组成部分，是全党全国人民为实现中华民族伟大复兴而奋斗的行动指南，必须长期坚持并不断发展。

（二）以习近平新时代中国特色社会主义理论为指导发展我国地方政府债券市场

自 2015 年施行新预算法以来，我国地方政府债券得到了蓬勃发展，根据我国财政部 2021 年公布的数据，2020 年地方政府新增债券 4.55 万亿元，截至 12 月末全国地方政府债务余额已累积到 256615 亿元，较 2015 年增长了约 60.31%，地方政府债券对于区域经济发展的重要性日渐凸显，同样，由于债务规模迅速扩张，地方政府债务风险和金融风险等问题也不断突出。因此，在新时代背景下，我们要尽快推进财税体制深化改革，构建具有中国特色的地方政府债券市场，完善地方政府债务管理体系，以促进地方经济可持续发展。

---

① 习近平．决胜全面建成小康社会 夺取新时代中国特色社会主义伟大胜利——在中国共产党第十九次全国代表大会上的报告［N］．新华社，2017-10-27.

1. 坚持中国共产党的全面领导，是构建具有中国特色地方政府债券市场的根本保障

中国共产党的全面领导，是构建具有中国特色地方政府债券市场的根本保证，中国特色社会主义最本质的特征是中国共产党的领导，只有坚持党的全面领导，才能始终坚持正确的方向和立场，才能保障改革方向的正确性。首先，中国共产党是我国政治的核心和领导力量，地方政府债券市场建设过程中会涉及很多体制机制改革相关内容，如中央与地方之间的权责划分、地方政府与经济市场的关系、地方政府举债法规体系建设等问题，这些改革必须在党的领导下进行，也只有在党的领导下才能顺利进行。其次，中国共产党具有推进全面深化改革的决心和勇气，也具有突破各种难题的魄力和能力。因此，要想构建符合中国特色的地方政府债券市场，就必须始终坚持中国共产党的全面领导。

2. 始终坚持科学的理论思想，是构建具有中国特色地方政府债券市场的实践指导

理论是实践的先导，思想是行动的指南。中国特色社会主义理论体系，是全国各族人民团结奋斗的公共思想基础，是我国经济社会实践的理论指导，只有始终坚持中国特色社会主义理论，才能保证党和国家事业发展的前景方向。首先，我国地方政府债券市场发展的起步较晚，相较于国外成熟的地方政府债券市场，我们还有很长一段路要探索，只有紧紧把握科学的指导思想，才能避免走弯路、走岔路。其次，地方政府债券市场的构建过程不是一蹴而就的，需要不断地在实践探索中修正和完善理论，在理论指导下深化实践。因此，在构建和完善我国地方政府债券市场的过程中，我们必须始终坚持中国特色社会主义理论体系，运用科学的方法论，辩证吸收国外已有的实践经验，结合我国现实基本情况，构建具有中国特色的地方政府债券市场。

3. 发展具有中国特色地方政府债券市场，为国家经济社会发展战略服务

2020 年 5 月，中共中央政治局常委会会议首次提出“构建国内国际双循环相互促进的新发展格局”，在“双循环”的新发展格局下，发展具有中国特色地方政府债券市场，对于推进地区经济发展、保持地区经济发展可持续性，具有非常重要的意义。首先，地方政府债券作为积极财政政策，是积极拉动内需、稳定经济增长的着力点之一。在国内经济高质量发

展的总体要求下，我国未来经济发展需要更强的内生动力，发展具有中国特色的地方政府债券市场，优化“两新一重”基建布局，保障传统基础及民生领域建设的同时，加强新型基础设施及新型城镇化建设，在基本民生保障的基础上，通过加大新领域的投资，补短板、调结构、增后劲。其次，地方政府因地制宜发行政府债券，有利于实现区域间平衡发展，完善国内大循环体系。随着2015年新预算法施行，我国地方政府债券发行权的重新赋予，地方政府对于区域公共物品的提供更具有靶向性，以专项债券投资项目为例，近年来，我国西部地区专项债券投资更倾向于交通领域，相对而言，东北地区更着力于新型城镇化建设。发展具有中国特色社会主义债券市场，有利于地方政府依据地区发展特点以及发展短板，因地制宜规划债券资金流向，促进区域经济协调发展，助力国内大循环体系建设。最后，发展地方政府债券市场，有利于防范地方政府债务风险，保障国家经济社会发展战略部署。1994年分税制以来，我国地方政府“财权”和“事权”不相匹配，为保证地方政府财政职能的实现，地方政府通过融资平台借款、违规担保等方式筹措财政资金，导致隐性债务的大量累积，加大了地方政府债务风险发生的可能性，同时也对区域经济健康可持续发展产生了负面影响。因此，发展具有中国特色地方政府债券市场，建立规范的地方政府融资体系，规范地方政府债务管理，防范政府债务风险，是区域经济实现健康可持续发展的重要条件。

二、公共物品理论

（一）公共物品的界定

传统公共经济学理论将社会产品分为公共物品和私人物品，其中，私人物品是指满足社会成员的个人需要的商品和服务，如食品、服装等，这类商品可以通过市场配置实现有效供给。公共物品是指满足集体的社会性的公共需要的商品和服务，如国防、教育等，由于存在市场失灵，这类产品和服务市场无法有效提供，因此需要政府的介入。

公共物品有三个基本的特征：一是消费的非排他性；二是消费的非竞争性；三是效用的不可分割性。首先，消费的非排他性。个人在享受公共物品所带来的收益时，不能阻止他人同时从公共物品中获得收益，或者说个人要阻止任何人消费这种物品，要么代价非常大，要么不可能，以国防为例，所有公民都无差别地受益于国防提供的安全保障，且没有剥夺他人享受该权益的权利。其次，消费的非竞争性。公共物品一旦被提供，其他消费者的额外资源成本就为零。最后，效用的不可分割性。每个人消费这种产品或劳务都不会导致他人对该产品或劳务消费的减少。我们将同时满足“非排他性”“非竞争性”和“效用不可分割性”三个属性的产品就称为纯公共物品，但值得注意的是，在现实中大多数产品并不是纯粹的公共物品，它们兼具公共物品和私人产品的特征，也就是我们常说的混合产品或准公共物品，如拥挤的公路，在不拥挤的情况下，任何车辆都可以通行，这时它就是公共物品；但随着通行车辆数量的增加，拥挤问题发生，为保障道路的畅通，往往需要设置种种限制，如设立收费站、限制通行等，这时公路将变成“不纯粹”的公共物品。

（二）公共物品的提供方式

提供公共物品来满足公共需求，可以有两个系统：一是市场，二是政府。

一般而言，纯公共物品只能由政府来提供而不能由市场来提供，这主要是由公共物品的非竞争性和非排他性决定的。一方面，从公共物品提供的角度看，非竞争性是指新增一个消费者的边际成本等于零，而在完全竞争市场中，厂商追求利润最大化要求边际成本等于边际收益，也就是说，如果公共物品按边际成本定价，那么，私人部门得不到期望的最大收益，自然也不愿意去提供纯公共物品。另一方面，从公共物品消费的角度看，由于公共物品具有非竞争性，消费者使用公共物品的同时，不能排除他人同时使用，即使可以排除也需要付出很大的代价，因此，消费者都会抱有他人购买而自己受益的期望，即免费搭车。免费搭车现象的存在，导致公共物品不适合由市场买卖的方式提供。相对市场机制而言，政府的性质和运行机制，恰好可以解决市场提供公共物品所面临的难题。首先，政府具有社会性质。政府有职责满足社会成员的公共需求。其次，政府作为公共权力机关，有权力向社会成员征税，以保证纯公共物品供给成本得到补偿。对于准公共物品，由于兼备纯公共物品和私人物品的特征，所以既可以由政府提供，也可以由市场提供，也可以由政府私人混合提供。实践中准公共物品的提供方式是多种多样的，例如，政府授权经营、政府补助、政府购买、完全市场机制等。

（三）公共物品的有效供给

资源是稀缺的，因此无论是私人物品还是公共物品的供给，我们都希望其既能满足市场的需求，也不会造成资源浪费，也就是说能够实现有效供给。所谓有效供给，在经济学中是指与消费需求和消费能力相适应的供给，也就是说，在有效供给时产品的供给与需求达到平衡，市场处于均衡状态，消费者愿意支付的边际价格恰好等于生产该产品必须付出的机会成本。

假设市场中存在两个消费者 A 和 B，两种产品 x 和 y。

对于私人物品，每个追求效用最大化的消费者对于两种产品的边际替代率是相同的，但消费的数量可能是不同的，因此，需求是对不同数量的横向加总：

$$MRS_{xy}^{A}=MRS_{xy}^{B}=MRT_{xy} \tag{3.1}$$

与私人物品截然不同的是，对于公共物品，每个消费者的消费数量是相同的，但不同消费者的边际替代率可能不同，因此要达到有效提供的要求，必须使消费者对所提供的最后一单位产品的总评价等于提供它社会带来的增量成本，通过纵向加总找到集体支付意愿：

$$MRS_{xy}^{A}+MRS_{xy}^{B}=MRT_{xy} \tag{3.2}$$

式（3.1）、（3.2）代表了私人物品和公共物品有效供给的条件，但是私人物品和公共物品的有效供给能否实现，很大程度上取决于消费者的现实偏好。对于私人物品，人们的评价不会说谎，此时，只要市场是竞争的，且是运行良好的，私人物品就可以被有效提供。但是对于公共物品，人们可能会隐瞒其真实的偏好，也就是说存在“免费搭车者”，市场无法得到正确的需求信息，也就没办法提供有效数量的公共物品。

（四）地方性公共物品

公共财政理论认为，根据受益范围不同，公共物品可以分为全国性公共物品和地方性公共物品。全国性公共物品可以在全国范围内平均受益，如国防、外交等，这类公共物品一般由中央政府提供。而地方性公共物品只能在一定范围内受益，如城市下水道设施、政府兴建的公园，这类公共物品一般由地方政府提供，主要服务于其辖区内的公众。

地方性公共物品除具备公共物品基本特征外，还具有以下特征：一是地域性限制性。无论是地方纯公共物品还是地方混合公共物品，在消费上受地理空间限制，因此其受益范围往往被限定在特定的区域内，超过这一范围的居民就无法获得相应的利益。二是居民的偏好差异性。受历史文化、民族习惯、资源分布、经济发展状态等诸多因素的影响，不同地区的居民对公共物品的偏好具有差异性，以居住在地理位置偏僻地区的居民为例，相较于其他地区的居民，其更偏好道路交通建设。

地域限制性和偏好差异性决定了地方性公共物品由地方政府提供的合理性。首先，根据辖区受益原则，由地方根据受益范围提供的公共物品应该由该辖区的受益公民承担公共物品成本。其次，相较于中央政府，地方政府更具有信息优势，其更了解辖区居民对公共物品的偏好，能够以尽可能低的成本更准确地满足居民对公共物品的需求。较之中央对所有辖区提供单一、统一的公共物品，由地方政府根据辖区公民的需求偏好提供多样化的公共物品更能提高社会福利。最后，地方提供公共物品更有利于辖区居民的参与、反馈与监督，有利于提高政府公共物品供给行为的透明度。

（五）借鉴公共物品理论，发展我国地方政府债券市场

公共物品理论是我国规范中央地方事权财权划分的理论基础之一，也是我国财税体制改革的重要理论依据，进一步深化地方政府债券市场改革，必须明确中央地方的责权划分范围，规范政府债券融资行为，优化公共物品配置效率。

1. 筹集资金，提供地方公共物品，促进地方经济社会发展

在市场经济中，私人经济主体通常以利润最大化为主要目标，鲜少能将社会利益与私人利益相结合，因此，对于投资大、周期长、收益小的产品，如基础设施建设、医疗教育、社会安全、科学技术等公共物品，需要地方政府介入供给。地方政府提供地方公共物品服务能够促进区域经济增长并增进区域福利。首先，地方政府提供公共物品能够增加消费，拉动地区经济增长。以基础设施建设为例，地方政府投资直接用于生产最终产品，有效拉动了地方消费水平，增加了地方生产总值。其次，地方政府提供以医疗教育、科学技术等为主的公共物品，能够有效提高劳动力要素生产率，对于区域经济社会发展速度和发展水平大有裨益。最后，营商环境是影响资本流动的重要因素，是促进地方经济社会发展的重要一环。地方

政府筹集资金，完善地方公共物品的供给，能够优化地区营商环境，吸引更多外部资金流入，有利于地方经济社会可持续发展。

2. 防范债券违约，控制地方财政风险

首先，规范地方政府债券融资项目。按照分级预算管理体制的要求，地方政府主要为辖区选民提供受益仅局限于辖区内的地方公共物品。对于一些地方公共工程诸如城市地铁、高速公路等初始投资规模大，且建设周期又长，其投资额是一个地方年度财政收入无法支撑的，这类公共工程可以通过举债的方式来融资，但对于一些由市场提供更有效的公共物品，政府应该积极引导市场提供。政府不是提供公共物品的唯一途径，要积极与市场合作，合理规划，不能大包大揽，不能事事依赖于发债融资，更不能利用或虚构政府购买服务合同违法违规融资。其次，严格控制地方政府债券融资规模。2017 年财政部发布《新增地方政府债务限额分配管理暂行办法》（财预〔2017〕35 号），首次对地方债新增限额的分配予以了量化的要求，即各个省份及计划单列市新增地方债额度主要受自身财政实力、债务风险高低、债务管理绩效情况等因素决定。地方政府举债融资应坚持“自发自还”的出发点，要结合地区实际需要和财力可能，合理规划融资规模，不能盲目扩大投资。最后，不断创新对地方债期限的管理，减轻地方政府债务压力。2019 年《关于做好地方政府债券发行工作的意见》（财库〔2019〕23 号）提出“不再限制地方债券期限比例结构，地方财政部门自主确定期限”，在此背景下，我国地方债期限品种不断丰富，长期限地方债发行比例越来越高。地方债期限品种越来越丰富，不仅能够满足各类型投资者的期限偏好，增加地方债对投资者的吸引力，同时地方政府也能根据实际情况，合理设计发行政府债券，减轻地方政府短期还债的压力。

3. 明确划分地方政府债券市场发展中省、市、县和乡各级政府的职责，权责利相结合，促进债券市场健康发展

根据时期受益原则，公共支出所形成的公共成本应当由受益期内的人们共同分担。由于形成公共物品的受益期长短的不同，受益范围各异，公共支出的来源有很大差别，对于形成受益在跨财政年度、跨行政区域的地方性公共物品，其支出在客观上就要求有一种能够成本分担的分担方式，与这类支出形成的受益在时间和人群分布上相对应。虽然时期受益原则符合广为认同的收益公平原则和代际公平原则，但也对地方政府债券期限管

理提出了更高的要求。首先，地方政府应该对于自身公共财政能力有明确的规划，省、市、县和乡各级政府在自身财政能力范围内提供公共物品，要做到责任与能力相匹配。其次，地方政府要依据地区选民的公共需求，有规划地提供公共物品。深化改革公共财政预算制度，提高政府对于公共财政能力和公共基础设施建设的跨期规划能力，不仅能实现全体人民公平分享公共资源收益，也能保证地方公共财政能力与公共物品供给能力相匹配，保证地方政府债券市场的可持续发展。

三、公债理论

（一）公共债务

公共债务即公债，是政府为了满足公共管理的需要，凭借国家信誉，以债务人的身份，按照信用经济的原则，向国内外企业、居民和其他社会组织筹集的收入。具体形式包括政府发行债券、贷款、工程欠款等。公共债务属国家信用，是政府为弥补财政资金的不足，以信用形式筹集资金而形成的债务。与税收相比，公债有其明显的特征：一是自愿性。公债的发行和认购建立在认购者自愿的基础上。是否认购、认购多少，完全由认购人自主决定。税收具有强制性，只要税法规定其为纳税人，无论是否愿意，都要照章纳税，否则就要受到法律制裁。二是灵活性。公债的发行与否、采用何种方式发行、发行多少，一般由政府视具体情况而定，既不具有时间上的连续性，也不具有发行数额上的固定性。税收则按照法律规定的标准征收，在征税前就预先规定了征税对象和征税比值。三是有偿性。政府举借公债，到期必须还本付息。税收则具有无偿性，它既无须偿还，也无须付出任何报酬。

关于公债，马克思通过对资本经济制度的剖析，全面而科学地进行了论述。首先，公债的产生。马克思主义认为公债是国家公共权力发展的产物，恩格斯提出“为了维持这种公共权利，就需要公民缴纳费用——捐税。捐税是以前氏族社会完全没有的。但是现在我们却十分熟悉它了。随着文明时代的向前进展，甚至捐税也不够了；国家就发行期票，借款，即发行公债”[①]。列宁于《国家与革命》提出“为了维持特殊的、站在社会

---

① 马克思恩格斯选集：第4卷［M］．北京：人民出版社，1972：16.

之上的公共权力，就需要捐税和国债”。其次，公债的作用和结果。马克思认为，公债具有剥削性，“公债成了原始积累的最强有力的手段之一。它像挥动魔杖一样，使不生产的货币具有了生殖力，这样就使它转化为资本，而又用不着承担投资于工业，甚至投资于高利贷时所不可避免的劳苦和风险。……于是就出现了这样产生的有闲的食利者阶级，充当政府和国民之间中介人的金融家就大发横财，每次国债的一大部分就成为从天而降的资本落入保税者、商人和私营工厂主的手中……”。最后，公债与税赋。马克思认为，“公债不过是增加税收和满足资产阶级掌握政权所造成的新需要的一种新方式”①。

此外，西方经济学在对公债理论的漫长研究与实践中，以公债的合理性和正当性为核心，不同经济学派对于公债的论述也不尽相同，大致归纳为三类：公债有害论，严格反对政府举借公债；公债有益论，主张政府财政扩张，强调了公债的积极作用；其他公债理论，包括公债负担论、税收平滑论等。

1. 公债有害论

19 世纪上半叶，西方经济学的主流思想是古典政治经济学，以亚当·斯密、大卫·李嘉图等为代表的经济学家坚持公债有害论，严格反对政府举债。这一思想的形成与当时社会所处的环境有很大的关系，彼时的西方国家正处于从农业社会向工业资本社会转变的时代，社会中不存在生产过剩、社会需求不足等宏观经济问题，且该时期公债资金主要被封建君主利用投入战争或者统治阶级的消费中，无法促进国民经济发展，反而加重了民众的赋税压力，因此对于公债持完全否定的态度。

“公债亡国论”的论调最开始是由英国经济学家大卫·休谟提出的，休谟认为“国家如不消灭公债，公债必然消灭国家”，认为国家发行公债不仅存在着纸币流通渠道上的不足，且随着决算账户中公共债务的不断增加，债务利息的支付将导致捐税征收的增加，所以，国家假如不取消公债，其必然会导致亡国，而对于已经发行的公债，政府应尽快偿还，否则将导致国家出现民穷财尽的局面。基于休谟的理论基础，亚当·斯密在其著作《国富论》中提出：“当国家的财政经常性开支由举债来维持时，原本用于进行生产性劳动的资本，将必然用于非生产活动的消耗中，进而破

① 马克思．马克思致巴·瓦·安年柯夫［M］//马克思恩格斯全集：第 27 卷．北京：人民出版社，1972：481.

坏了社会资本的正常积累。”亚当·斯密认为国家之所以需要举债，根本原因是当权者奢侈浪费，而将本该用于保证国家生产性劳动正常运行的那部分资金抽调到国家费用上，必然会阻碍国家经济的发展。大卫·李嘉图继承和发展了亚当·斯密的观点，认为举债的弊病不仅仅在于其用于了非生产性活动上，且会造成国民“不知节俭”。李嘉图在《政治经济学及赋税原理》中提出，只要资金用于非生产性活动，那么通过征税还是通过举债来融集资金对国民经济选择造成的影响都是一样的，发行公债只是将当期的税收转移至未来若干年增收，这就是我们常说的等价理论。此外，李嘉图还认为政府举债对于社会投资具有“排挤效应”，他认为当政府增加对信贷资金的需求时，作为信贷资金价格的利率就必然会上升，私人投资会被排挤掉。

2. 公债有益论

19 世纪中下叶，在工业革命的带动下，资本主义得到了快速发展，社会经济高度发展的同时积累了大量财富，相随而生的是生产过剩、社会公共需求不足等问题。频繁爆发的经济危机迫使国家使用财政政策和货币政策进行宏观调控。在此背景下，以凯恩斯为主要代表的经济学家提出了公债有益论。

公债有益论最早是从德国兴起的，以卡尔·迪策尔和阿道夫·瓦格纳为代表。卡尔·迪策尔在其著作《政府贷款制度》中指出，欧洲发达国家的知识和道德及财富领域的进步，是国家信贷发展的产物。迪策尔认为在健康的国民经济与有效适当的政府债务管理背景下，政府债券利息支付占国家总量的比例对国民经济的发展有促进作用。迪策尔否定了古典经济学派关于公债非生产性的观点，认为国家经费具有生产性，不能简单地将政府经济从国民经济中剥离出来，而要考虑政府筹集经费为社会提供公共产品和公共服务对社会经济稳定运行的重要作用。此外，迪策尔还提出受外部冲击的影响，国民经济经常会出现下滑，而政府提供的公共服务对于稳定社会经济运行具有很重要的作用，以军队支出为例，政府的国防可以防止外敌入侵对正常生产的干扰，保证了国家生产的正常运转，因此政府的消费行为间接提高了社会的生产产出，所以从整体层面看国家经费支出具有生产性。此外，在大型的基础设施建设中，公债应当被认为是资本性支出，如公路、铁路等交通设施建设投资等。迪策尔公共信用理论还提出，公债有利于社会信贷的发展，对储蓄转化为投资进而促进生产进步有明显效应。

阿道夫·瓦格纳则从国家支出和公债资金来源两方面对公债进行了讨论。首先，瓦格纳强烈批评了古典政治经济学，将国家支出分为因税收而被覆盖的支出和由政府债券融资的支出两部分，认为因税收而被覆盖的支出应该由税收和收费提供资金，否则会出现长期的预算赤字；由政府债券融资的支出应由国家预算或国家信贷的额外收入提供资金，税收收入的使用剥夺了公共部门的营运资金。其次，瓦格纳定义了公债的资金来源：国民经济的内部资本、国内退出生产目的私人资本和外国资本。如果公债的资金来源是前两者，那么对国民经济是有促进作用的，因为，如果公债吸收的是国民经济的内部资本，不仅可以避免其浪费在投机上，还可以扩大财政支出增加就业；如果公债吸收的是外国资本，只要其募集资金用于国内的生产性活动，就有利于国内资本的生产，有利于国民经济的发展。

20 世纪初期，美国经济大萧条引发了世界性金融危机，传统的“市场决定论”受到挑战，要求政府主动对经济进行干预，从而尽快实现经济重振和提升发展的呼声越来越高。1936 年，凯恩斯出版了《就业、利息和货币通论》，提出有效需求理论，着重强调了国家财政干预的重要性，鼓励政府扩大赤字，大量发行公债，以保证社会的充分就业。凯恩斯认为当时西方国家社会经济衰退、就业疲软的根本原因就是社会有效需求不足。由于私人消费和投资不足，社会总需求下降，政府有必要通过扩大财政活动来放大有效需求，以保证社会经济就业水平达到“充分就业”的效果，而资金缺口则可以通过发行公债来填补。凯恩斯对于公债的态度是鼓励的，认为在有效需求不足的情况下，增加政府公债以提高政府支出就是正效率的，可以有效带动国民经济增长。

凯恩斯的经济思想对其之后经济学家产生了很深远的意义，其中包括阿巴·勒纳。在研究公债资本效应的过程中，阿巴·勒纳发现了一个现象并将其命名为“公债错觉”。他认为对于个人而言，手中持有公债就意味着资产的增加，会因此认为自己的财富增加，从而增加消费，最终实现国民经济的增长。勒纳认为，由于“公债错觉”的存在，保持公债的利息支付总是维持在一定的水平上，当萧条时期，公债利息支付会起到刺激消费的作用，而繁荣时期，公债的利息支付会起到抑制通货膨胀的作用。

（二）其他公债理论

凯恩斯主义经济理论诞生之后，其政府债务理论为财政理论作出了重要贡献，并逐渐发展成主流宏观经济学说。但随着经济社会的不断前进，在政府债务和赤字政策下，西方各国相继出现了严重的滞胀问题，促使社会和经济学家对政府债务理论的重新审视和研究，这一时期公债理论是繁复多样的，以下仅列举了公债负担论和公债管理理论以供参考。

以詹姆斯·布坎南为代表的公共选择学派提出了公共债务负担理论。布坎南在区别政府借贷和税负效果的基础上，提出了两者虽然同为政府支出筹集资金，促进公共服务，但两者是截然相反的工具，他认为政府债务发行之后，政府将融资资金用于公共支出，其实际债务负担转由纳税人承担。税收却是在资金用于公共支出的同时，由纳税人承担税负。此外，他提出，政府债务应为政府长期公共投资项目服务，因此其还本付息时限应长于项目投入并使用期限，而在现实中，赤字财政无法实现及时清偿，借新债还旧债的行为不仅导致债务负担当期以税负形式转移，还造成了代际财富的转移。

1979 年巴罗提出了在局部均衡环境中公共债务管理理论——税收平滑。该理论认为，在某种非常经济时期，政府支出占经济总产出的比例会大于正常水平，如战争时期，为了刺激经济增长，政府应当在保持税率平滑的基础上发行债务以弥补财政赤字，并在政府支出和经济总产出比例恢复正常水平后，再逐步缓解政府债务和财政赤字问题。

从古典理论到凯恩斯主义，从公共选择学派到各种复杂的理论，每一个理论体系都是经济学家对其所处经济环境、政治环境的不断认识与思考，没有哪个理论是更为优越的，每一个理论都为我们在不同的经济环境下使用财政政策提供思路与参考。

（三）以马克思主义公债理论为指导，借鉴西方公债论，发展中国特色地方政府债券市场

地方政府债务具有两面性，一方面可以为地方政府提供资金，用以区域经济建设，实现政府职能，保障公共物品供给；另一方面，随着地方政府债务的不断扩张，当政府无法保证偿还债务，债务风险将导致金融风险、政府信用崩塌等恶劣影响，因此，建设风险可控的地方政府债券市场，是保证我国地方财政可持续发展的基础条件。

1. 完善地方政府债券发行机制，提高市场化水平

地方政府债券发行是地方政府公债制度实施的重要环节。完善地方政

府债券发行机制，提高市场化水平。首先，有利于我国地方政府债券的顺利发行。地方政府债券发行是地方政府债券制度实施的起点，明确债券发行的审批、发行主体、发行规模、债券的发行价格等重要问题，是政府债券顺利发行的基础条件。其次，有利于地方政府降低发行成本。地方政府债券的发行机制应当简便易行，如果发行的程序过于复杂，就会导致发行债券的时间过长，发行的成本过高，不能及时解决地方政府财政资金紧张的问题，不利于地方政府平稳发展地方经济。最后，有利于保障债权人的合法权益。通过债券发行的审批，可以有效地控制地方政府举债的规模，防止地方政府过度举债，而信息披露可充分地显示地方政府的财政状况，为投资人理性地购买债券提供依据，最终确保债权人能够及时得到偿付。债券发行市场化水平的提高，也有利于发挥地方政府债券在周期性调节中的作用，这也是凯恩斯主义经济学所倡导的。

2. 完善债券发行主体信用评级体系，提高政府信用评级的参考价值

地方政府债务信用评级，是地方政府债券发行的重要指标依据，是市场判断地方政府发债是否与其财政能力相匹配的评判标准之一。首先，地方债券发行主体信用评级需要建立在债务信息透明公开的基础上，如果信息披露不充分、不全面，评级机构的评级权威性和公信力就无从谈起。其次，要在债务信息披露充分的基础上，完善我国政府信用评级体系建设。我国政府信用评级机构独立性不强，由于我国采用发行人付费模式，在利益驱动下，信用机构通常选择迎合地方政府追求债券高信用等级的需求，这也造成了我国地方政府信用均为 AAA 级的局面，评级结果缺乏区分度，对于信息使用者缺乏参考价值。要改变这种局面，就要着力构建透明、高效的信用评级体系：一是统一评级标准，要针对我国各地政府的财政能力、债务管理能力、预算监管能力等各个方面，规范指标数据统计口径及采集方式，进行主要评级指标细化评估。二是确保信用评级机构的独立性和公正性。信用评级机构及其从业人员的独立性，是其出具评级结果公正公平的前提保障，可以通过加强对评级公司的监管和审查，加强信用评级行业自律机制建设，实行信用评级结果终身负责制，加强评级专业人员的职业操守教育，建立黑白名单制度，强化评级机构和评级从业人员的法律责任等方式，加强评级机构独立性建设。三是全面提高信用评级水平，通过借鉴国际信用评级公司的信用评级方法和标准，结合我国实际情况，加以改进利用，提高评级机构及评级从业人员的准入条件，加强从业人员专

业知识及法律法规的继续教育。同时，地方政府债券评级，不仅要看发债的主体省级政府资信，还应考虑使用资金，还本付息的市县政府资信，从而有效控制地方政府债务风险，防范古典经济学家所强调的公债对国民经济和社会发展的有害性。

3. 完善地方政府债务绩效评价体系，提高政府债券管理能力

有效防范地方政府债务违约风险，不仅要考虑政府债务的存量规模，还要关注地方政府的债务管理能力。全面实施预算绩效管理，建立完善的地方政府债务绩效管理体系，是推进国家治理体系和治理能力现代化的内在要求，也是我国深化财税体制改革、建立现代化财政制度的重要内容。地方政府债务绩效评价是关于地方政府债务统筹和监管的必要环节，对于缓解和防范债务违约风险，提高政府信用以及地方政府债券利用质量，规范政府债券管理具有非常重要的意义。首先，完善地方政府债务绩效管理目标体系。政府债务绩效目标管理是地方政府债务绩效管理的核心，是实现政府债务绩效有效管理的基础，建立完善的地方政府债务绩效管理目标体系，能够明确绩效考评方和被考评方的责任与义务，有助于地方政府在债务绩效管理过程中进行自我监控。其次，建设完整的绩效评价体系。地方政府债务绩效评价应贯穿债务管理和项目管理，构建“事前有目标，事中有监控，事后有评价，评价结果有运用”的绩效评价体系，保证债务资金使用和项目运营符合绩效目标，便于地方政府对监控过程中发现的问题，如资金支出效率低下、不按计划使用资金、偏离预期绩效目标等，及时采取收回、撤销、调整等纠正措施。最后，形成有效的绩效结果应用体系。绩效结果应用是地方政府债务绩效管理最终目的，合理设计评价结果对应的奖优罚劣激励约束机制，按照“举债必问效，无效必问责”的责任落实制度，强化被考评单位受托责任意识，激发地方政府不断改进公共产品和服务的积极性，切实提高地方政府债务管理治理能力和水平，以充分发挥地方政府债券积极功能，也就是落实前述经济学家所论述的公债的积极作用。

四、证券市场理论

（一）证券市场

证券市场指证券发行、交易的场所，具有融通资金、资本定价和资本

配置的功能，是市场经济发展到一定阶段的产物。证券市场解决了资本供给和资本需求之间的矛盾，满足了市场对资金的融资需求和投资需求，有效化解了资本的供求矛盾和资本结构调整的难题，对整个经济运行具有重要影响。

1. 证券市场的构成

证券市场主要由三部分要素构成：证券市场参与者、证券交易工具和证券交易场所。证券市场参与者是指证券发行和交易过程中涉及的主体，包括证券发行人、证券投资者、证券市场中介机构、自律性组织及证券监管机构。证券发行人是为了筹措资金而发行债券、股票等有价证券的政府及其机构、金融机构、公司和企业。证券发行人是把证券销售给投资者的行为主体，证券发行可以由证券发行人直接发行，也可以由证券发行人委托证券公司进行承销，在实践中，以承销方式为主。证券投资者是证券市场中资金的供给者，也是金融工具的购买者，通常可以分为机构投资者和个人投资者两大类。机构投资者是指具有资金、信息、人力等优势，能影响某个证券价格波动的投资者，包括企业、商业银行、非银行金融机构等。机构投资者一般具有投资的资金量大、收集和分析信息的能力强、注重投资的安全性、对市场影响大等特征。个人投资者是指从事证券投资的居民，是证券市场最广泛的投资者，个人投资者主要的投资目的是追求盈利，谋求资本的保值增值。证券市场中介机构是指证券的发行和交易提供各类服务的机构，包括证券公司和其他证券服务机构。证券公司是指依法设立可经营证券业务、具有法人资格的金融机构，其主要业务有承销、经纪、自营、投资咨询、基金管理等。证券服务机构是指依法设立从事证券服务业务的法人机构，主要包括财务顾问机构、证券投资咨询公司、会计师事务所、证券信用评级机构等。自律性组织包括证券交易所、证券业协会及证券登记结算机构。证券交易所是提供证券集中竞价交易场所的不以营利为目的的法人，其主要职责有提供交易场所与设施、制定交易规则、监管在该交易所上市的证券以及会员交易行为的合规性、合法性。证券业协会是证券行业自律性组织，是社会团体法人。其主要职责是协助证券监管机构组织会员执行有关的法律、维护会员的合法权益、为会员提供信息服务、制定规则、监督检查会员行为以及证券监督管理机构赋予的其他职责。证券登记结算机构是为证券交易提供集中登记、存管与结算业务，不以营利为目的的法人。证券监管机构是指依法对证券市场进行集体统一监管，维持证券市场公平而有秩序的监督管理机构。其主要职责包括负责行业性法规的起草、负责监督有关法例法律的执行、负责保护投资者的合法权益等。证券交易工具是指证券市场活动实现所必须借助的工具或手段，也称之为证券交易对象，主要包括政府债券、金融债券、公司债券、股票、基金及金融衍生物等。证券交易所是指证券买卖活动发生的场所，包括场内交易市场和场外交易市场。场内交易市场是指在证券交易所内进行证券买卖活动；场外交易市场是在证券交易所之外进行证券买卖活动，例如柜台交易场所、第三市场、第四市场等。

2. 证券市场的分类

按证券进入市场的顺序可以把证券市场划分为发行市场和交易市场。证券发行市场又称为“一级市场”或“初级市场”，是发行人以筹集资金为目的，按照一定的法律规定和发行程序，向投资者出售证券所形成的市场。证券发行市场作为一级市场，体现了证券由发行主体流向投资者和资本由投资者流向发行者的市场关系。证券交易市场是已发行的证券以买卖交易的形式实现流通转让的场所，又称为“二级市场”或“次级市场”。证券交易市场体现了新老投资者之间投资退出和投资进入的市场关系。证券发行市场和证券交易市场相互依存、相互制约。发行市场是交易市场的基础和前提，证券发行的条件和发行方式影响交易市场的价格及流动性，而交易市场是证券扩大发行的必要条件，为发行市场所发行的证券提供了变现的场所，同时证券交易市场的交易价格又直接影响证券的发行价格。

按有价证券的品种可以将证券市场划分为股票市场、债券市场、基金市场及衍生证券市场等子市场，股票市场是股票发行和买卖交易的场所，股票的发行主体为股份有限公司，股份公司在股票市场上筹集的资金是长期稳定的，属于公司的自有资本。股票市场最大的特点是价格经常处于波动的状态，因为股票的市场价格除了受公司自身经营状况和盈利水平的影响外，还会受到诸多其他因素的影响，如经济、社会等。债券市场是债券发行和买卖交易的场所，债券的发行人有中央政府、地方政府、金融机构、公司和企业。相较于股票，债券市场有固定的票面利率和期限，其市场价格相对比较稳定。基金市场是基金发行和流通的场所。封闭式基金在证券交易所挂牌价交易，开放式基金是通过投资者向基金管理公司申购和赎回实现流通的。衍生证券市场是指以期权、期货、认股权证等金融衍生物为交易对象的证券市场。

3. 证券市场的特点

证券市场具有价值直接交换、财产权利直接交换和风险直接交换的特征，与一般的商品市场有很大的区别：首先，交易对象不同。证券市场上的交易对象是作为经济权益凭证的股票、债券、投资基金券等有价证券，其本身不具有实用价值和商品的特性，仅代表一定量财产权利。其次，交易目的不同。消费者购买商品是为了获得某种消费需要，而证券交易的目的是为了筹集资金或实现投资收益。再次，交易对象的价格决定不同。商品市场的价格是商品价格的货币表现，取决于生产商品的社会必要劳动时间，而证券市场的价格实质上是利润的分割，是预期收益的市场表现。最后，市场风险不同。商品市场实行的是等价交换原则，价格波动较小，市场前景的可预测性较强，风险较小，而证券市场的影响因素复杂多变，价格波动性大且具有不可预测性，投资者能否取得预期收益具有很大的不确定性，风险较大。因此，学者在研究证券市场发展过程中，提出了资产评价模型等各种理论观点。

（二）借鉴证券理论，促进我国地方政府债券市场发展

相较于证券市场的发展，我国地方政府债券市场起步较晚，制度结构都处于不成熟的阶段。总结和借鉴我国证券市场发展过程中的实践经验，对于建设我国地方政府债券市场体制机制有事半功倍的效果。

1. 优化地方政府债券市场的宏观环境

我国地方政府债券市场是我国证券市场的子市场，除具有证券市场的一般性特征外，还具有自身的独特性。因此，在建设我国地方政府债券市场时，既要参考我国证券市场发展经验，又要结合我国国情，创新符合我国实际情况的地方政府债券市场。首先，遵循证券市场法律和监督框架构建的一般规律。通过梳理我国证券市场发展，我们不难看出，证券市场法律和监管框架的构建是循序渐进的，要在不断实践中完善，因此，在构建地方政府债券市场的过程中，既要积极吸取我国证券市场以及国外政府债券市场发展过程中的成功经验，还要在实践中不断完善。其次，加快构建地方政府债券市场法律体系。良好的法律体系是地方政府债券市场健康发展的基石，对于发行地方政府债券和借款授权，应有清晰明确的规则，应通过对证券监管机构的有效监管和对市场参与者、市场行为、信息透明度及清算和结算程序制定相关的规则，以支持二级市场的发展。目前，我国

地方政府债券市场运行主要依靠部门规章，法律层次较低。最后，加强各监管部门的协调配合。地方政府债券市场的监管不能仅依靠政府集中监管，还要发挥自律体制，发挥交易所一线监管职能。

2. 积极推进地方政府债券流通市场的发展

我国地方政府债券主要依赖银行间债券市场和交易所债券市场两个市场，由于两个市场中参与者类型、交易方式、结算制度等都有较大的差异，导致两个市场分割程度较大，严重制约地方政府债券市场的整体效率。因此，应从以下几个方面推进地方政府债券二级市场的发展：首先，应加强各子市场之间的互联互通，包括投资人、市场运作机制、债券定价机制和地方债产品的市场间互通。市场互通是发挥市场机制效力，提高市场运行效率，形成市场规模经济的基础，加强地方债各子系统之间的互通，能够更好地保证发挥市场机制在地方债券交易市场中的作用。其次，通过促进政府债券品种多元化、改善地方债券发行结构、调整地方债券利息结构、推进交易市场的交易方式以及地方债券衍生品的创新，完善债券交易做市商制度，提高债券市场的流动性。再次，改革完善地方债券做市商制度。做市商制度是国际通行的债券市场基础交易机制，是推动债券市场发展的重要力量。2020 年 12 月，中国人民银行公布《中国人民银行完善银行间债券市场现券做市商管理有关事宜》（中国人民银行公告〔2020〕21 号），正式取消了银行间债券市场双边报价商行政许可事项，促进了银行间债券市场全面法治化、市场化的进程。最后，拓展市场开放程度，丰富地方债衍生产品，吸引个人投资者和民间机构投资者，扩大柜台交易市场规模或建立面向个人等中小投资者的互联网交易平台，丰富投资者的投资渠道。

3. 积极推进债券衍生品市场的发展

衍生品市场能够帮助地方政府进行债务风险控制，开展信用违约互换或类似的信用衍生产品，可以帮助投资者购买地方政府债券的同时规避其风险，能够有效提高地方政府债券市场的活跃度，有利于地方政府债券市场的发展。首先，在地方政府债券期货市场方面，加快修订相关法律法规，推进债券市场的统一托管与结算。加快债券结算体系的建设，使债券兑付得到普及，为地方政府债券期货的交割提供便利条件。其次，在信用衍生品方面，要推进我国地方政府信用违约互换交易，坚持适度发展原则，避免一蹴而就。最后，进一步加强监管，建立中央清算制度，完善相关的法律、会计、税收、信用制度，提高金融机构的信用风险管理能力。

第四章　中国地方政府债券市场规模发展研究

债券发行和流通的规模，是地方政府债券市场发展的重要特征，既体现了地方政府在债券市场中配置资源的能力，也是地方政府债务风险控制的重要因素。地方政府需要在一定的条件下控制规模，适度举债，在发展与风险之间保持平衡。

一、中国地方政府债券市场规模现状

（一）中国地方政府债务限额规模

1. 地方政府债务限额的总体发展趋势

2018 年 12 月 29 日，《中华人民共和国预算法》在第十三届全国人大常委会第七次会议上表决通过，标志着我国全面规范地方政府债务管理体系建设迈出了具有重要意义的一步。预算法不仅明确提出了举债主体即省级地方政府，而且还规定了举债的方式、用途、偿债资金等。2014 年 10 月 2 日，国务院颁布了《关于加强地方政府性债务管理的意见》（国发〔2014〕43 号），以进一步规范我国地方政府债务的管理，更好发挥政府债务促进经济社会发展的积极作用，防范和化解财政金融系统性风险。其中，43 号文明确要求剥离融资平台公司政府融资职能，同时，还对地方政府债务规模实行限额管理，规定地方政府举债不得突破全国人大批准的限额。2015 年 12 月 21 日，财政部发布了《关于对地方政府债务实行限额管理的实施意见》（财预〔2015〕225 号）（以下简称《意见》），旨在切实加强地方政府债务限额管理。该《意见》在合理确定地方政府债务总限额，逐级下达分地区地方政府债务限额，严格按照限额举借地方政府债务，将地方政府债务分类纳入预算管理作出了详细规定。

随着地方债管理体制的不断健全，地方债市场规模迅速攀升。在债券限额方面，如图 4-1 所示，自 2015 年以来，我国地方政府债务限额规模总体呈现出快速上升的趋势，由 2015 年的 16.01 万亿元，增加到 2017 年的 18.82 万亿元，再到 2019 年的 24.08 万亿元。到 2021 年，我国地方政府债券限额突破 30 万亿元，达到 33.28 万亿元，较 2020 年增加 4.47 万亿元。在 2015—2021 年，我国地方政府债务限额年均增长率为 18.42%①，持续保持在一个较高的水平。

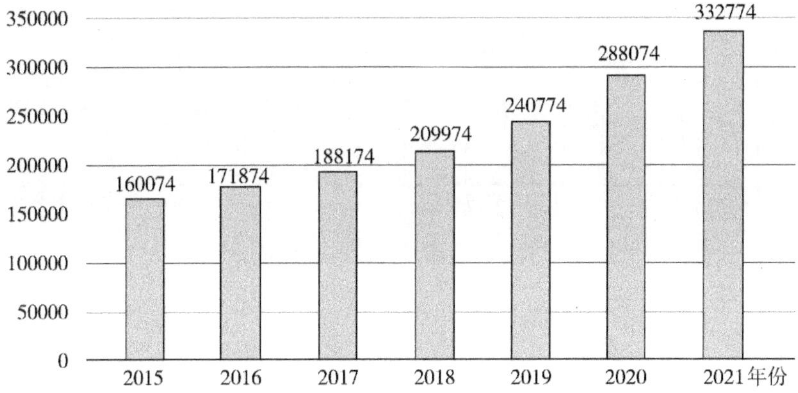

图 4-1　2015—2021 年我国地方政府债务限额（亿元）

在债券新增限额方面，2015 年以来，我国地方政府债务新增限额规模总体也呈现出较快增长的趋势（如图 4-2 所示）。由 2015 年的 0.6 万亿元，增加到 2019 年的 3.08 万亿元。受新冠肺炎疫情影响，2020 年债券新增发限额出现迅速增长，当年我国地方政府债券新增限额为 4.73 万亿元，较 2019 年大幅增加 1.65 万亿元。鉴于 2021 年第一季度国民经济已经显示出“稳中向好”的迹象，2021 年预算安排新增地方政府债务限额 4.47 万亿元。尽管 2021 年新增限额与 2020 年相比减少了 2600 亿元②，但仍高于 2019 年水平。这样安排，是为了保持 2021 年宏观政策的连续性和稳定性，避免搞政策“急刹车”或“急转弯”。

在限额和新增限额增速方面，地方政府限额增速总体保持较为稳定的上升趋势，由 2016 年的 7.37%，上升至 2018 年的 11.59%，再到 2021 年的 15.52%。相反，地方政府债券新增限额增速总体呈现出递减的趋势，由 2016 年的96.67%，下降至 2018 年的 33.74%，再到 2021 年的-5.50%③（如图 4-3 所示）。

---

① 数据来源：根据中国地方政府债券信息公开平台网站整理计算。

② 数据来源：根据中国地方政府债券信息公开平台网站整理计算。

③ 数据来源：根据中国地方政府债券信息公开平台网站整理计算。

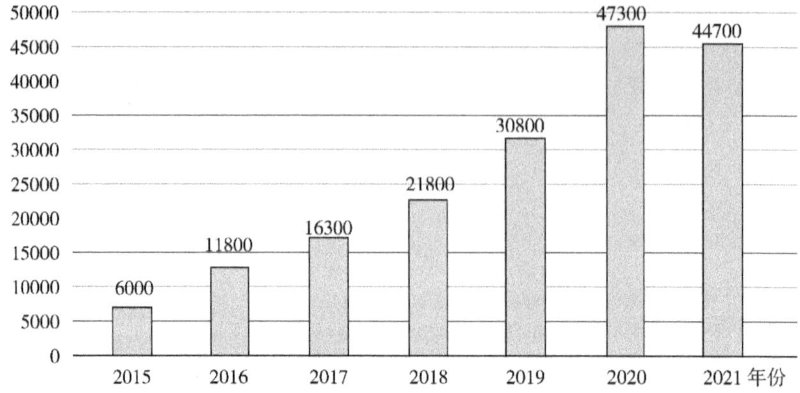

图 4-2　2015—2021 年我国地方政府债务新增限额（亿元）

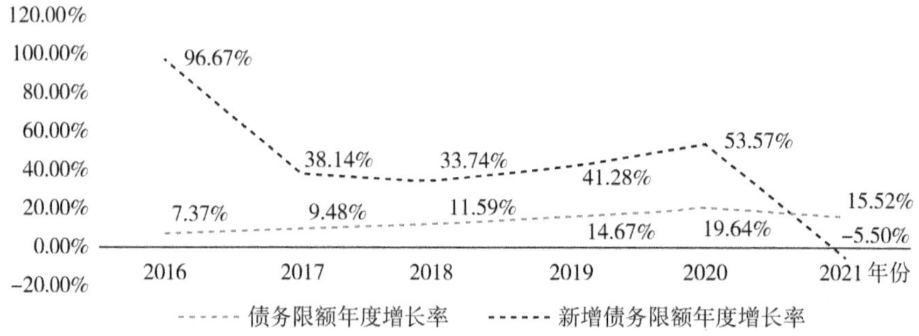

图 4-3　2016—2021 年我国地方政府债务限额和新增限额增长率变化趋势

2. 地方政府债务限额的分地区比较

表 4-1　2015—2020 年中国 36 个省、自治市、直辖区和计划单列市债务限额及其年均增长率①

排名	区划名称	2015 年	2016 年	2017 年	2018 年	2019 年	2020 年	年均增长率
1	江苏省	10954	11830	13103	14768	16525	19007	14. 70%
2	广东省	8810	9448	10399	11709	13564	16327	17. 06%
3	山东省	8443	9035	9862	10970	12530	15553	16. 84%
4	四川省	7808	8397	9209	10280	11731	13987	15. 83%

① 注释：1. 此排名依据 2020 年全国 36 个省级行政区及计划单列市地方政府债务限额规模进行排序。2. 地方政府债务限额单位为亿元。3. 原始数据来源于中国地方政府债券信息公开平台网站：http：//www. celma. org. cn/jdsj/index. jhtml。

续表

排名	区划名称	2015年	2016年	2017年	2018年	2019年	2020年	年均增长率
5	浙江省	7325	7790	8541	9593	11008	12953	15.37%
6	河北省	5888	6426	7202	8521	10238	12442	22.26%
7	湖南省	6780	7241	7887	8727	9863	12161	15.87%
8	河南省	5955	6500	7266	8285	9737	11851	19.80%
9	贵州省	9136	9200	9277	9362	9811	11658	5.52%
10	云南省	6628	7000	7522	8204	9129	10784	12.54%
11	安徽省	5424	5894	6622	7629	8913	10691	19.42%
12	湖北省	4698	5254	5997	7012	8416	10500	24.70%
13	北京市	6689	7211	7736	8302	9409	10266	10.70%
14	上海市	6019	6519	7112	7704	8621	9723	12.31%
15	内蒙古自治区	5676	5963	6358	6875	7544	8954	11.55%
16	陕西省	5065	5414	5866	6465	7279	8455	13.39%
17	福建省	4586	4932	5420	6056	6913	8424	16.74%
18	江西省	3905	4264	4784	5491	6479	8299	22.50%
19	广西壮族自治区	4465	4806	5313	5976	6872	8198	16.72%
20	辽宁省	7048	7146	7257	7377	7544	8170	3.18%
21	重庆市	3412	3835	4383	5093	6049	7542	24.21%
22	新疆维吾尔自治区	2837	3151	3614	4302	5250	6988	29.26%
23	天津市	2592	2956	3463	4159	5063	6841	32.79%
24	黑龙江省	3165	3422	3802	4293	4973	5900	17.28%
25	吉林省	3019	3310	3686	4171	4823	5782	18.30%
26	山西省	2123	2387	2728	3187	3832	4833	25.53%
27	甘肃省	1710	1960	2300	2746	3371	4352	30.90%

续表

排名	区划名称	2015 年	2016 年	2017 年	2018 年	2019 年	2020 年	年均增长率
28	海南省	1491	1640	1834	2091	2437	2811	17.71%
29	青海省	1331	1482	1677	1938	2290	2711	20.74%
30	大连市	2091	2116	2144	2174	2215	2467	3.60%
31	宁波市	1863	1895	1947	2037	2160	2427	6.05%
32	青岛市	1091	1204	1355	1578	1889	2346	23.01%
33	宁夏回族自治区	1139	1241	1376	1585	1867	2041	15.84%
34	厦门市	465	538	635	735	887	1215	32.26%
35	深圳市	332	332	332	385	699	1180	51.08%
36	西藏自治区	114	138	168	198	326	454	59.65%

从表 4-1 可以看出，在 2015—2020 年，我国 36 个省、自治区、直辖市和计划单列市地方政府债务限额规模有较大的差异。以 2020 年为例，我国地方政府债务限额规模排名前五的地区依次是：江苏省（19007 亿元）、广东省（16327 亿元）、山东省（15553 亿元）、四川省（13987 亿元）和浙江省（12953 亿元）；地方政府债务限额规模排名后五的地区依次分别是：青岛市（2346 亿元）、宁夏回族自治区（2041 亿元）、厦门市（1215 亿元）、深圳市（1180 亿元）和西藏自治区（454 亿元）；如果在不考虑计划单列市的情况下，地方政府债务限额规模排名后五的地区依次分别是：甘肃省（4352 亿元）、海南省（2811 亿元）、青海省（2711 亿元）、宁夏回族自治区（2041 亿元）和西藏自治区（454 亿元）。通过比较我国地方政府债务限额规模排名，可以发现地方政府债务限额规模与地方经济发展水平总体表现出正向相关关系，即经济发展水平越高的地区，其地方政府债务限额规模往往也就越大。

另外，在 2015—2020 年，我国 36 个省、自治区、直辖市和计划单列市地方政府债务限额规模突破万亿元大关的省级行政区数逐年递增，其实在某种程度上反映了我国地方政府债务限额规模递增的趋势。具体来看，突破万亿元大关的省级行政区 2015 年有江苏省（10954 亿元）1 个，2016

年江苏省（11830 亿元）1 个；2017 年有江苏省（13103 亿元）和广东省（10399 亿元）2 个；2018 年有江苏省（14768 亿元）、广东省（11709 亿元）、山东省（10970 亿元）和四川省（10280 亿元）4 个；再到 2019 年江苏省（16525 亿元）、广东省（13564 亿元）、山东省（12530 亿元）和四川省（11731 亿元）、浙江省（11008 亿元）和河北省（10238 亿元）6 个；2020 年我国地方政府债务限额突破万亿元的省区市达到 13 个，分别是江苏省（19007 亿元）、广东省（16327 亿元）、山东省（15553 亿元）、四川省（13987 亿元）、浙江省（12953 亿元）、河北省（12442 亿元）、湖南省（12161 亿元）、河南省（11851 亿元）、贵州省（11658 亿元）和云南省（10784 亿元）、安徽省（10691 亿元）、湖北省（10500 亿元）和北京市（10266 亿元）。

从 2015—2020 年的平均增长率来看，各个地方的增长率差异也非常大。在 36 个省、自治区、直辖市和计划单列市中，地方政府债务限额增速排名前五的地区分别是：西藏自治区（59.65%）、深圳市（51.08%）、天津市（32.79%）、厦门市（32.26%）和甘肃省（30.90%）；地方政府债券限额增速排名后五的地区分别是：北京市（10.70%）、宁波市（6.05%）、贵州省（5.52%）、大连市（3.60%）和辽宁省（3.18%）。如果在不考虑计划单列市的情况下，西藏自治区（59.65%）、天津市（32.79%）、甘肃省（30.90%）、新疆维吾尔自治区（29.26%）和山西省（25.53%）；地方政府债券限额增速排名后五的地区分别是：上海市（12.31%）、内蒙古自治区（11.55%）、北京市（10.70%）、贵州省（5.52%）和辽宁省（3.18%）。

（二）中国地方政府债券发行规模

1. 地方政府债券发行额的总体发展趋势

正如前文所提到，2020 年以来，国内新冠肺炎疫情对市场供求两端同时造成巨大冲击，造成我国经济下行压力增大。在此背景下，积极财政政策持续发力，地方政府延续“大开前门”，带来地方政府债务限额和新增限额扩张。相应地，当年债务发行额也出现较大规模增长。如图 4-4 所示，2020 年，我国地方政府债务发行额为 64438 亿元，较 2019 年大幅增加 20814 亿元，同比增速高达 47.71%[①]。

① 数据来源：根据中国地方政府债券信息公开平台网站相关数据整理计算。

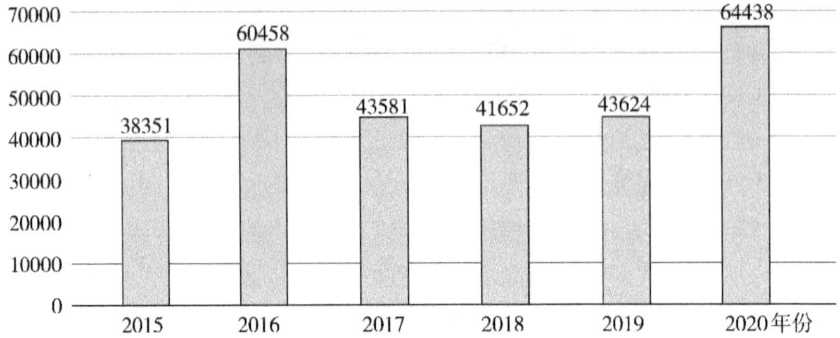

图 4-4 2015—2020 年我国地方政府债券发行额（亿元）

在债券新增发行额方面，如图 4-5 所示，2015 年以来，我国地方政府债券新增发行规模总体呈现出递增趋势，从 2015 年的 5912 亿元，增加到 2017 年的 15898 亿元，再到 2019 年的 30561 亿元。2020 年由于受新冠肺炎疫情影响，债券新增发行额出现迅速增长。2020 年，我国地方政府债券新增发行额为 45525 亿元，较 2019 年大幅增加 14964 亿元，同比增速高达 48.96%①。

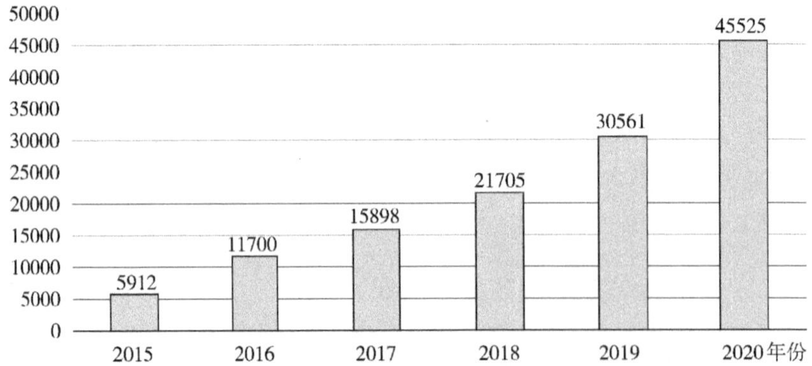

图 4-5 2015—2020 年我国地方政府债券新增发行额（亿元）

① 数据来源：根据中国地方政府债券信息公开平台网站相关数据整理计算。

2. 地方政府债券发行额的分地区比较

表 4-2　2015—2020 年中国 36 个省、自治区、直辖市和计划单列市债券发行额及其年均增长率①

排名	区划名称	2015 年	2016 年	2017 年	2018 年	2019 年	2020 年	年均增长率
1	江苏省	3194	4512	2878	2682	2852	4181	6. 18%
2	山东省	1994	3865	2232	2173	2328	3932	19. 44%
3	广东省	1588	3500	1846	2481	2056	3639	25. 83%
4	四川省	1790	2891	2809	2184	2213	3543	19. 59%
5	河北省	1420	2321	1528	2123	2220	3000	22. 25%
6	湖北省	1483	2644	1223	1351	1987	2900	19. 11%
7	浙江省	2244	3583	1559	1662	2018	2883	5. 70%
8	河南省	1425	1904	1978	1326	1817	2728	18. 29%
9	湖南省	1395	3488	1965	1993	2560	2550	16. 56%
10	贵州省	2350	2590	2099	2145	1346	2523	1. 47%
11	安徽省	1294	1687	1462	2248	1628	2329	16. 00%
12	云南省	1567	2066	1930	1567	1488	2293	9. 27%
13	江西省	978	1054	1216	1082	1172	2288	26. 79%
14	内蒙古自治区	1477	2502	1310	1144	1234	1847	5. 01%
15	广西壮族自治区	922	1440	1717	1403	1033	1840	19. 91%
16	天津市	565	1667	849	981	1172	1805	43. 89%
17	上海市	1212	2200	783	706	1268	1755	8. 96%
18	重庆市	824	1570	1310	1014	1253	1696	21. 17%
19	北京市	1178	1166	1070	645	1401	1676	8. 46%
20	福建省	1259	1788	1442	894	964	1593	5. 31%

① 注释：1. 此排名依据 2020 年全国 36 个省级行政区及计划单列市地方政府债券发行规模进行排序。2. 地方政府债券发行额单位为亿元。3. 原始数据来源于中国地方政府债券信息公开平台网站：http：//www. celma. org. cn/jdsj/index. jhtml。

续表

排名	区划名称	2015 年	2016 年	2017 年	2018 年	2019 年	2020 年	年均增长率
21	陕西省	1260	2031	1300	1304	1404	1533	4. 33%
22	新疆维吾尔自治区	693	1055	1079	1013	1020	1461	22. 16%
23	山西省	610	788	781	682	757	1409	26. 20%
24	吉林省	765	910	1146	796	762	1384	16. 18%
25	黑龙江省	792	1105	965	1238	905	1351	14. 12%
26	辽宁省	1602	2393	1660	1158	1100	1239	-4. 53%
27	甘肃省	483	667	588	604	776	1123	26. 50%
28	青岛市	227	414	288	323	346	568	30. 04%
29	海南省	223	551	536	536	433	566	30. 76%
30	青海省	328	469	463	474	467	512	11. 22%
31	宁波市	553	482	432	425	226	487	-2. 39%
32	深圳市	-	-	20	52	314	482	770. 00%
33	厦门市	90	349	97	100	192	372	62. 67%
34	宁夏回族自治区	289	367	318	406	375	316	1. 87%
35	大连市	278	424	645	621	135	313	2. 52%
36	西藏自治区	-	-	56	55	128	140	193. 75%

从表 4-2 可以看出，在 2015—2020 年，我国 36 个省、自治区、直辖市和计划单列市地方政府债券发行规模有较大的差异。以 2020 年为例，我国地方政府债券发行规模排名前五的地区依次分别是：江苏省（4181 亿元）、山东省（3932 亿元）、广东省（3639 亿元）、四川省（3543 亿元）和河北省（3000 亿元）；地方政府债券发行规模排名后五的地区依次分别是：深圳市（482 亿元）、厦门市（372 亿元）、宁夏回族自治区（316 亿元）、大连市（313 亿元）和西藏自治区（140 亿元）；在不考虑计划单列

市的情况下，地方政府债券发行规模排名前五的地区不变，而地方政府债券发行规模排名后五的地区依次是：甘肃省（1123 亿元）、海南省（566 亿元）、青海省（512 亿元）、宁夏回族自治区（316 亿元）和西藏自治区（140 亿元）。通过我国地方政府债券发行规模排名发现，地方政府债券发行规模与地方经济发展水平总体表现出正向相关关系，即经济发展水平越高的地区，其地方政府债券发行规模往往也就越大。

再者，从 2015—2020 年的平均增长率来看，各个地区的增长率差异非常大。有些地区如厦门市地方债发行额年均增长率高达 62.67%，相反，而有些地区如辽宁省地方债发行额年均增长率为负 4.53%。深圳市是从 2017 年开始发行地方政府债券，且当年发行数额非常低，仅为 20 亿元，这样就使得深圳市年均增长率过高。西藏自治区的情况也是如此，故而在接下来的分析中，将这两个地区从中剔除掉。因此，在剩下的 34 个省、自治区、直辖市和计划单列市中，地方政府债券发行额增速排名前五的地区分别是：厦门市（62.67%）、天津市（43.89%）、海南省（30.76%）、青岛市（30.04%）和江西省（26.79%）；地方政府债券发行额增速排名后五的地区分别是：大连市（2.52%）、宁夏回族自治区（1.87%）、贵州省（1.47%）、宁波市（-2.39%）和辽宁省（-4.53%）。如果在不考虑计划单列市的情况下，地方政府债券发行额增速排名前五的地区分别是：天津市（43.89%）、海南省（30.76%）、江西省（26.79%）、广东省（25.83%）和河北省（22.25%）；地方政府债券发行额增速排名后五的地区分别是：内蒙古自治区（5.01%）、陕西省（4.33%）、宁夏回族自治区（1.87%）、贵州省（1.47%）和辽宁省（-4.53%）。

3. 地方政府债与国债及其他类债券发行额的比较

债券是一种金融契约，是政府、金融机构、工商企业等直接向社会借债筹措资金时，向投资者发行，同时承诺按一定利率支付利息并按约定条件偿还本金的债权债务凭证①。根据债券品种不同分类，目前我国债券的种类包括国债、地方债、央行票据、同业存单、金融债、企业债、公司债、中期票据、短期融资券、定向工具、国际机构债、政府支持机构债、资产支持证券等、可转贷、标准化票据、可交换债和项目收益票据等（见表 4-3）。

截至 2020 年，我国债券市场交易的债券品种主要有国债、地方政府债、同业存单和金融债。从表 4-3 可以看出，2020 年这四种债券的发行只

① 吴晓求．证券投资学［M］．北京：中国人民大学出版社，2000：23-27.

数合计 32433 只，占比高达 64.54%，发行额合计 416138.49 亿元，占比为 73.14%。具体来看，在债券发行只数和只数比重方面，国债有 172 只（0.34%）、地方政府债有 1848 只（3.68%）、同业存单有 28619 只（56.95%）、金融债有 1794 只（3.57%）。在发行额及其比重方面，国债发行额为 71173.25 亿元（12.51%）、地方政府债发行额为 64438.13 亿元（11.33%）、同业存单发行额为 189766.60 亿元（33.35%）、金融债发行额为 90760.51 亿元（15.95%）。其中，尽管国债和地方债的发行只数比重较低，仅有 4.02%，但两者的发行面额比重却高达 23.84%。

表 4-3　2020 年我国各类债券的发行统计情况

类别	发行只数（只）	只数比重（%）	发行额（亿元）	面额比重（%）
国债	172	0.34	71173.25	12.51
地方政府债	1848	3.68	64438.13	11.33
央行票据	12	0.02	610.00	0.11
同业存单	28619	56.95	189766.60	33.35
金融债	1794	3.57	90760.51	15.95
企业债	387	0.77	3926.39	0.69
公司债	3617	7.20	33697.45	5.92
中期票据	2120	4.22	23446.92	4.12
短期融资券	4842	9.63	49986.43	8.79
定向工具	1025	2.04	7072.95	1.24
国际机构债	4	0.01	110.00	0.02
政府支持机构债	15	0.03	1730.00	0.30
资产支持证券	5482	10.91	28891.56	5.08
可转债	216	0.43	2765.54	0.49
标准化票据	58	0.12	61.68	0.01
可交换债	43	0.09	476.39	0.08
项目收益票据	3	0.01	24.00	0.00
合计	50257	100.00	568937.79	100.00

数据来源：Wind 数据库。

通常来讲，按照发债主体的不同，政府债券主要分为国债和地方债两种，前者是由中央政府发行，后者是由地方政府发行，在管理上，国债和地方债券余额限额都是由全国人大批准的。由于地方债和国债均是构成政府债券的重要组成部分，两者具有较为紧密的联系。接下来，本章对我国国债和地方债的发行只数、发行额度以及各自相对应的占比进行分析。从表 4-4 中可以看出，2016—2020 年，在债券发行只数比重方面，国债发行只数比重总体呈现出递减的趋势，由 2016 年的 0.52%降到 2018 年的 0.40%，再到 2020 年的 0.34%；地方债发行只数比重总体呈现出先下降后上升的趋势，由 2016 年的 4.1%降到 2019 年的 2.49%，再回升到 2020 年的 3.68%。在债券发行额比重方面，国债发行额比重总体呈现出上升的趋势，由 2016 年的 8.43%上升至 2018 年的 8.36%，再到 2020 年的 12.51%；地方债发行额比重总体呈现出先下降后上升的趋势，由 2016 年的 16.63%降到 2018 年的 9.50%，再上升到 2020 年的 11.33%。另外，在 2016—2019 年，每年地方债的发行规模要高于国债，而 2020 年国债发行规模超过地方债。

表 4-4　2016—2020 年我国国债和地方债的相关发行情况

		2016 年	2017 年	2018 年	2019 年	2020 年
国债	发行只数（只）	148	160	158	162	172
	只数比重（%）	0.52	0.43	0.40	0.37	0.34
	发行额（亿元）	30657.69	40041.79	36670.97	41641	71173.25
	发行额比重（%）	8.43	9.79	8.36	9.22	12.51
地方债	发行只数（只）	1159	1134	930	1093	1848
	只数比重（%）	4.10	3.03	2.37	2.49	3.68
	发行额（亿元）	60458.4	43580.94	41651.67	43624.27	64438.13
	发行额比重（%）	16.63	10.65	9.50	9.65	11.33

数据来源：根据 Wind 数据整理计算而得。

4. 各类期限地方政府债券发行额的比较

债券的期限是指在债券发行时就确定的债券还本的年限，债券的发行人到期必须偿还本金，债券持有人到期收回本金的权利得到法律的保护。随着我国地方政府债券发行额的不断扩大，地方债券期限品种也在不断拓宽。从表 4-5 中可以看出，自 2016 年以来，我国地方政府债券的期限种类不断丰富，品种数量由 2016 年的 3 个，增加到 2018 年的 7 个，再到

2019年的8个，截至2021年6月我国地方政府债券的期限种类达到9个。具体来看，2016年和2017年有5年期、7年期和10年期3个品种，2018年有3年期、5年期、7年期、10年期、15年期、20年期和30年期7个品种，2019年和2020年有2年期、3年期、5年期、7年期、10年期、15年期、20年期和30年期8个品种，到2021年6月为止有1年期、2年期、3年期、5年期、7年期、10年期、15年期、20年期和30年期共9个品种。

此外，从表4-5中还可以看出，当前我国地方政府债券的期限以5年、7年和10年等中期品种为主。以2020年为例，5年期、7年期和10年期的地方政府债券发行额分别为6646.97亿元、7066.25亿元和19897.31亿元，三者合计33610.53亿元，占当年债券发行总额比重高达52.16%。另外，在5年期、7年期和10年期三类品种中，各自发行额的变化趋势存在差异。在2016—2020年，5年期的地方债规模总体呈现出先上升后下降的趋势，由2016年的7266.52亿元增加至2018年的17708.89亿元，再减少至2020年的6646.97亿元。7年期的地方债规模总体呈现出递减的趋势，由2016年的16753.74亿元下降至2018年的9189.9亿元，再到2020年的7066.25亿元。10年期的地方债规模总体呈现出先下降后上升的变化趋势，由2016年的13189.85亿元，下降至2018年的6897.94亿元，然后再上升至2020年的19897.31亿元。

表4-5 2016—2021年6月中国各类期限地方政府债券发行规模

单位：亿元

期限（年）	2016年	2017年	2018年	2019年	2020年	2021年1—6月
1	—	—	—	—	—	58.97
2	—	—	—	100.79	34.07	57.19
3	—	—	3361.68	2058.94	1305.84	1352.65
5	7266.52	14764.57	17708.89	13787.86	6646.97	4191.25
7	16753.74	11939.72	9189.9	7178.71	7066.25	7554.54
10	13189.85	8788.08	6897.94	12324.6	19897.31	10755.08
15	—	—	152.7	1686.86	10335.87	2235.56
20	—	—	352.99	1917.49	7146.08	2563.69
30	—	—	60	4500.5	12005.73	1733.33
总计	37210.11	35492.37	37684.1	43555.75	64438.12	30502.26

数据来源：根据Wind数据整理计算而得。

（三）中国地方政府债务余额规模

1. 地方政府债务余额的总体发展趋势

如图 4-6 所示，2015 年以来，我国地方政府债务余额总体呈现出递增的趋势，由 2015 年的 48261 亿元，增加至 2020 年的 256615 亿元，年均增长率高达 62.30%。另外，2020 年受国内新冠肺炎疫情影响，为保障经济平稳运行，地方政府延续“大开前门”，新增债券发行额大幅增加，而财政收入增幅较小，加速债务余额的大规模增长。因此，截至 2020 年，我国地方政府债务余额为 256615 亿元，较 2019 年大幅增加 45432 亿元，同比增速高达 47.71%①。

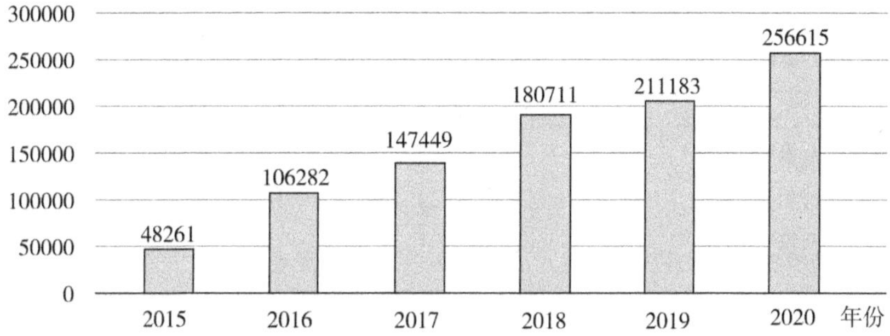

图 4-6　2015—2020 年我国地方政府债券余额（亿元）

2. 地方政府债券余额的分地区比较

表 4-6　2015—2020 年中国 36 个省、自治区、直辖市和计划单列市债券余额及其年均增长率②

排名	区划名称	2015 年	2016 年	2017 年	2018 年	2019 年	2020 年	年均增长率
1	江苏省	3621	8088	10911	12894	14769	17145	62.25%
2	山东省	2314	6148	8340	10002	11503	14493	87.72%
3	广东省	1978	5443	7246	9534	11326	14254	103.44%
4	四川省	2326	5049	7710	9271	10548	12712	74.42%

① 数据来源：根据中国地方政府债券信息公开平台网站。

② 注释：1. 此排名依据 2020 年全国 36 个省级行政区及计划单列市地方政府债券余额规模进行排序。2. 地方政府债券余额单位为亿元。3. 原始数据来源于中国地方政府债券信息公开平台网站：http：//www.celma.org.cn/jdsj/index.jhtml。

续表

排名	区划名称	2015 年	2016 年	2017 年	2018 年	2019 年	2020 年	年均增长率
5	浙江省	2620	6168	7684	8979	10380	12474	62.68%
6	湖南省	1838	5204	7037	8708	10154	11791	90.25%
7	贵州省	2626	5139	7156	8799	9625	10939	52.76%
8	河北省	1780	4000	5422	7113	8631	10904	85.43%
9	湖北省	1871	4404	5514	6648	8019	10025	72.63%
10	河南省	1854	3636	5488	6494	7872	9780	71.25%
11	云南省	2042	3972	5776	6937	7993	9556	61.33%
12	安徽省	1719	3273	4611	6556	7880	9535	75.78%
13	内蒙古自治区	1786	4202	5419	6345	7199	8252	60.34%
14	广西壮族自治区	1194	2557	4194	5369	6213	7497	87.98%
15	陕西省	1594	3531	4733	5686	6426	7309	59.76%
16	福建省	1512	3235	4602	5400	6229	7211	62.82%
17	江西省	1329	2285	3455	4370	5318	7111	72.51%
18	辽宁省	1841	4168	5757	6438	6795	7101	47.62%
19	上海市	1574	3739	4478	4966	5699	6878	56.16%
20	重庆市	1068	2569	3808	4648	5559	6743	88.56%
21	天津市	691	2323	3135	4058	4957	6366	136.88%
22	北京市	1437	2530	3566	3950	4959	6047	53.47%
23	黑龙江省	1106	2120	2993	3971	4643	5577	67.37%
24	新疆维吾尔自治区	964	1942	2942	3770	4537	5576	79.74%
25	吉林省	1067	1891	2949	3635	4281	5165	64.01%
26	山西省	863	1581	2287	2868	3487	4586	71.90%

续表

排名	区划名称	2015 年	2016 年	2017 年	2018 年	2019 年	2020 年	年均增长率
27	甘肃省	753	1343	1851	2360	3037	3858	68.73%
28	海南省	378	884	1376	1866	2172	2571	96.69%
29	青海省	571	977	1367	1738	2077	2426	54.14%
30	宁波市	622	1085	1497	1799	1917	2158	41.16%
31	大连市	337	745	1373	1928	1969	2059	85.16%
32	青岛市	287	685	964	1259	1570	2047	102.21%
33	宁夏回族自治区	423	753	1054	1376	1642	1840	55.83%
34	厦门市	129	467	553	637	788	1112	127.00%
35	深圳市	116	105	112	146	430	881	109.91%
36	西藏自治区	31	41	87	135	251	372	183.33%

从表 4-6 可以看出，在 2015—2020 年，我国 36 个省、自治区、直辖市和计划单列市地方政府债券余额规模存在较大的差异。以 2020 年为例，我国地方政府债券余额规模排名前五的地区依次是：江苏省（17145 亿元）、山东省（14493 亿元）、广东省（14254 亿元）、四川省（12712 亿元）和浙江省（12474 亿元）；地方政府债券余额规模排名后五的地区依次分别是：青岛市（2047 亿元）、宁夏回族自治区（1840 亿元）、厦门市（1112 亿元）、深圳市（881 亿元）和西藏自治区（372 亿元）；在不考虑计划单列市的情况下，地方政府债券余额规模排名后五的地区依次分别是：甘肃省（3858 亿元）、海南省（2571 亿元）、青海省（2426 亿元）、宁夏回族自治区（1840 亿元）和西藏自治区（372 亿元）。通过比较我国地方政府债券余额规模排名，可以发现，我国地方政府债券余额规模与地方经济发展水平总体也表现出正向相关关系，即经济发展水平越高的地区，其地方政府债券余额规模往往也就越大。这与前文所提到的地方政府债券限额的情况基本一致。

另外，在 2017—2020 年期间，我国 36 个省、自治区、直辖市和计划单列市地方政府债券余额规模突破万亿元大关的省级行政区数呈现出逐年递增，其实也是反映了我国地方政府债券余额规模递增的趋势。具体来看，债券余额突破万亿元大关的省份 2017 年有江苏省（10911 亿元）1 个，到 2018 年有江苏省（12894 亿元）和山东省（10002 亿元）2 个，再到 2019 年有江苏省（14769 亿元）、山东省（11503 亿元）、广东省（11326 亿元）、四川省（10548 亿元）、浙江省（10380 亿元）和湖南省（10154 亿元）6 个。2020 年我国地方政府债务余额突破万亿元的省份达到 9 个，分别是江苏省（17145 亿元）、山东省（14493 亿元）、广东省（14254 亿元）、四川省（12712 亿元）、浙江省（12474 亿元）、湖南省（11791 亿元）、贵州省（10939 亿元）、河北省（10904 亿元）和湖北省（10025 亿元）。其中，江苏省政府债券余额规模在 2017—2020 年一直保持绝对领先水平。

从 2015—2020 年的平均增长率来看，各个地区的增长率普遍较高，最低值都超过了 40%，而且不同地区之间的增长率差异也非常大。在 36 个省、自治区、直辖市和计划单列市中，地方政府债券余额增速排名前五的地区分别是：西藏自治区（183. 33%）、天津市（136. 88%）、厦门市（127. 00%）、深圳市（109. 91%）和广东省（103. 44%）；地方政府债券余额增速排名后五的地区分别是：青海省（54. 14%）、北京市（53. 47%）、贵州省（52. 76%）、辽宁省（47. 62%）和宁波市（41. 16%）。如果在不考虑计划单列市的情况下，地方政府债券余额增速排名前五的地区分别是：西藏自治区（183. 33%）、天津市（136. 88%）、广东省（103. 44%）、海南省（96. 69%）和湖南省（90. 25%）；地方政府债券余额增速排名后五的地区分别是：宁夏回族自治区（55. 83%）、青海省（54. 14%）、北京市（53. 47%）、贵州省（52. 76%）和辽宁省（47. 62%）。根据 2015—2020 年我国 36 个省（区、市）和计划单列市债券余额的平均增长率，可以发现各个地方政府债券余额增速较快，最低值都超过了 40%，包括西藏、天津和广东在内的 6 个地区地方政府债券余额平均增长率超过了 100%，这种地区的政府债务违约风险应该值得警惕。

3. 地方政府债与国债及其他类债券余额的比较

无论是在债券只数存量方面，还是在债券余额存量方面，地方债在我国各类债券中排名均比较靠前。从 2020 年我国各类债券的余额相关统计情况可知（见表 4-7），在债券只数存量方面，排名前五的债券品种分别是同业存单 15434 只（27. 05%）、资产支持证券 9093 只（15. 93%）、公司债

8979 只（15.73%）、中期票据 6260 只（10.97%）和地方政府债 6230 只（10.92%）。在债券余额存量方面，排名前五的债券品种分别是金融债余额存量有 270637.94 亿元（23.68%）、地方政府债余额存量有 254864.10 亿元（22.30%）、国债余额存量有 206858.65 亿元（18.10%）、同业存单余额存量有 111168.10 亿元（9.73%）、公司债余额存量有 89221.02 亿元（7.81%）。

表 4-7　2020 年我国各类债券的余额相关情况

排名	类别	债券数量（只）	数量比重（%）	排名	类别	债券余额（亿元）	余额比重（%）
1	同业存单	15434	27.05	1	金融债	270637.94	23.68
2	资产支持证券	9093	15.93	2	地方政府债	254864.10	22.30
3	公司债	8979	15.73	3	国债	206858.65	18.10
4	中期票据	6260	10.97	4	同业存单	111168.10	9.73
5	地方政府债	6230	10.92	5	公司债	89221.02	7.81
6	定向工具	2970	5.20	6	中期票据	74775.23	6.54
7	企业债	2603	4.56	7	资产支持证券	45603.40	3.99
8	短期融资券	2292	4.02	8	企业债	22694.45	1.99
9	金融债	2204	3.86	9	定向工具	21322.65	1.87
10	可转债	400	0.70	10	短期融资券	20929.33	1.83
11	国债	271	0.47	11	政府支持机构债	17225.00	1.51
12	政府支持机构债	166	0.29	12	可转债	5339.33	0.47
13	可交换债	96	0.17	13	可交换债	1721.48	0.15
14	标准化票据	26	0.05	14	国际机构债	319.60	0.03
15	项目收益票据	22	0.04	15	央行票据	150.00	0.01
16	国际机构债	16	0.03	16	项目收益票据	94.60	0.01
17	央行票据	3	0.01	17	标准化票据	28.92	0.00

数据来源：Wind 数据库。

接下来，对我国国债和地方债的存量只数、余额规模以及各自相对应的占比进行分析。从表4-8中可以看出，2016—2020年，在债券存量只数、只数比重方面，国债存量只数变化幅度较小，基本稳定在267~282只；在只数比重方面，国债存量只数比重总体呈现出递减的趋势，由2016年的0.91%降到2018年的0.66%，再到2020年的0.47%；对于地方债而言，地方债存量只数和其比重两者均呈现出递增的趋势，由2016年的2266只（7.70%）上升至2018年的4062只（9.51%），再到2020年的6230只（10.92%）。

在债券余额规模及余额比重方面，国债余额呈现出稳步递增的趋势，由2016年的11.97万亿元增加至2018年的14.88万亿元，再到2020年的20.69万亿元；就国债余额比重而言，国债余额比重变化幅度较小，基本维持在17%~19%；在地方债方面，地方债余额和其比重两者均呈现出递增的趋势，由2016年的10.63万亿元（16.54%）上升至2018年的18.07万亿元（21.07%），再到2020年的25.49万亿元（22.30%）。其中，值得注意的是，2018年我国地方债余额规模首次超过了国债。

表4-8　2016—2020年我国国债和地方债余额及其占比

		2016年	2017年	2018年	2019年	2020年
国债	债券数量（只）	267	274	282	281	271
	债券数量比重（%）	0.91	0.74	0.66	0.57	0.47
	债券余额（万亿元）	11.97	13.43	14.88	16.65	20.69
	余额比重（%）	18.63	17.97	17.35	17.15	18.10
地方政府债	债券数量（只）	2266	3377	4062	4874	6230
	债券数量比重（%）	7.70	9.08	9.51	9.85	10.92
	债券余额（万亿元）	10.63	14.74	18.07	21.12	25.49
	余额比重（%）	16.54	19.72	21.07	21.75	22.30

数据来源：根据Wind数据整理计算而得。

4. 地方政府债务规模的动态随机一般均衡分析

动态随机一般均衡分析方法（Dynamic Stochastic General Equilibrium，DSGE）始于Kydland和Prescott（1982）的实际经济周期理论，目前DSGE模型已经演进为宏观经济领域研究中主流的最优化模型与分析范式。由于DSGE模型所具有的动态性、随机性与一般性特征，使得该模型可以通过建立经济主体跨期最优决策，考察经济系统不同变量的动态变化与响应，同时随着经济系统的收敛观察市场的出清过程。而新凯恩斯主义 DSGE 模型研究经济波动，开始于 20 世纪 80 年代后期对传统 RBC 理论的拓展，该理论在模型中引入不完全市场竞争与工资价格黏性等约束，摒弃了 RBC 模型的瓦尔拉斯性质，使得 NK 模型在财政政策与货币政策对经济干预的分析中表现出更好的拟合能力。

DSGE 模型以宏微观经济理论作为研究基础，通过考察各行为主体（家庭、厂商、商业银行、政府部门等）在既定约束条件下的最优决策行为，即在家庭部门最大化其效用、厂商实现利润最大化、政府部门和中央银行部门在一定规则下达到其政策目标的假设下，推导各行为主体的动态行为方程，同时引入外生的随机冲击，继而构建整个模型系统并在此基础上进行相应的分析。基于模型的数量分析大致可以分为模型设定、模型求解、参数的估计、经济仿真和冲击效应分析四个步骤。

第一，基本模型构建。

在 Gertler 和 Karadi（2011）、Bi 和 Traum（2012）、Strobel（2016）等研究的基础上，构建一个包含金融杠杆机制的 DSGE 模型，考察地方政府债务规模的增加对宏观经济的影响。模型构建如下：

家庭部门。设定代表性居民效用函数（4.1）和预算约束方程（4.2）分别如下所示：

$$E_0=\sum_{i=0}^{\infty}\beta^t\left[\frac{(C_t-hC_{t-1})^{1-\sigma}}{1-\sigma}-\frac{\chi}{1-\varphi}L_t^{1+\varphi}\right] \tag{4.1}$$

$$C_t+D_t=W_t\cdot L_t+R_{t-1}\cdot D_{t-1}+\psi_t^b+\psi_t^f-T_t \tag{4.2}$$

其中，其中β为贴现因子，C_t为私人消费，L_t为劳动供给，W_t为劳动工资回报率，R_t为储蓄率，T_t为税收，ψ_t^b为来自商业银行股本回报，ψ_t^f为来自资产投资部门回报。据此求解代表性消费者的最优化问题。

厂商部门。假定厂商生产函数 C-D 形式：

$$Y_{mt}=A_t(\xi_t\cdot U_t\cdot K_{t-1})^{\alpha}L_t^{1-\alpha} \tag{4.3}$$

其中，Y_{mt}为中间品产出，A_t为技术要素，U_t为资本利用率，ξ_t为资本质量冲击，α为资本K_t的产出份额，其中资本的积累方程为：

$$K_t=[1-\delta(U_t)]\xi K_{t-1}+I_t \tag{4.4}$$

公式中，$\delta(U_t)$为资本的折旧率，I_t为投资，资本折旧率内生于资本利用率，是资本利用率的增函数，即

$$\delta(U_t)=\delta c+\frac{b}{1+\zeta}\cdot U_t^{1+\zeta} \tag{4.5}$$

其中，δc 为折旧率，b 为折旧中资本利用率系数，ζ 为折旧中资本利用率弹性。

由上可知，中间品厂商的利润最大化问题可表示为：

$$\max E_t \left[\beta\Lambda_{t,t+1}\left(P_{m,t+1}Y_{m,t+1}-R_{k,k+1}Q_tK_t-W_{t+1}L_{t+1}+\left(1-\delta\left(U_{t+1}\right)\right)Q_{t+1}K_t\xi_{t+1}\right)\right] \tag{4.6}$$

据此得到中间品厂商的最优一阶条件。此外，假定其定价行为参考 Calvo（1983）的设定方式，中间品厂商为最终品厂商提供中间产品的利润最大化问题为：

$$E_t\sum_{i=0}^{\infty}\left(\gamma\beta\right)^i\Lambda_{t,t+i}\left\{\frac{P_t^*}{P_{t+i}}\prod_{k=1}^{i}\left(\prod_{t+k-1}\right)^{\gamma_P}-P_{m,t+i}\right\}Y_{f,t+i} \tag{4.7}$$

其中，通货膨胀 $\prod_t$ 为：

$$\prod_t^{1-\varepsilon}=\left(1-\gamma\right)\left(\prod_t^*\right)^{1-\varepsilon}+\gamma\cdot\prod_{t-1}^{\gamma_P(1-\varepsilon)} \tag{4.8}$$

最终品 Y_t 由中间品 Y_{ft} 加总形成 $Y_t=\left(\int_0^1 Y_{ft}^{\frac{\varepsilon-1}{\varepsilon}}df\right)^{\frac{\varepsilon}{\varepsilon-1}}$，ε 为中间品替代需求弹性。中间品厂商的需求和一般价格水平分别为：

$$Y_{ft}=\left(\frac{P_{ft}}{P_t}\right)^{-\varepsilon}Y_t \tag{4.9}$$

$$P_t=\left(\int_0^1 Y_{ft}^{1-\varepsilon}di\right)^{\frac{1}{1-\varepsilon}} \tag{4.10}$$

资本品厂商购买投资品，生产资本品，其利润最大化的问题为：

$$\max E_0\sum_{t=0}^{\infty}\beta^t\Lambda_{0,t}\left(\left(Q_t-1\right)\ I_t-f\left(\frac{I_t}{I_{t-1}}\right)I_t\right) \tag{4.11}$$

其中，$f(\cdot)$ 为资本调整成本，定义其具体形式为 $f\left(\frac{I_t}{I_{t-1}}\right)=\frac{\eta_i}{2}\left(\frac{I_t}{I_{t-1}}-1\right)^2$。

商业银行部门。设定在负债端，商业银行拥有净资产 N_{jt}，每期获得居民部门储蓄 D_{jt}；在资产端，商业银行向中间品厂商贷款，以价格 Q_t 购买厂商资本 K_{jt}，并以价格 Q_t^b 购买政府债务 B_{jt}。商业银行资产负债约束为：

$$Q_tK_{jt}+Q_t^bB_{jt}=N_{jt}+D_{jt} \tag{4.12}$$

商业银行净资产 N_{jt} 主要来自政府债务回报 R_{bt}、私人资本投资回报 R_{kt}，与吸收储蓄成本 R_t 之间的净息差。定义商业银行经营的 Bellman 方程为：

$$V_{jt}=\max E_t\sum_{i=0}^{\infty}\left(1-\theta\right)\ \theta^i\beta^{i+1}\Lambda_{t,t+1+i}N_{j,j+1+i}$$

$$=\max E_t\beta\Lambda_{t,t+1}\left[(1-\theta)\ N_{j,t+1}+\theta V_{j,t+1}\right] \tag{4.13}$$

其中，V_{jt} 为值函数，θ 为商业银行资本存活率，$1-\theta$ 为退出市场概率，$\Lambda_{t,t+1}$ 表示商业银行净资本折现因子。由于道德风险存在，商业银行激励约束条件是确保其经营价值不低于被转移挪用资产。

根据商业银行净资产运动方程，猜解商业银行值函数 V_{jt} 的线性表达式为：

$$V_{jt}=v_{kjt}Q_tK_{jt}+v_{bjt}Q_t^bB_{jt}+v_{njt}N_{jt} \tag{4.14}$$

其中，v_{kjt} 表示贷款与存款利差，v_{bjt} 表示债券与存款利差，v_{njt} 为商业银行净资产的影子价值。利用待定系数法求解银行的最优化问题，进一步求解有：

$$N_{ot}=\theta\left[R_{kt}Q_{t-1}K_{t-1}+R_{bt}Q_{t-1}^bB_{t-1}+R_{t-1}D_{t-1}\right] \tag{4.15}$$

$$N_{nt}=\omega\left[Q_{t-1}K_{t-1}+Q_{t-1}^bB_{t-1}\right] \tag{4.16}$$

$$N_t=N_{ot}+N_{nt} \tag{4.17}$$

其中，N_{ot} 为商业银行存活下来继续运作的资产，N_{nt} 为新进入商业银行的资产，ω 为新进入比例。

政府部门。假设政府预算约束为：

$$G_t+R_{bt}Q_{t-1}^bB_{t-1}=Q_t^bB_t+T_t \tag{4.18}$$

假设政府的财政收支与债务具有“相机抉择”特征，设定财政政策的内生规则为：

$$\frac{G_t}{\bar{G}}=\left(\frac{G_{t-1}}{\bar{G}}\right)^{\rho_G}\left[\left(\frac{Y_t}{\bar{Y}}\right)^{\kappa_y^G}\right]^{1-\rho_G} \tag{4.19}$$

$$\frac{T_t}{\bar{T}}=\left(\frac{T_{t-1}}{\bar{T}}\right)^{\rho_T}\left[\left(\frac{B_t}{\bar{B}}\right)^{\kappa_b^T}\left(\frac{Y_{t-1}}{\bar{Y}}\right)^{\kappa_y^T}\right]^{1-\rho_T} \tag{4.20}$$

$$\frac{B_t}{\bar{B}}=\left(\frac{B_{t-1}}{\bar{B}}\right)^{\rho_B}\left[\left(\frac{B_t/Y_t}{\bar{B}/\bar{Y}}\right)^{\kappa_{by}}\left(\frac{Y_{t-1}}{\bar{Y}}\right)^{\kappa_y^B}\right]^{1-\rho_B} \tag{4.21}$$

其中，κ_y^G 反映政府财政支出钉住经济增长的程度；κ_b^T、κ_y^T 反映政府税收规则为平衡财政预算并兼顾经济增长；ρ_B 为债务调整的连续性系数，κ_{by} 体现的是政府的债务率约束程度，κ_y^B 为债务对经济的钉住程度。借鉴 Bi 和 Traum（2012）的研究，定义政府债券回报率为：

$$R_{b,t}=\left(1-\Delta_t^d\cdot\bar{\gamma}\right)\left[\frac{r_c+\rho_cQ_t^b}{Q_{t-1}^b}\right] \tag{4.22}$$

其中，$\bar{\gamma}$ 为债务头寸，r_c 为息票利率，ρ_c 为永久债券退化率。

在货币政策规则方面，考虑到中国货币政策框架正由数量型向价格型转变，遵循泰勒利率规则，即

$$\frac{i_t}{\bar{i}}=\left(\frac{i_{t-1}}{\bar{i}}\right)^{\rho_R}\left[\left(\frac{\pi_t}{\bar{\pi}}\right)^{\kappa_\pi}\left(\frac{Y_t}{\bar{Y}}\right)^{\kappa_y}\right]^{1-\rho_R}e^{u_t^R} \tag{4.23}$$

其中，ρ_R 表示利率持久性，κ_π 表示央行对通货膨胀反馈，κ_y 表示央行对产出反馈，u_t^R 表示利率政策冲击。2016 年中国人民银行将差别准备金动态调整和合意贷款管理机制“升级”为“宏观审慎评估体系”（MPA），其中资本充足要求也是一项重要的工具。因此，设定宏观审慎政策规则为：

$$\kappa_t=\bar{\kappa}+\kappa_{ca}\left(\frac{Q_tK_t+Q_t^bB_t}{Y_t}-\frac{\bar{Q}\bar{K}+\bar{Q}^b\bar{B}}{\bar{Y}}\right) \tag{4.24}$$

市场出清与外部随机过程。当整体经济系统均衡时，市场出清的资源约束条件为：

$$Y_t=C_t+I_t+f\left(\frac{I_t}{I_{t-1}}\right)I_t+G_t \tag{4.25}$$

根据费雪方程，名义利率与实际利率的关系为：

$$i=R_t\frac{E_tP_{t+1}}{P_t} \tag{4.26}$$

由于政府债务存在违约可能性，故政府债券的溢价水平 $prem_t^b$ 为：

$$prem_t^b=\frac{E_tR_{bt+1}}{R_t} \tag{4.27}$$

最后设定技术、偏好、成本、资本使用冲击均为一个标准 AR（1）过程。

第二，参数估计与校准。

本书基于现有文献和我国现行经济数据对模型的参数进行校准，其中对于稳态相关参数以校准为主，与转移动态相关的参数主要使用“贝叶斯”计量方法估计，具体选择 GDP、投资、消费、政府债务余额和 CPI 进行季节调整，然后利用 HP 滤波去趋势以分离这些变量时间序列中的经济周期部分，再使用“贝叶斯”估计得到相关参数。考虑到分析的现实背景为 2015—2020 年，因此两类参数依据的数据样本均为 2015 年 1 季度至 2020

年4季度数据，所有数据均引自 Wind 数据库，具体校准参数如表4-9所示：

参数		数值
β	主观折现率	0.99
σ	相对风险厌恶系数	1
h	消费惯性	0.907
φ	季调劳动供给弹性	0.5
χ	劳动效应参数	2.4828
l	稳态劳动供给	0.33
α	资本产出弹性	0.45
ζ	资本利用率弹性	7.2
b	资本利用率系数	0.0376
δc	折旧率	0.0204
η_i	资本调整成本系数	1.728
ε	中间品替代弹性	4.5
γ	价格调整概率	0.75
γ_P	价格指数	0.2
$\bar{R}_k$	1年期存贷款基准利率	1.0126
$\bar{R}_b$	1年期政府债务利率	1.0113
$\bar{\pi}$	1年期通货膨胀率	1.005
θ	商业银行存活率	97.5%
N_{ot}	新进入银行业经营资本概率	0.17%
κ_π	利率政策对通货膨胀反馈系数	1.5
κ_y	利率政策对产出反馈系数	0.025
$\bar{\gamma}$	债务头寸	0.3788
r_c	校准息票利率	0.04
ρ_c	债务退化水平	0.96
Nef	年度债务占 GDP	0.36

第三，地方政府债务扩张的政策模拟与仿真。

与大多数文献，如张雪莹（2020）、王文甫（2018）等的分析结果一致，地方政府的赤字政策，通过主动的债务扩张提升了政府的支出能力，同时减轻了税收的财政平衡压力，在短期内产出水平出现正向响应，产出上升约0.07%，并在0.25%达到峰值，随后产出持续下降并降为负值，在-0.05%水平企稳随后逐步回归到稳态水平。其主要逻辑是：一方面，地方政府的债务融资通过投资性支出对产出形成积极作用，但在泰勒规则型货币政策的约束下，通过金融市场融资的方式对市场主体产生挤出作用，推高了市场利率水平；虽然政府的投资行为能够为市场投资带来“挤入”效应，使得资本回报率水平上升0.1%，提升市场主体存在投资意愿，并带动投资产生约0.1%水平的正向增长；但在当前地方政府负债率水平下，进一步采取赤字政策，会使得这一影响路径的有效性快速衰减，资本回报率水平快速降为-0.25%水平，对产出的可持续性产生不利影响。另一方面，利率水平的提升，提高了家庭部门的储蓄动机，削弱了消费的支出意愿，消费水平受债务冲击下降约0.2%，随后逐步回升，但在观察期内仍未回归稳态水平。而伴随着产出的增加和物价水平的上升，在工资黏性的情况下，劳动供给水平上升，工资价格下降。

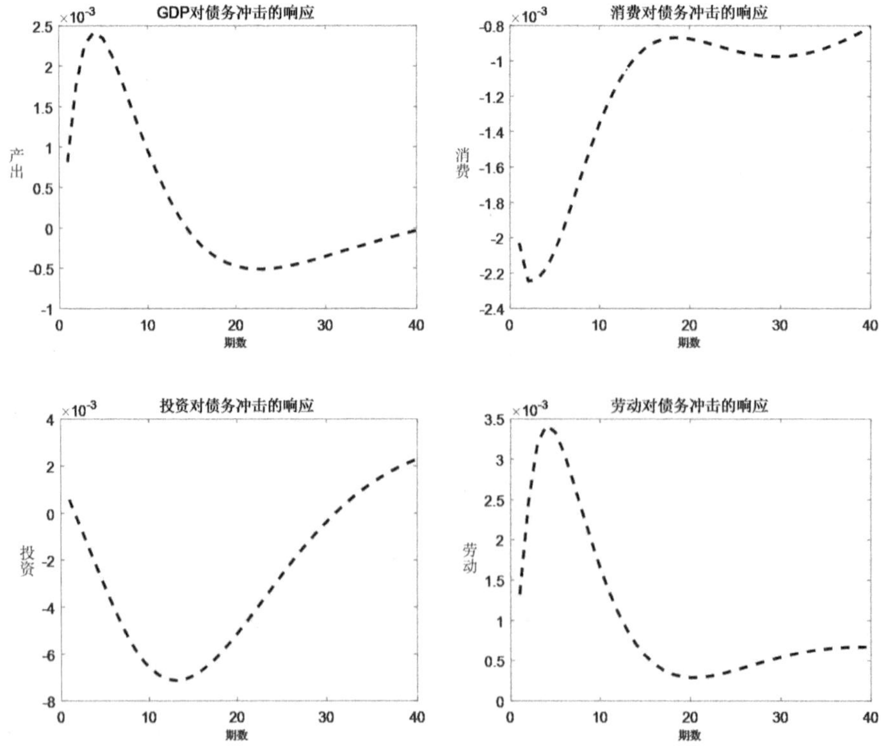

通过对通胀水平的观察，地方政府债务的扩张会导致通胀水平呈现驼峰状正向反应，即短期内向上跳跃，持续上升至最高点后回落。其原因在于，债务规模的扩张，政府债务利息负担增加；这使得社会总需求水平上升，较高的产出水平会带来劳动力需求上升，通货膨胀加剧。此外，债务规模越大，地方政府发行债券通过金融市场的影响机制使得实际通货膨胀率的正向波动进一步放大。

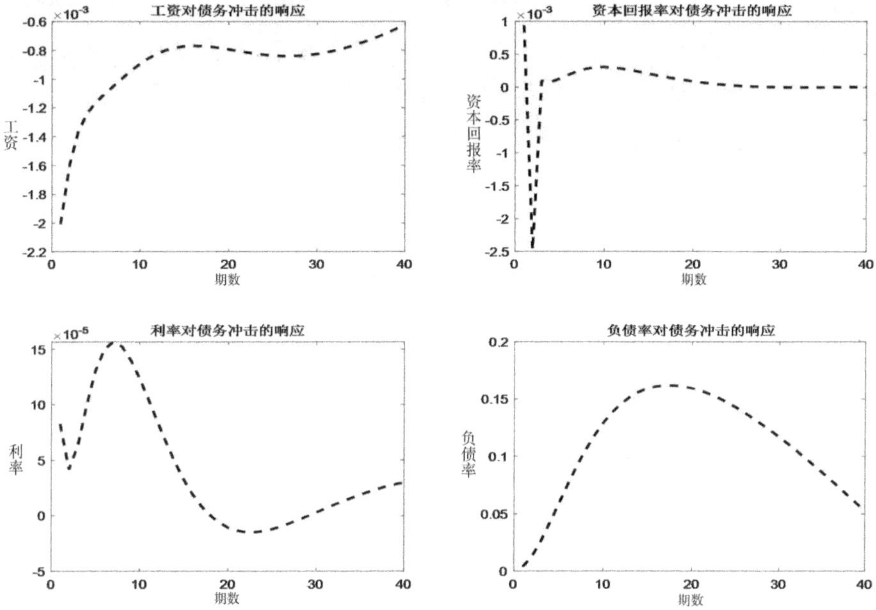

二、中国地方政府债券市场规模存在的问题

本节内容主要围绕债务率、负债率、偿债率、债务依存度和长期偿债能力指标五个方面，来探讨我国地方政府债券市场规模存在的问题。关于这五个指标的含义以及计算公式作如下说明。

债务率=（当年地方债务余额/地方政府综合财力）×100%。该项指标主要测评当地政府对偿还债务能力的把控，债务率越低，表明政府偿还债务能力越强，意味着一个国家或地区的债务率越大，该地区政府债务风险也就越大。该指标在国际上的警戒值为100%～150%，目前我国财政部划定的红线是100%。其中地方政府综合财力=地方公共预算收入+基金预算收入。

负债率=（当年地方债务余额/本地GDP）×100%。债务负担率反映了地方政府债务对本地经济的影响，负债率越高则会导致经济发展速度越缓慢。也就意味着一个国家或地区的负债率越大，该国家或地区政府债务风险也就越大。国际上认为该项指标的警戒值为60%。

偿债率=（当年债务还本付息总额/政府综合财政财力）×100%。政府用于当年偿还债务的资金占地方政府综合财力的比例越高，则会导致该政府违约风险概率的增大。一个国家或地区的偿债率越大，该国家或地区政府债务风险也就越大。偿债率的警戒值被国际货币基金组织划为15%~20%。

债务依存度=（当年公债发行总额/当年财政支出总额）×100%。债务依存度指标反映了地方政府债务与财政支出之间的依赖关系，债务依存度过高，说明地方财政支出过度依靠政府债务收入，不利于地方财政未来的发展。一个国家或地区的债务依存度越大，该国家或地区政府债务风险也就越大。该指标在国际认定标准中，警戒值为20%。

长期偿债能力指标=（1+政府债务增长率）/（1+GDP 增长率）。以上指标越小，说明我国经济发展对债务偿还的保障能力越强，越易实现债务可持续，即债务风险越小。

为考察区域层面的债务风险情况，本书将全国31个省（自治区、直辖市）分为东中西及东北地区①。具体来看，东北地区包括辽宁省、吉林省和黑龙江省；东部地区包括北京市、天津市、河北省、上海市、江苏省、浙江省、福建省、广东省、海南省和山东省；中部地区包括山西省、安徽省、江西省、河南省、湖北省和湖南省；西部地区包括内蒙古自治区、广西壮族自治区、重庆市、四川省、贵州省、云南省、西藏自治区、陕西省、甘肃省、青海省、宁夏回族自治区和新疆维吾尔自治区。②

（一）中国地方政府债务率指标分析

1. 全国层面

近些年，我国地方政府债务率整体水平保持在国际货币基金组织设定的债务风险参考值（90%~150%）之内，因此从全国层面来看，我国地方政府债务风险总体可控。2016—2020年，我国地方政府债务率呈现出快速上升的

---

① 根据东北地区经济社会发展的特殊情况，本书分析中将东北地区单列，数据包括黑龙江省、吉林省、辽宁省。

② 数据来源说明本节相关数据分别来自各年度省级政府财政预算执行和决算报告、中国地方政府债券信息公开平台以及 Wind 数据库。

趋势，由 2016 年的 80.5%，增加至 2020 年的 93.6%，5 年间债务率增长了 13 个多百分点[①]。而 2019 年后，我国地方政府债务率增长相对平稳，2017—2019 年的地方政府债务率分别为 76.7%、76.6%、82.9%。与 2018 年相比，仅增加了 6.3 个百分点，这说明近几年我国地方政府债务的潜在风险得到了明显的控制。但 2020 年受新冠肺炎疫情影响，债务率上升到 93.6%。

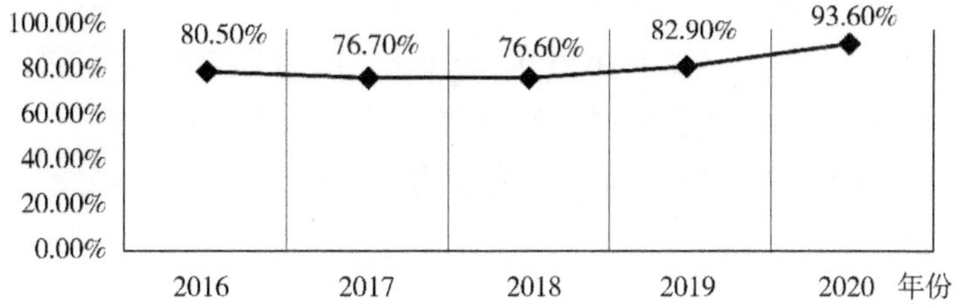

图 4-7　2016—2020 年中国地方政府债务率变化趋势

2. 区域层面

从横向的角度来看，东中西部及东北地区政府债务率都在风险参考值以下，因此在区域层面，我国地方政府债务风险是总体可控的。但是，如图 4-8 所示，自 2016 年以来，东中西部及东北地区政府债务率均呈现出快速上升的趋势，某种意义上说明我国地方政府债务潜在风险在持续扩大。从纵向的角度来看，东北地区、中部地区和西部地区的地方政府债务率较为接近，而东部地区的地方政府债务率相对要低些，表明东部地区的政府债务风险要低于其他三个区域。

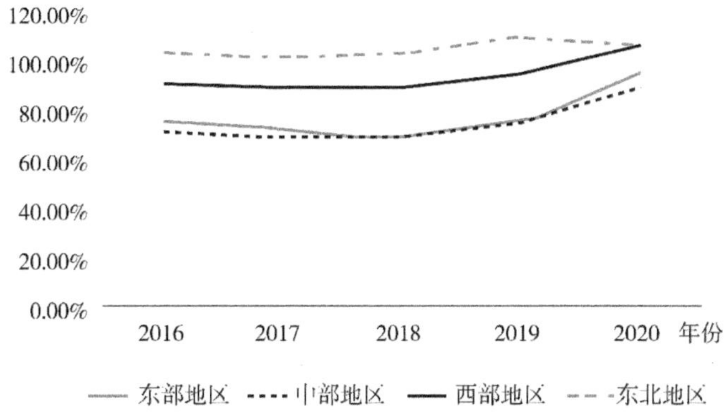

图 4-8　2016—2020 年东中西部及东北地区地方政府债务率变化趋势

① 数据来源：根据 2016—2020 年各个地方财政预算执行和决算报告文件以及中国地方债券信息公开平台的相关数据整理计算而得。

（二）中国地方政府负债率指标分析

1. 全国层面

近些年，我国地方政府负债率水平保持在欧盟《马斯特里赫特条约》设定的安全值60%以内，因此从全国层面来看，我国地方政府债务风险总体可控。但是，如图4-9所示，自2016年以来，我国地方政府负债率总体呈现出上升的趋势，由2016年的20.6%，增加至2019年的21.5%，再到2020年的25.3%，5年间负债率水平增长了近5个百分点①，某种意义上说明我国地方政府债务潜在风险在持续扩大。

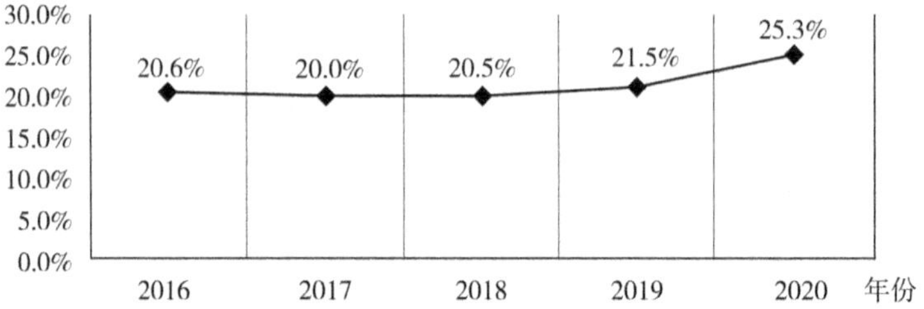

图4-9　2016—2020年中国地方政府负债率变化趋势

2. 区域层面

从横向的角度来看，东中西部及东北地区政府负债率都在风险参考值以下，因此在区域层面，我国地方政府债务风险是总体可控的。但是，从图4-10中可以看出，自2016年以来，东中西部及东北地区政府负债率均呈现出快速上升的趋势，某种意义上说明我国地方政府债务潜在风险在持续扩大。纵向来看，负债率水平从高到低排名分别是：西部地区、东北地区、中部地区和东部地区。其中，2020年东北和西部地区负债率水平较为接近，远高于中部和东部地区。

---

① 数据来源：根据2016—2020年各个地方财政预算执行和决算报告文件以及中国地方债券信息公开平台的相关数据整理计算而得。

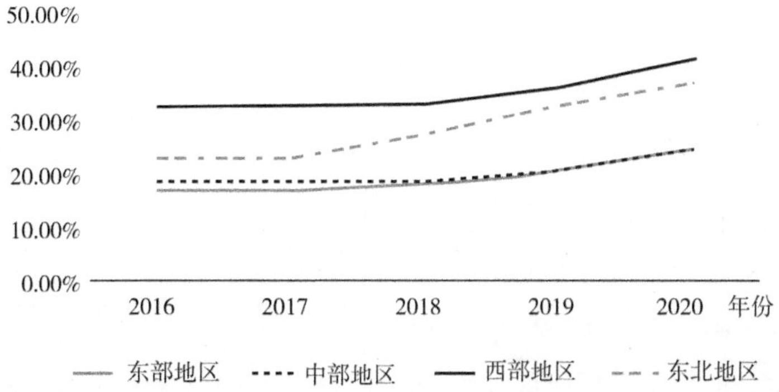

图 4-10　2016—2020 年东中西部及东北地区地方政府负债率变化趋势

3. 省级层面

表 4-9　2016—2020 年全国 31 个省（自治区、直辖市）地方政府负债率①

区划名称	2016 年	2017 年	2018 年	2019 年	2020 年	排名
青海省	52.06%	57.63%	61.53%	70.87%	81.64%	1
贵州省	73.96%	63.56%	59.77%	57.68%	61.65%	2
内蒙古自治区	31.32%	38.62%	37.91%	42.45%	47.63%	3
海南省	38.49%	38.52%	40.19%	42.02%	47.41%	4
宁夏回族自治区	36.95%	35.60%	37.49%	44.26%	47.39%	5
天津市	16.29%	18.46%	21.68%	35.15%	45.20%	6
新疆维吾尔自治区	29.40%	31.04%	33.12%	36.49%	44.72%	7
甘肃省	24.68%	27.73%	30.22%	35.75%	43.62%	8
吉林省	19.60%	21.37%	24.62%	37.05%	42.41%	9
黑龙江省	20.28%	21.73%	32.04%	34.89%	41.50%	10
云南省	42.96%	41.07%	34.19%	34.89%	39.12%	11
广西壮族自治区	24.93%	26.11%	27.99%	29.80%	34.37%	12
河北省	17.75%	18.08%	22.40%	24.94%	30.43%	13
辽宁省	29.54%	27.84%	26.12%	27.73%	28.66%	14
陕西省	25.35%	24.64%	24.09%	25.53%	28.39%	15

① 注释：1. 此排名依据 2020 年全国 31 个省（自治区、直辖市）地方政府负债率指标进行排序。2. 原始数据来源于 2016—2020 年各个地方财政预算执行和决算报告文件，以及中国地方政府债券信息公开平台网站：http：//www. celma. org. cn/jdsj/index. jhtml。

续表

区划名称	2016 年	2017 年	2018 年	2019 年	2020 年	排名
湖南省	21.64%	22.61%	23.97%	25.54%	28.22%	16
江西省	21.39%	21.34%	21.74%	21.61%	27.83%	17
重庆市	21.06%	20.69%	23.03%	23.74%	27.19%	18
四川省	23.72%	22.98%	22.86%	22.63%	26.22%	19
山西省	17.56%	16.61%	17.62%	20.62%	26.13%	20
安徽省	21.79%	21.50%	22.34%	21.38%	24.82%	21
湖北省	15.63%	16.11%	15.82%	17.50%	23.20%	22
山东省	12.49%	12.58%	15.25%	16.25%	19.82%	23
西藏自治区	5.04%	7.55%	9.13%	14.96%	19.71%	24
浙江省	14.80%	14.84%	15.99%	16.65%	19.31%	25
河南省	13.65%	12.45%	13.61%	14.51%	17.86%	26
上海市	15.92%	15.32%	15.41%	15.00%	17.82%	27
江苏省	14.10%	14.00%	14.35%	15.08%	16.83%	28
北京市	14.58%	13.84%	12.83%	14.02%	16.75%	29
福建省	15.57%	15.23%	14.00%	14.73%	16.42%	30
广东省	10.39%	9.93%	10.14%	10.70%	13.03%	31

从时间跨度看，在2016年至2020年期间，我国31个省（自治区、直辖市）地方政府负债率普遍呈现出上升趋势，债务风险持续扩大。如表4-9所示，在地方政府负债率排名前五中（这里排名是指2020年度的排名），青海省负债率由2016年的52.06%，上升到2018年的61.53%，再到2020年的81.64%；贵州省负债率由2016年的73.96%，下降到2018年的59.77%，再到2020年的61.65%；内蒙古自治区负债率由2016年的31.23%，上升到2018年的37.91%，再到2020年的47.63%；海南省负债率由2016年的38.49%，上升到2018年的40.19%，再到2020年的47.41%；宁夏回族自治区负债率由2016年的36.95%，上升到2018年的37.49%，再到2020年的47.39%。

另外，在地方政府负债率排名后五中，上海市负债率由2016年的15.92%，下降到2018年的15.41%，再到2020年的17.82%；江苏省负债率由 2016 年的 14.10%，上升到 2018 年的 14.35%，再到 2020 年的 16.83%；北京市负债率由 2016 年的 14.58%，下降到 2018 年的 12.83%，再到 2020 年的 16.75%；福建省负债率由 2016 年的 15.57%，下降到 2018 年的 14.00%，再到 2020 年的 16.42%；广东省负债率由 2016 年的 10.39%，下降到 2018 年的 10.14%，再到 2020 年的 13.03%。从以上数据不难看出，这些省级行政区的负债率水平在 2016 年至 2020 年均出现了较大幅度的上升，表明我国地方政府债务的潜在风险在持续扩大。

从单独年份的角度看出我国 31 个省（区、市）地方政府负债率水平存在较大的地区差异。如表 4-9 所示，以 2020 年为例，我国地方政府负债率排名前十的地区分别是青海省（81.64%）、贵州省（61.65%）、内蒙古自治区（47.63%）、海南省（47.41%）、宁夏回族自治区（47.39%）、天津市（45.20%）、新疆维吾尔自治区（44.72%）、甘肃省（43.62%）、吉林省（42.41%）和黑龙江省（41.50%）。其中，值得注意的是，有些地区如青海省和贵州省的政府负债率水平已经越过欧盟《马斯特里赫特条约》设定的安全值 60%，表明这两个地方的政府债务风险非常大。有些地区如内蒙古自治区、海南省、宁夏回族自治区的政府负债率水平比较接近债务风险参考值，某种意义上表明这些地方政府进一步举债的空间比较小。此外，地方政府负债率排名后十的地区依次是湖北省（23.20%）、山东省（19.82%）、西藏自治区（19.71%）、浙江省（19.31%）、河南省（17.86%）、上海市（17.82%）、江苏省（16.83%）、北京市（16.75%）、福建省（16.42%）和广东省（13.03%）。这些地方的政府负债率水平都在 25%以下，尤其是像北京市、江苏省、福建省和广东省的政府负债率均没有超过 17%，表明这些地方政府债务风险较小，同时某种意义上也是说明这些地方政府进一步举债的空间较大。31 个省（区、市）地方政府负债率水平表现出较大的差异，依据负债率指标的定义，其实在某种意义上也是说明了我国地方债务风险存在区域不平衡问题。

（三）中国地方政府偿债率指标分析

1. 全国层面

近些年，我国地方政府偿债率水平保持在国际公认的警戒线 20%，因此从全国层面来看，我国地方政府债务风险总体可控。但是，如图 4-11 所示，自 2016 年以来，我国地方政府偿债率呈现出快速上升的趋势，由

2016 年的 2.2%，增加至 2018 年的 5.6%，再到 2020 年的 10.2%，5 年间偿债率增加了 4.8 个百分点①，某种意义上说明我国地方政府债务潜在风险在持续扩大。

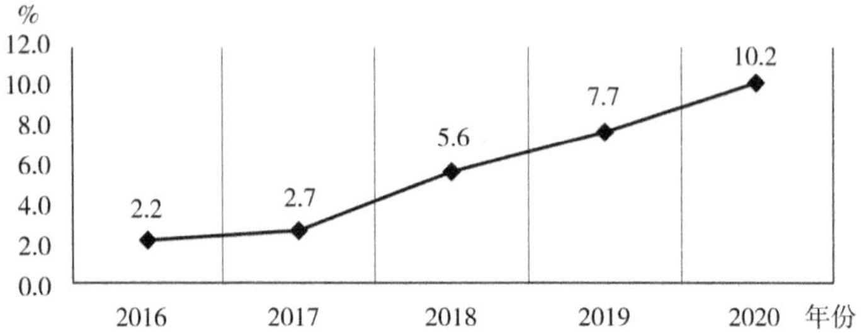

图 4-11　2016—2020 年中国地方政府偿债率变化趋势

2. 区域层面

从横向的角度来看，东中西部及东北地区政府偿债率都在国际公认的警戒线 20%内，因此在区域层面，我国地方政府债务风险是总体可控的。但是，从图 4-12 可以发现，自 2016 年以来，东中西部及东北地区政府偿债率均呈现出快速上升的趋势，某种意义上说明我国地方政府债务潜在风险在持续扩大。从纵向的角度来看，偿债率水平从高到低依次排名分别是：东北地区、西部地区、中部地区和东部地区。其中，2020 年东北地区偿债率为 14.41%，而东部地区偿债率仅为 9.89%②，表明我国地方债务风险存在区域不平衡问题。

3. 省级层面

表 4-10　2016—2020 年全国 31 个省（自治区、直辖市）地方政府偿债率②

区划名称	2016 年	2017 年	2018 年	2019 年	2020 年	排名
贵州省	3.56%	4.65%	12.65%	12.84%	22.42%	1
内蒙古自治区	3.37%	5.05%	8.11%	11.39%	19.35%	2
辽宁省	3.26%	4.69%	13.74%	18.93%	17.69%	3
天津市	1.55%	2.71%	4.30%	9.53%	16.88%	4

① 数据来源：根据 2016—2020 年各个地方财政预算执行和决算报告文件以及中国地方债券信息公开平台的相关数据整理计算而得。

② 注释：1. 此排名依据 2020 年全国 31 个省（自治区、直辖市）地方政府偿债率指标进行排序。2. 原始数据来源于 2016—2020 年各个地方财政预算执行和决算报告文件，以及中国地方政府债券信息公开平台网站：http：//www.celma.org.cn/jdsj/index.jhtml。

续表

区划名称	2016 年	2017 年	2018 年	2019 年	2020 年	排名
吉林省	3.64%	4.01%	5.49%	6.22%	14.60%	5
福建省	2.93%	3.77%	4.58%	5.82%	13.54%	6
云南省	4.28%	4.57%	9.38%	9.11%	13.09%	7
青海省	6.20%	7.30%	9.16%	10.23%	12.61%	8
陕西省	3.27%	4.04%	8.35%	12.97%	12.39%	9
湖南省	2.82%	3.96%	6.50%	14.68%	12.32%	10
四川省	2.77%	2.91%	7.07%	9.57%	12.12%	11
宁夏回族自治区	4.26%	3.13%	8.54%	11.10%	11.68%	12
湖北省	2.33%	2.97%	4.07%	8.40%	11.33%	13
广西壮族自治区	2.57%	3.11%	6.30%	5.96%	11.33%	14
黑龙江省	3.11%	3.53%	7.77%	7.86%	10.93%	15
重庆市	2.10%	2.49%	4.82%	8.18%	10.90%	16
新疆维吾尔自治区	2.77%	3.14%	5.70%	7.50%	10.86%	17
海南省	3.57%	4.12%	2.61%	4.99%	10.70%	18
江苏省	1.14%	1.85%	5.76%	7.27%	10.53%	19
安徽省	2.53%	2.58%	5.05%	5.50%	10.05%	20
河北省	2.38%	2.75%	6.89%	9.30%	9.70%	21
山东省	1.26%	2.26%	6.09%	8.85%	9.67%	22
甘肃省	3.24%	3.63%	4.29%	4.69%	9.40%	23
河南省	2.21%	2.47%	4.29%	5.34%	8.67%	24
北京市	1.76%	1.22%	4.34%	5.83%	8.66%	25
江西省	2.75%	1.95%	3.90%	4.99%	8.21%	26
山西省	2.85%	2.87%	3.60%	4.39%	7.75%	27
浙江省	1.68%	2.15%	4.49%	6.18%	7.26%	28
上海市	0.99%	1.75%	3.65%	6.86%	6.96%	29
广东省	1.00%	1.60%	2.29%	3.08%	4.97%	30
西藏自治区	0.44%	0.63%	0.49%	0.69%	1.22%	31

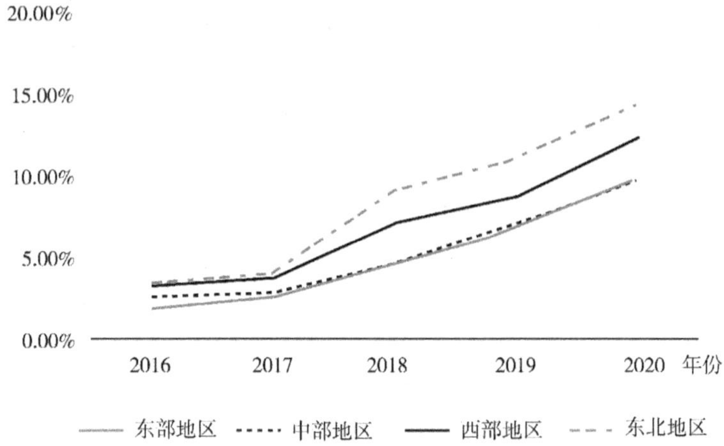

图 4-12　2016—2020 年东中西部及东北地区地方政府偿债率变化趋势

从时间跨度看出，在 2016—2020 年期间，我国 31 个省（自治区、直辖市）地方政府偿债率普遍呈现出上升趋势，债务风险持续扩大。如表 4-10 所示，在地方政府偿债率排名前五中（这里排名是指 2020 年度的排名），贵州省偿债率由 2016 年的 3.56%，上升到 2018 年的 12.65%，再到 2020 年的 22.42%；内蒙古自治区偿债率由 2016 年的 3.37%，上升到 2018 年的 8.11%，再到 2020 年的 19.35%；辽宁省偿债率由 2016 年的 3.26%，上升到 2018 年的 13.74%，再到 2020 年的 17.69%；天津市偿债率由 2016 年的 1.55%，上升到 2018 年的 4.30%，再到 2020 年的 16.88%；吉林省偿债率由 2016 年的 3.64%，上升到 2018 年的 5.49%，再到 2020 年的 14.60%；另外，在地方政府偿债率排名后五中，山西省偿债率由 2016 年的 2.85%，上升到 2018 年的 3.60%，再到 2020 年的 7.75%；浙江省偿债率由 2016 年的 1.68%，上升到 2018 年的 4.49%，再到 2020 年的 7.26%；上海市偿债率由 2016 年的 0.99%，上升到 2018 年的 3.65%，再到 2020 年的 6.96%；广东省偿债率由 2016 年的 1.00%，上升到 2018 年的 2.29%，再到 2020 年的 4.97%；西藏自治区偿债率由 2016 年的 0.44%，上升到 2018 年的 0.49%，再到 2020 年的 1.22%。从以上数据不难看出，这些省级行政区的偿债率水平在 2016 年至 2020 年均出现了较大幅度的上升。

从单独年份角度看出，我国 31 个省（自治区、直辖市）地方政府偿债率水平存在较大的地区差异。如表 4-10 所示，以 2020 年为例，我国地方政府偿债率排名前十的地区分别是贵州省（22.42%）、内蒙古自治区（19.35%）、辽宁省（17.69%）、天津市（16.88%）、吉林省（14.60%）、福建省（13.54%）、云南省（13.09%）、青海省（12.61%）、陕西省（12.39%）和湖南省（12.32%）。其中，值得注意的是，有些地方离国际公认的一般国家偿债率警戒线20%还有较大的增长空间，但离我国15%的安全线较近，因而某种意义上表明，这些地方政府进一步举债的空间较小。另外，地方政府偿债率排名后十的地区依次是山东省（9.67%）、甘肃省（9.40%）、河南省（8.67%）、北京市（8.66%）、江西省（8.21%）、山西省（7.75%）、浙江省（7.26%）、上海市（6.96%）、广东省（4.97%）和西藏自治区（1.22%）。这些地方的政府偿债率水平都在10%以下，尤其是像广东省和西藏自治区的政府偿债率均没有超过5%，表明这些地方政府债务风险较小，同时某种意义上也是说明这些地方政府进一步举债的空间较大。31个省（自治区、直辖市）地方政府偿债率水平表现出较大的差异。

因此，基于省级层面上的地方政府偿债指标分析，可以得出两点结论：第一，基本所有省级行政区偿债率近些年均出现了较大幅度的上升，表明我国省级地方政府债务的潜在风险在持续扩大。第二，我国31个省（自治区、直辖市）地方政府偿债率水平表现出较大的差异，表明我国地方债务风险存在区域不平衡问题。

（四）中国地方政府债务依存度指标分析

1. 全国层面

从图4-13可以看出，2016—2020年，我国地方政府债务依存度呈现出先降后升的趋势，由2016年的29.6%下降到2019年的14.9%。为应对新冠肺炎疫情对经济造成的冲击，我国2020年加大了地方政府债发行规模，导致地方政府债务依存度又回升。当年我国地方政府债务依存度为19.8%，较2019年增加4.9个百分点①。该指标的回升某种意义上说明我国地方政府债务潜在风险在扩大。

2. 区域层面

从横向的角度来看，除2016年外，东中西部及东北地区政府债务依存

① 数据来源：根据2016—2020年各个地方财政预算执行和决算报告文件以及中国地方债券信息公开平台的相关数据整理计算而得。

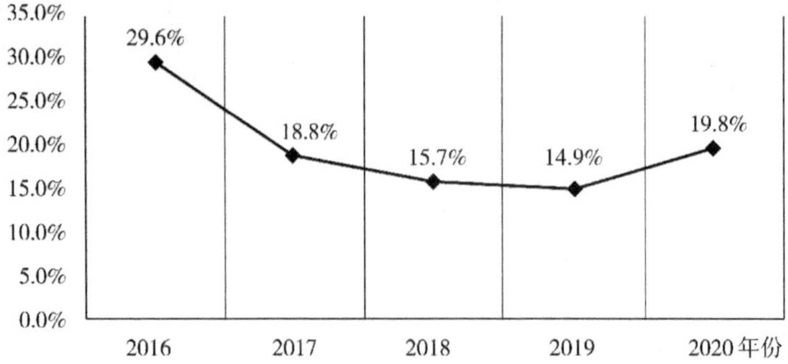

图 4-13　2016—2020 年中国地方政府债务依存度变化趋势

度都在国际公认警戒线 20%内，因此在区域层面，我国地方政府债务风险是总体可控的。但是，受新冠肺炎疫情影响带来的债券发行规模扩大，造成 2020 年东中西部及东北地区政府债务依存度均呈现出快速上升的趋势，某种意义上说明这些区域地方政府债务潜在风险在持续扩大。从纵向的角度来看，债务依存度水平从高到低依次排名分别是：西部、东北、中部和东部地区。其中，2020 年西部地区债务依存度为 20.61%，而东部地区为 19.6%[②]，表明我国地方债务风险存在区域不平衡问题。

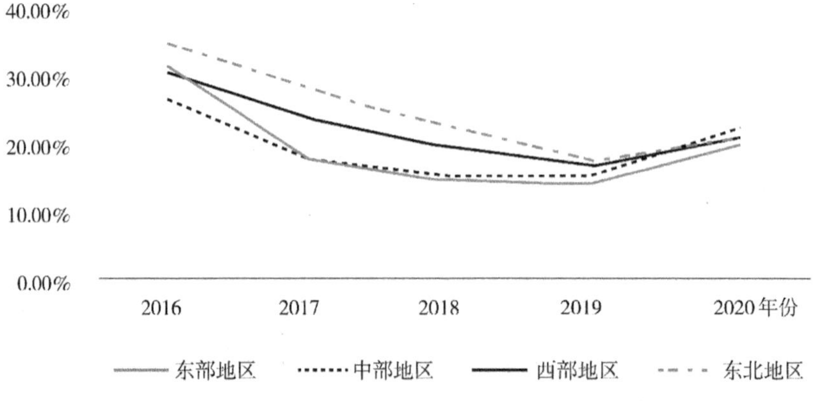

图 4-14　2016—2020 年东中西部及东北地区地方政府债务依存度变化趋势

3. 省级层面

表 4-11　2016—2020 年全国 31 个省（自治区、直辖市）地方政府债务依存度①

区划名称	2016 年	2017 年	2018 年	2019 年	2020 年	排名
天津市	37.92%	18.56%	20.63%	20.10%	35.06%	1
贵州省	51.55%	38.22%	35.09%	18.45%	29.50%	2
内蒙古自治区	51.08%	26.60%	20.75%	20.49%	27.63%	3
山西省	19.34%	16.74%	12.71%	12.28%	26.64%	4
安徽省	20.78%	14.99%	22.08%	14.14%	25.36%	5
吉林省	22.52%	26.90%	17.51%	15.60%	24.79%	6
云南省	37.89%	30.50%	21.34%	16.66%	23.11%	7
青海省	29.09%	27.86%	25.27%	21.24%	22.70%	8
湖北省	31.38%	12.67%	12.06%	16.54%	22.21%	9
河北省	29.80%	16.72%	24.88%	18.29%	22.05%	10
山东省	37.91%	19.35%	15.17%	15.13%	21.96%	11
江西省	18.03%	17.57%	13.00%	13.06%	21.41%	12
福建省	38.89%	26.76%	13.94%	13.98%	21.28%	13
重庆市	27.35%	20.10%	14.05%	17.24%	21.13%	14
广西壮族自治区	27.85%	29.58%	20.92%	13.90%	20.99%	15
新疆维吾尔自治区	23.48%	21.84%	17.46%	15.78%	20.99%	16
甘肃省	18.88%	15.46%	13.97%	16.42%	20.97%	17
黑龙江省	24.13%	19.27%	23.84%	16.20%	20.79%	18
四川省	29.10%	24.80%	15.89%	15.03%	20.50%	19
湖南省	47.46%	24.43%	20.64%	23.34%	20.25%	20
海南省	30.48%	28.06%	19.58%	14.90%	19.84%	21
宁夏回族自治区	26.12%	21.20%	24.94%	21.85%	18.54%	22
陕西省	39.39%	22.48%	19.02%	18.26%	18.33%	23

① 注释：1. 此排名依据 2020 年全国 31 个省（自治区、直辖市）地方政府债务依存度指标进行排序。2. 原始数据来源于 2016—2020 年各个地方财政预算执行和决算报告文件，以及中国地方政府债券信息公开平台网站：http：//www.celma.org.cn/jdsj/index.jhtml。

续表

区划名称	2016 年	2017 年	2018 年	2019 年	2020 年	排名
河南省	20.30%	18.47%	10.20%	12.74%	17.90%	24
辽宁省	55.94%	37.22%	23.02%	19.81%	16.23%	25
江苏省	27.88%	15.83%	12.95%	12.69%	16.08%	26
北京市	14.87%	11.52%	6.43%	13.51%	15.83%	27
浙江省	40.97%	12.95%	11.02%	11.90%	15.53%	28
上海市	22.90%	8.16%	6.60%	11.79%	14.87%	29
广东省	28.49%	12.41%	11.70%	8.71%	13.46%	30
西藏自治区	0.97%	3.17%	2.64%	5.61%	5.81%	31

从时间跨度看，在 2016—2019 年期间，我国 31 个省（自治区、直辖市）地方政府债务依存度普遍呈现出下降趋势，债务风险持续下降。但是，为应对新冠肺炎疫情给经济造成的冲击，2020 年各个地方普遍加大了政府债发行规模，进而导致地方政府债务依存度又回升，债务风险出现扩大。具体来看，如表 4-11 所示，在地方政府债务依存度排名前五中（这里排名是指 2020 年度的排名），天津市债务依存度由 2016 年的 37.92%，下降到 2019 年的 20.10%，再上升到 2020 年的 35.06%；贵州省债务依存度由 2016 年的 51.55%，下降到 2019 年的 18.45%，再上升到 2020 年的 29.50%；内蒙古自治区债务依存度由 2016 年的 51.08%，下降到 2019 年的 20.49%，再上升到 2020 年的 27.63%；山西省债务依存度由 2016 年的 19.34%，下降到 2019 年的 12.28%，再上升到 2020 年的 26.64%；安徽省债务依存度由 2016 年的 20.78%，下降到 2019 年的 14.14%，再上升到 2020 年的 25.36%。

另外，在地方政府债务依存度排名后五中，北京市债务依存度由 2016 年的 14.87%，下降到 2019 年的 13.51%，再上升到 2020 年的 15.83%；浙江省债务依存度由 2016 年的 40.97%，下降到 2019 年的 11.90%，再上升到 2020 年的 15.53%；上海市债务依存度由 2016 年的 22.90%，下降到 2019 年的 11.79%，再上升到 2020 年的 14.87%；广东省债务依存度由 2016 年的 28.49%，下降到 2019 年的 8.71%，再上升到 2020 年的 13.46%；西藏自治区债务依存度由 2016 年的 0.97%，上升到 2019 年的 5.61%，再上升到 2020 年的 5.81%。从以上数据不难看出，除个别省级区划外，绝大多数省级区划的债务依存度水平在 2016 年至 2019 年均出现了下降的趋势，而在 2020 年又出现回升，债务风险出现扩大。

从单独年份角度看，我国 31 个省（自治区、直辖市）地方政府债务依存度水平存在较大的地区差异。如表 4-12 所示，以 2020 年为例，我国地方政府债务依存度排名前十的地区分别是天津市（35.06%）、贵州省（29.50%）、内蒙古自治区（27.63%）、山西省（26.64%）、安徽省（25.36%）、吉林省（24.79%）、云南省（23.11%）、青海省（22.70%）、湖北省（22.21%）和河北省（22.05%）。值得注意的是，这些地区均超过国际公认的一般国家债务依存度警戒线 20%，因而某种意义上表明这些地方政府进一步举债的空间比较小，需要警惕爆发债务危机。

此外，地方政府债务依存度排名后十的地区依次是宁夏回族自治区（18.54%）、陕西省（18.33%）、河南省（17.90%）、辽宁省（16.23%）、江苏省（16.08%）、北京市（15.83%）、浙江省（15.53%）、上海市（14.87%）、广东省（13.46%）和西藏自治区（5.81%）。上述各省、自治区、直辖市的政府债务依存度水平都在 20%以下，说明这些地区举债的空间还比较大。31 个省（自治区、直辖市）地方政府债务依存度水平表现出较大的差异。依据债务依存度指标的定义，其实在某种意义上也说明了我国地方债务风险存在区域不平衡问题。

（五）中国地方政府长期偿债能力指标分析

1. 全国层面

从图 4-15 中可以看出，2016—2020 年，我国地方政府长期偿债能力值呈快速上升的趋势，由 2016 年的 97.47%上升到 2019 年的 108.87%。为应对疫情对经济造成的冲击，我国 2020 年加大了地方政府债发行规模，导致地方政府长期偿债能力值大幅上升。当年我国地方政府长期偿债能力值为 117.81%，较 2019 年增加近 9 个百分点①。该指标的快速上升表明地方政府债务潜在风险在扩大。

① 数据来源：根据 2016—2020 年各个地方财政预算执行和决算报告文件以及中国地方债券信息公开平台的相关数据整理计算而得。

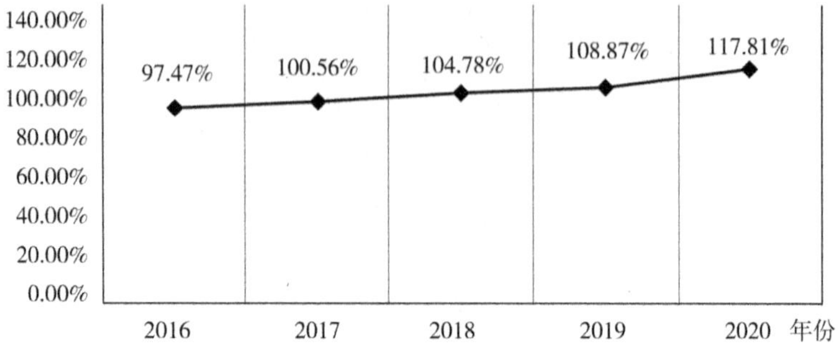

图 4-15　2016—2020 年中国地方政府长期偿债能力值变化趋势

2. 区域层面

从横向的角度来看，除东北地区外，东中西部地区政府长期偿债能力值都呈现出上升的趋势，表明经济增长的长期负债能力在持续减弱，应当对动态累积中的债务风险保持高度警惕。其中，与 2019 年相比，2020 年东中西部及东北地区长期偿债能力值均有一个显著的提升。东部地区由 2019 年的 111.13%增加至 2020 年的 118.49%，中部地区由 2019 年的 106.08%增加至 2020 年的 122.79%，西部地区由 2019 年的 112.56%增加至 2020 年的 115.53%，东北地区由 2019 年的 121.85%下降至 2020 年的 112.25%（见图 4-16）。

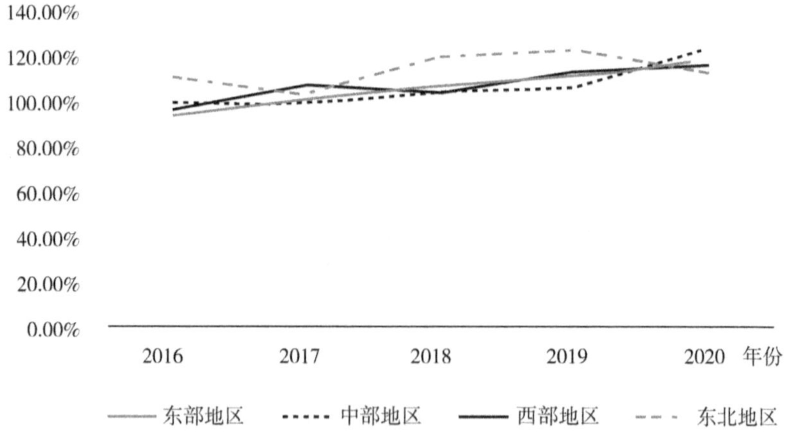

图 4-16　2016—2020 年东中西部及东北地区地方政府长期偿债能力变化趋势

3. 省级层面

表 4-12　2016—2020 年全国 31 个省（自治区、直辖市）地方政府偿债能力①

区划名称	2016 年	2017 年	2018 年	2019 年	2020 年	排名
湖北省	101.03%	103.11%	98.61%	110.43%	132.24%	1
西藏自治区	66.28%	149.86%	120.96%	163.77%	131.73%	2
江西省	95.70%	99.76%	101.87%	99.43%	128.74%	3
天津市	119.50%	113.33%	117.45%	162.18%	128.60%	4
山西省	110.56%	94.61%	106.11%	117.03%	126.70%	5
新疆维吾尔自治区	104.12%	105.59%	106.69%	110.17%	122.56%	6
河南省	92.58%	91.22%	109.30%	107.10%	122.51%	7
山东省	96.70%	100.72%	121.27%	106.52%	122.32%	8
河北省	99.24%	101.90%	123.86%	111.34%	122.01%	9
甘肃省	105.65%	112.25%	108.96%	118.31%	121.99%	10
广东省	94.15%	95.53%	102.11%	105.53%	121.82%	11
北京市	58.58%	94.91%	92.74%	109.35%	119.68%	12
黑龙江省	99.80%	107.14%	147.47%	108.89%	118.96%	13
上海市	81.92%	96.28%	100.55%	97.34%	118.73%	14
安徽省	94.23%	98.90%	103.68%	95.69%	116.07%	15
浙江省	98.78%	100.44%	107.57%	104.18%	115.93%	16
四川省	95.49%	96.87%	99.49%	99.25%	115.56%	17
广西壮族自治区	103.64%	104.74%	107.17%	106.47%	115.34%	18
青海省	101.89%	110.71%	106.76%	115.17%	115.19%	19
重庆市	97.98%	98.22%	111.32%	103.07%	114.55%	20
吉林省	100.15%	109.02%	115.25%	150.47%	114.46%	21
海南省	101.95%	100.07%	104.35%	104.56%	112.83%	22
内蒙古自治区	102.37%	123.34%	98.16%	111.96%	112.21%	23

① 注释：1. 此排名依据 2020 年全国 31 个省（自治区、直辖市）地方政府偿债能力进行排序。2. 原始数据来源于 2016—2020 年各个地方财政预算执行和决算报告文件，以及中国地方政府债券信息公开平台网站：http：//www.celma.org.cn/jdsj/index.jhtml。

续表

区划名称	2016 年	2017 年	2018 年	2019 年	2020 年	排名
云南省	93.93%	95.59%	83.26%	102.00%	112.15%	24
福建省	95.97%	97.81%	91.96%	105.18%	111.73%	25
江苏省	93.68%	99.30%	102.45%	105.10%	111.22%	26
陕西省	92.32%	97.18%	97.78%	106.00%	111.18%	27
湖南省	101.67%	104.50%	105.99%	106.78%	110.49%	28
宁夏回族自治区	101.99%	96.34%	105.31%	118.07%	107.05%	29
贵州省	88.72%	85.94%	94.04%	96.50%	106.88%	30
辽宁省	127.22%	94.23%	93.83%	106.18%	103.33%	31

从时间跨度看出，在 2016—2020 年期间，我国 31 个省（自治区、直辖市）地方政府长期偿债能力普遍呈现出上升趋势，表明债务风险持续扩大。如表 4-12 所示，在地方政府长期偿债能力值排名前五中（这里排名是指 2020 年度的排名），湖北省长期偿债能力值由 2016 年的 101.03%，下降到 2018 年的 98.61%，再到 2020 年的 132.24%；西藏自治区长期偿债能力值由 2016 年的 66.28%，上升到 2018 年的 120.96%，再到 2020 年的 131.73%；江西省长期偿债能力值由 2016 年的 95.70%，上升到 2018 年的 101.87%，再到 2020 年的 128.74%；天津市长期偿债能力值由 2016 年的 119.50%，下降到 2018 年的 117.45%，再回升到 2020 年的 128.60%；山西省长期偿债能力值由 2016 年的 110.56%，下降到 2018 年的 106.11%，再到 2020 年的 126.70%。

另外，在地方政府长期偿债能力值排名后五中，陕西省长期偿债能力值由 2016 年的 92.32%，上升到 2018 年的 97.78%，再到 2020 年的 111.18%；湖南省长期偿债能力值由 2016 年的 101.67%，上升到 2018 年的 105.99%，再回升到 2020 年的 110.49%；宁夏回族自治区长期偿债能力值由 2016 年的 101.99%，上升到 2018 年的 105.31%，再到 2020 年的 107.05%；贵州省长期偿债能力值由 2016 年的 88.72%，上升到 2018 年的 94.04%，再到 2020 年的 106.88%；辽宁省长期偿债能力值由 2016 年的 127.22%，下降到 2018 年的 93.83%，再到 2020 年的 103.33%。从以上数据不难看出，这些省级政区的长期偿债能力水平在 2016 年至 2020 年均出现了较大幅度的上升，依据长期偿债能力值指标的定义，表明我国地方政府债务的潜在风险在持续扩大。

从单独年度看出我国 31 个省（自治区、直辖市）地方政府长期偿债能力水平存在较大的地区差异。如表 4-12 所示，以 2020 年为例，我国地方政府长期偿债能力值排名前十的地区分别是湖北省（132.24%）、西藏自治区（131.73%）、江西省（128.74%）、天津市（128.60%）、山西省（126.70%）、新疆维吾尔自治区（122.56%）、河南省（122.51%）、山东省（122.32%）、河北省（122.01%）和甘肃省（121.99%）。另外，地方政府长期偿债能力值排名后十的地区依次分别是海南省（112.83%）、内蒙古自治区（112.21%）、云南省（112.15%）、福建省（111.73%）、江苏省（111.22%）、陕西省（111.18%）、湖南省（110.49%）、宁夏回族自治区（107.05%）、贵州省（106.88%）和辽宁省（103.33%）。值得注意的是，全国 31 个省（自治区、直辖市）地方政府长期偿债能力水平都在 100%以上，尤其是湖北省和西藏自治 2020 年的长期负债能力值超过了 130%。31 个省（区、市）地方政府长期偿债能力水平表现出较大的差异，其实在某种意义上也说明了我国地方债务风险存在区域不平衡问题。

三、“十四五”时期及 2035 年前中国地方政府债券市场规模发展预测

“十四五”时期政府杠杆率要稳中有降，避免风险持续累积，以实现财政可持续发展。2020 年 3 月 15 日，国务院总理李克强主持召开国务院常务会议，确定《政府工作报告》重点任务分工。在提及当年具体经济工作时，会议明确指出，“要保持宏观杠杆率基本稳定，政府杠杆率要有所降低”。2021 年 3 月 12 日，新华社受权全文播发《中华人民共和国国民经济和社会发展第十四个五年规划和 2035 年远景目标纲要》（以下简称《纲要》）。其中，《纲要》第五十三章第三节明确提出“完善宏观审慎管理体系，保持宏观杠杆率以稳为主、稳中有降”。2021 年 4 月 7 日，国新办举行“贯彻落实‘十四五’规划纲要 加快建立现代财税体制”发布会。财政部部长助理欧文汉指出，在“十四五”规划纲要的基础上，财政部将按照“开好前门、严堵后门”的思路，抓实化解地方政府债务风险工作。“持续完善法定债务管理，兼顾稳增长和防风险需要，完善新增债券分配机制，严控高风险地区新增债券规模，避免风险持续累积，牢牢守住不发

生系统性风险的底线。”因此，基于高层对地方政府债务风险防范的要求，可以基本判断“十四五”时期，我国地方债券限额、发行额以及余额增速会保持一个平稳下降趋势。

基于上述分析，可以大致判断“十四五”时期我国地方政府债券限额、发行额和余额会保持一个稳步增长的趋势，但增速会有所下降。从图4-17可以看出，相较于2020年，2021年我国地方政府债券限额增速的确有所下降。同时也可以看到近些年我国地方政府债券限额增速保持相对平稳发展的趋势。因此，接下来，本书以2021年限额增速15.52%为基期，假设分别以每年递减1个、1.5个、2个、2.5个和3个百分点得到5种情景下的2021—2025年各年度的限额增速预估值。其中，“X-1%”情景下，2022年限额增长率=2021年限额增长率-1%，2023年限额增长率=2022年限额增长率-1%，2024年限额增长率=2023年限额增长率-1%，2025年限额增长率=2024年限额增长率-1%；“X-1.5%”情景下，2022年限额增长率=2021年限额增长率-1.5%，2023年限额增长率=2022年限额增长率-1.5%，2024年限额增长率=2023年限额增长率-1.5%，2025年限额增长率=2024年限额增长率-1.5%；同理，“X-2%”“X-2.5%”和“X-3%”情景下依次类推。然后，以2021年限额332774亿元为基础，分别乘以各年度的限额增速预估值，就得到各种情景下各年度地方政府债券限额规模（详细见表4-13）。

图4-17　2015—2021年我国地方政府债券限额及年度增长率

表 4-13　"十四五"时期我国地方政府债券限额预测情况

	不同情景	2021 年	2022 年	2023 年	2024 年	2025 年
限额增长率	X-1%	15.52%	14.52%	13.52%	12.52%	11.52%
	X-1.5%	15.52%	14.02%	12.52%	11.02%	9.52%
	X-2%	15.52%	13.52%	11.52%	9.52%	7.52%
	X-2.5%	15.52%	13.02%	10.52%	8.02%	5.52%
	X-3%	15.52%	12.52%	9.52%	6.52%	3.52%
限额（亿元）	X-1%	332774	381082.29	432592.60	486739.55	542796.59
	X-1.5%	332774	379418.42	426909.64	473941.62	519045.92
	X-2%	332774	377754.55	421259.96	461350.62	496029.64
	X-2.5%	332774	376090.68	415643.56	448965.06	473733.78
	X-3%	332774	374426.81	410060.43	436783.44	452144.45

数据来源：根据中国地方政府债券市场信息公开平台的相关原始数据整理计算而得。

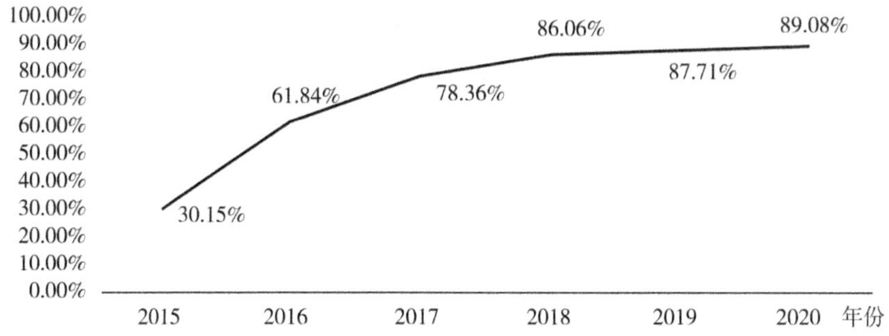

图 4-18　2015—2020 年我国地方政府债券余额／限额比重变化趋势

考虑到 2015—2020 年我国地方政府债券发行额、余额及其各种增速变化幅度较大，因而不利于这些指标的预测。但是，通过将地方政府债券余额与其限额相比，发现这个比值的变化趋势较为平稳（见图 4-18）。同样，基于前文的分析，可以大致判断"十四五"时期这个比值会有所下降，而且也是比较平稳。因此，接下来，本书以 2020 年的 89.08%为基期①，假设分别以每年递减 1 个、1.5 个、2 个、2.5 个和 3 个百分点

① 数据来源：根据中国地方政府债券市场信息公开平台的相关原始数据整理计算而得。

得到5种情景下的2021—2025年各年度的余额比限额的预估值。其中，“Y-1%”情景下，2021年的余额/限额=2020年的余额/限额-1%，2022年的余额/限额=2021年的余额/限额-1%；“Y-1.5%”情景下，2021年的余额/限额=2020年的余额/限额-1.5%，2022年的余额/限额=2021年的余额/限额-1.5%，同理，“Y-2%”“Y-2.5%”和“Y-3%”情景下依此类推。

然后，将这5种情景下的余额与限额比值，分别乘上5种情景下的限额预测值，因而共会得出25种情景下的各年度地方政府债券余额。“X-1%，Y-1%”情景下，2021年地方政府债券余额=2021年地方政府债券限额×（2021年地方政府债券余额/限额）=2021年地方政府债务限额×（2020年的余额/限额-1%）；2022年地方政府债券余额=2022年地方政府债券限额×（2022年地方政府债券余额/限额）；2023年地方政府债券余额=2023年地方政府债券限额×（2023年地方政府债券余额/限额）；2024年地方政府债券余额=2024年地方政府债券限额×（2024年地方政府债券余额/限额）；2025年地方政府债券余额=2024年地方政府债券限额×（2024年地方政府债券余额/限额）。其他情景，同理以此类推（详见表4-14）。

表4-14 “十四五”时期我国地方政府债券余额预测情况

不同情景	2021年	2022年	2023年	2024年	2025年
（X-1%，Y-1%）	293105.82	331844.71	372373.73	414115.78	456380.89
（X-1.5%，Y-1%）	293105.82	330395.82	367481.86	403227.36	436411.43
（X-2%，Y-1%）	293105.82	328946.93	362618.65	392515.00	417059.45
（X-2.5%，Y-1%）	293105.82	327498.04	357784.07	381977.42	398313.19
（X-3%，Y-1%）	293105.82	326049.15	352978.14	371613.35	380160.98
（X-1%，Y-1.5%）	291441.95	329939.30	370210.76	411682.08	453666.91
（X-1.5%，Y-1.5%）	291441.95	328498.73	365347.32	400857.65	433816.20
（X-2%，Y-1.5%）	291441.95	327058.16	360512.35	390208.25	414579.30
（X-2.5%，Y-1.5%）	291441.95	325617.59	355705.85	379732.60	395944.52
（X-3%，Y-1.5%）	291441.95	324177.02	350927.84	369429.44	377900.26
（X-1%，Y-2%）	289778.08	328033.89	368047.80	409248.38	450952.93
（X-1.5%，Y-2%）	289778.08	326601.64	363212.77	398487.94	431220.97

续表

不同情景	2021 年	2022 年	2023 年	2024 年	2025 年
(X-2%，Y-2%)	289778.08	325169.39	358406.05	387901.49	412099.16
(X-2.5%，Y-2%)	289778.08	323737.14	353627.64	377487.77	393575.85
(X-3%，Y-2%)	289778.08	322304.88	348877.54	367245.52	375639.54
(X-1%，Y-2.5%)	288114.21	326128.48	365884.84	406814.69	448238.94
(X-1.5%，Y-2.5%)	288114.21	324704.55	361078.22	396118.24	428625.74
(X-2%，Y-2.5%)	288114.21	323280.61	356299.75	385594.74	409619.01
(X-2.5%，Y-2.5%)	288114.21	321856.68	351549.42	375242.95	391207.18
(X-3%，Y-2.5%)	288114.21	320432.75	346827.24	365061.60	373378.81
(X-1%，Y-3%)	286450.34	324223.07	363721.88	404380.99	445524.96
(X-1.5%，Y-3%)	286450.34	322807.45	358943.67	393748.53	426030.51
(X-2%，Y-3%)	286450.34	321391.84	354193.45	383287.99	407138.86
(X-2.5%，Y-3%)	286450.34	319976.23	349471.20	372998.12	388838.52
(X-3%，Y-3%)	286450.34	318560.62	344776.94	362877.68	371118.09

数据来源：根据中国地方政府债券市场信息公开平台的相关原始数据整理计算而得。

此外，《纲要》第三章第一节还提到，“展望 2035 年，我国将基本实现社会主义现代化。经济实力、科技实力、综合国力将大幅跃升，经济总量和城乡居民人均收入将再迈上新的大台阶，关键核心技术实现重大突破，进入创新型国家前列。人均国内生产总值达到中等发达国家水平，中等收入群体显著扩大，基本公共服务实现均等化，城乡区域发展差距和居民生活水平差距显著缩小”。全国政协委员、中国发展研究基金会副理事长刘世锦认为，“十四五”规划和 2035 年远景目标纲要提出，到 2035 年人均国内生产总值达到中等发达国家水平，但并没有设定 5 年 GDP 年均增速预期性指标。按现价美元计算，目前发达经济体的入门水平是 1.8 万美元，中等发达国家是 3 万~4 万美元。我国目前人均收入是 1 万美元，如果按翻一番达到 2 万美元的目标，从静态来看，GDP 增速每年至少应该在

4.7%以上[①]。而根据长期负债能力指标可知，长期负债能力指标=（1+政府债务增长率）/（1+GDP 增长率）。为保持我国财政长期的可持续发展，我国地方政府债务率应与 GDP 的增速保持一致，或略高一点也可以。“十四五”时期及 2035 年前中国地方政府债券市场规模发展，重点是统筹发展和安全，增强财政可持续性。科学安排年度财政赤字规模和预算支出，合理确定政府债务规模。

① 立足新发展阶段贯彻新发展理念构建新发展格局［N］. 经济日报，2021-03-14（009）.

第五章 中国地方政府债券市场结构发展研究

一、中国地方政府债券市场结构现状

（一）地方政府债券限额和余额结构

1. 地方政府债券限额结构

2014年9月21日，国务院以国发〔2014〕43号印发《关于加强地方政府性债务管理的意见》（以下简称《意见》）。其中，《意见》对地方政府一般债券和专项债券作了明确规定："没有收益的公益性事业发展确需政府举借一般债务的，由地方政府发行一般债券融资，主要以一般公共预算收入偿还。有一定收益的公益性事业发展确需政府举借专项债务的，由地方政府通过发行专项债券融资，以对应的政府性基金或专项收入偿还。"

从债券种类的角度来看，地方政府债券限额结构，是指一定时期的一般债券限额与专项债券限额各自占全国地方政府债券限额总额的比重。同样，地方政府债券新增限额结构，是指一定时期的一般债券新增限额与专项债券新增限额各自占全国地方政府债券新增限额总额的比重。从表5-1和图5-1可以看出，在债券限额方面，2021年我国地方政府限额总额为332774亿元。其中，一般债券限额151089亿元，占比45.40%；专项债券限额181685亿元，占比54.60%，高出前者9.2个百分点。在债券新增限额方面，2021年我国地方政府限额总额为44700亿元。其中，一般债券限额8200亿元，占比18.34%；专项债券限额36500亿元，占比81.66%，高出前者63.32个百分点①。

① 数据来源：根据中国财政部官网的相关数据整理计算而得。

表 5-1　2021 年我国地方政府一般债券和专项债券及其比重

	一般债券		专项债券		合计	
	金额（亿元）	占比（%）	金额（亿元）	占比（%）	金额（亿元）	占比（%）
限额	151089	45. 40	181685	54. 60	332774	100. 00
新增限额	8200	18. 34	36500	81. 66	44700	100. 00

图a　我国地方政府一般债券和专项债券限额结构

图b　我国地方政府一般债券和专项债券新增限额结构

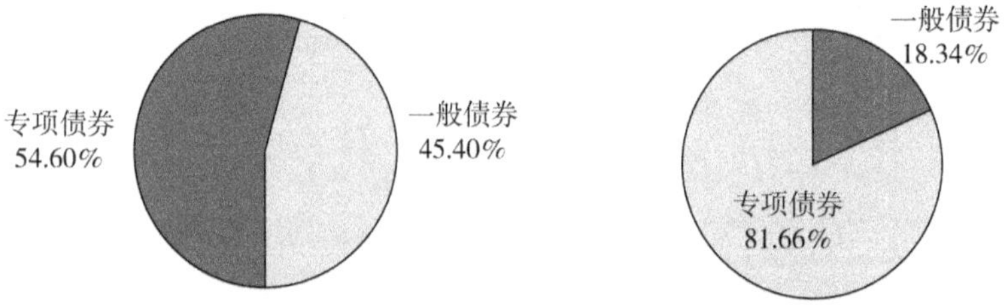

图 5-1　2021 年我国地方政府一般债券和专项债券及其比重

从区域的角度来看，地方政府债券限额结构，是指一定时期内某地区的地方政府债券限额占全国地方政府债券限额总额的比重。从表 5-2 和图 5-2 可以看出，第一，2015—2020 年，无论是东中西部，还是东北地区，这些区域的地方政府债券限额占比均呈现出较为平稳变化的趋势。第二，纵向地比较，可以发现这四个区域的地方政府债券限额占比存在较大的差异。以 2020 年为例，按照地方债券限额占比从高到低排名分别是：东部地区、西部地区、中部地区和东北地区。以 2020 年为例，东部地区的地方政府债券限额占比为 42. 15%，其次分别是西部地区的 29. 87%、中部地区的 20. 23%和东北地区的 7. 74%。第三，从时间跨度看，在 2015—2020 年，东部地区的地方政府债券限额占比总体呈现出平稳递增的趋势，由 2015 年的 41. 57%，增加到 2017 年的 41. 95%，再到 2020 年的 42. 15%。中部地区的地方政府债券限额占比呈现出平稳递增的趋势，由 2015 年的 18. 04%，增加到 2017 年的 18. 75%，再到 2020 年的 20. 23%。西部地区的地方政府债券限额占比总体呈现出平稳递减的趋势，由 2015 年的 30. 81%，减少到 2017 年的 30. 32%，再到 2020 年的 29. 87%。东北地区的地方政府债券限额占比呈现出平稳递减的趋势，由 2015 年的 9. 57%，减少到 2017 年的

8.98%，再到2020年的7.74%①。

另外，需要指出的是，这里的东中西及东北地区是基于全国31个省（自治区、直辖市）来划分的，下同。具体来看，东北地区包括辽宁省、吉林省和黑龙江省；东部地区包括北京市、天津市、河北省、上海市、江苏省、浙江省、福建省、广东省、海南省和山东省；中部地区包括山西省、安徽省、江西省、河南省、湖北省和湖南省；西部地区包括内蒙古自治区、广西壮族自治区、重庆市、四川省、贵州省、云南省、西藏自治区、陕西省、甘肃省、青海省、宁夏回族自治区和新疆维吾尔自治区。

表5-2　2015—2020年东中西及东北地区地方政府债券限额及其比重

		2015年	2016年	2017年	2018年	2019年	2020年
东部地区	金额（亿元）	66548	71756	78941	88608	101943	121515
	占比（%）	41.57	41.75	41.95	42.20	42.43	42.15
中部地区	金额（亿元）	28885	31540	35284	40331	47240	58335
	占比（%）	18.04	18.35	18.75	19.21	19.66	20.23
西部地区	金额（亿元）	49321	52587	57063	63024	71519	86124
	占比（%）	30.81	30.60	30.32	30.01	29.77	29.87
东北地区	金额（亿元）	15323	15994	16889	18015	19555	22319
	占比（%）	9.57	9.31	8.98	8.58	8.14	7.74
全国	金额（亿元）	160077	171877	188177	209978	240257	288293
	占比（%）	100.00	100.00	100.00	100.00	100.00	100.00

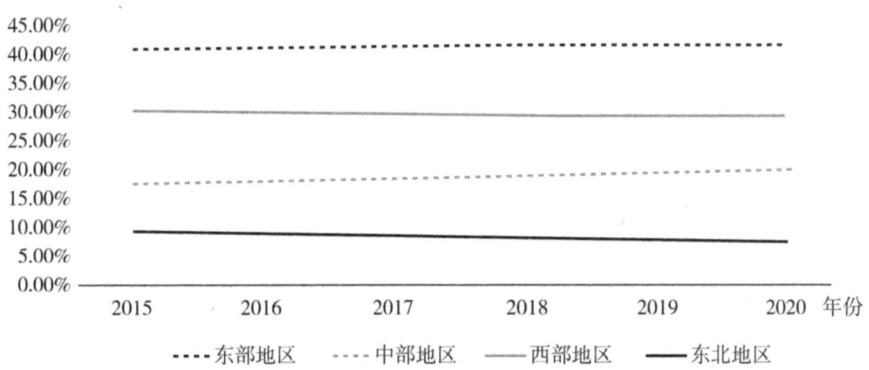

图5-2　2015—2020年东中西及东北地区地方政府债券限额比重变化趋势

① 数据来源：根据中国地方政府债券信息公开平台网站相关原始数据整理计算。

2. 地方政府债券余额结构

从债券种类的角度来看，地方政府债券余额结构，是指一定时期的一般债券限额与专项债券余额各自占全国地方政府债券限额总额的比重。

从表5-3可以看出，截至2021年6月，我国地方政府债券余额为275849亿元。其中，一般债券余额134841亿元，占比48.88%；专项债券限额141008亿元，占比51.12%。另外，在2021年上半年期间，一般债券余额占比总体呈现出下降的趋势，由1月的49.77%，下降到4月的49.76%，再到6月的48.88%。相反，专项债券余额占比总体呈现出上升的趋势，由1月的50.23%，上升到4月的50.24%，再到6月的51.12%。

表5-3 2021年1—6月我国地方政府一般债券和专项债券限额及其比重

	一般债券		专项债券		合计	
	金额（亿元）	占比（%）	金额（亿元）	占比（%）	金额（亿元）	占比（%）
2021年1月	129495	49.77%	130713	50.23%	260208	100%
2021年2月	129499	49.78%	130667	50.22%	260166	100%
2021年3月	130433	49.77%	131619	50.23%	262052	100%
2021年4月	132387	49.76%	133660	50.24%	266047	100%
2021年5月	134673	49.53%	137248	50.47%	271921	100%
2021年6月	134841	48.88%	141008	51.12%	275849	100%

数据来源：财政部网站。

从区域的角度来看，地方政府债券余额结构，是指一定时期内某地区的政府债券余额占全国地方政府债券余额总额的比重。从表5-4和图5-3可以看出，第一，在2015—2020年，无论是东中西部，还是东北地区，这些区域的地方政府债券余额占比均呈现出较为平稳变化的趋势。第二，通过区域比较，可以发现这四个区域的地方政府债券余额占比存在较大的差异。以2020年为例，按照地方政府债券余额占比从高到低排名分别是：东部地区、西部地区、中部地区和东北地区。以2020年为例，东部地区的地方政府债券余额占比为39.96%，其次分别是西部地区的31.32%、中部地区的21.47%和东北地区的7.25%。第三，从时间跨度看，在2015—2020年，东部地区的地方政府债券余额占比总体呈现出平稳递增的趋势，由2015年的38.28%，增加到2017年的39.71%，再到2020年的39.96%。

中部地区的地方政府债券余额占比总体呈现出先下降后上升的趋势，由2015年的20.26%，先减少到2017年的19.86%，再回升到2020年的21.47%。西部地区的地方政府债券余额占比总体呈现出平稳递减的趋势，由2015年的32.88%，减少到2017年的32.25%，再到2020年的31.32%。东北地区的地方政府债券余额占比总体呈现出平稳递减的趋势，由2015年的8.58%，减少到2017年的8.18%，再到2020年的7.25%①。

表5-4　2015—2020年东中西及东北地区地方政府债券余额及其比重

		2015年	2016年	2017年	2018年	2019年	2020年
东部地区	金额（亿元）	17905	42558	56760	68762	80625	98343
	占比（%）	38.28%	41.24%	39.71%	39.32%	39.49%	39.96%
中部地区	金额（亿元）	9474	20383	28392	35644	42730	52828
	占比（%）	20.26%	19.75%	19.86%	20.38%	20.93%	21.47%
西部地区	金额（亿元）	15378	32075	46097	56434	65107	77080
	占比（%）	32.88%	31.08%	32.25%	32.27%	31.89%	31.32%
东北地区	金额（亿元）	4014	8179	11699	14044	15719	17843
	占比（%）	8.58%	7.93%	8.18%	8.03%	7.70%	7.25%
全国	金额（亿元）	46771	103195	142948	174884	204181	246094
	占比（%）	100%	100%	100%	100%	100%	100%

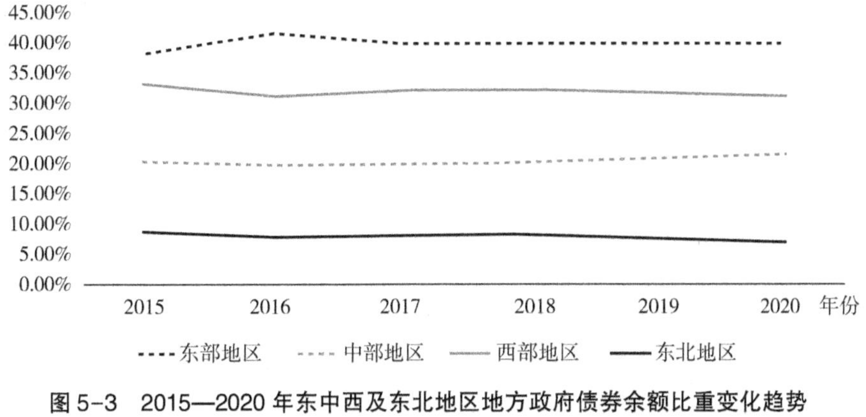

图5-3　2015—2020年东中西及东北地区地方政府债券余额比重变化趋势

① 数据来源：根据中国地方政府债券信息公开平台网站相关原始数据整理计算。

（二）地方政府债券发行结构

1. 按债券类型分

从表5-5可以看出，2021年1—6月，我国地方政府债券发行规模合计为33411.45亿元。其中，一般债券余额16103.25亿元，占比48.20%；专项债券限额17308.2亿元，占比51.80%。另外，在2021年上半年期间，我国地方政府一般债券发行额占比总体呈现出下降的趋势，由1月的58.72%，下降到3月的58.44%，再到5月的48.32%。6月我国地方政府一般债券发行额2344.09亿元，占比29.49%，较5月有一个较大的降幅。相反，我国地方政府专项债券发行额占比总体呈现出一个上升的趋势，由1月的41.28%，上升到3月的41.56%，再到5月的51.68%。6月我国地方政府专项债券发行额5604.59亿元，占比70.51%，较5月有一个较大的增幅。

表5-5　2021年1—6月我国地方政府一般债券和专项债券发行额及其比重

	一般债券		专项债券		合计	
	金额（亿元）	占比（%）	金额（亿元）	占比（%）	金额（亿元）	占比（%）
2021年1月	2127.58	58.72%	1495.78	41.28%	3623.36	100%
2021年2月	294.82	52.91%	262.42	47.09%	557.24	100%
2021年3月	2788.12	58.44%	1982.39	41.56%	4770.51	100%
2021年4月	4319.22	55.67%	3439.01	44.33%	7758.23	100%
2021年5月	4229.42	48.32%	4524.01	51.68%	8753.43	100%
2021年6月	2344.09	29.49%	5604.59	70.51%	7948.68	100%
合计	16103.25	48.20%	17308.2	51.80%	33411.45	100%

数据来源：财政部网站。

从区域的角度来看，通过表5-6和图5-4可以发现，第一，2015—2020年，中部和东北地区的地方政府债券发行额占比均呈现出较为平稳变化的趋势，东部和西部地区的地方政府债券发行额呈现出增减相互交替的变化趋势，但总体变化的幅度较小。具体来看，在2015—2020年，东部地区的地方政府债券发行额占比总体呈现出先下降后上升的趋势，由2015年的39.39%，下降到2017年的33.70%，然后再回升到2020年的41.11%。

中部地区的地方政府债券发行额占比呈现出平稳递增的趋势，由 2015 年的 19. 31%，增加到 2017 年的 20. 49%，再到 2020 年的 23. 87%。西部地区的地方政府债券发行额占比总体呈现出先上升后下降的趋势，由 2015 年的 32. 81%，增加到 2017 年的 36. 85%，然后下降到 2020 年的 28. 35%。东北地区的地方政府债券发行额占比呈现出先上升后下降的趋势，由 2015 年的 8. 49%，增加到 2017 年的 8. 96%，再下降到 2020 年的 6. 68%。

第二，地区间相互比较，可以发现这四个区域的地方政府债券发行额占比存在较大的差异。以 2020 年为例，按照地方债券发行额占比从高到低排名分别是：东部地区、西部地区、中部地区和东北地区。以 2020 年为例，东部地区的地方政府债券发行额占比为 41. 11%，其次分别是西部地区的 28. 35%、中部地区的 23. 87%和东北地区的 6. 68%。另外，从图 5-4 中可以看出，在此期间，西部地区和中部地区的地方政府债券发行额的差距越来越小，由 2015 年的 13. 5%缩小至 2020 年的 4. 48%。相反，西部地区和东部地区的地方政府债券发行额的差距越来越大，由 2015 年的 6. 58%扩大至 2020 年的 12. 76%[①]。

表 5-6　2015—2020 年东中西及东北地区地方政府债券发行额及其比重

		2015 年	2016 年	2017 年	2018 年	2019 年	2020 年
东部地区	金额（亿元）	14654	24602	14187	14347	16279	24464
	占比（%）	39. 39%	41. 85%	33. 70%	35. 80%	38. 63%	41. 11%
中部地区	金额（亿元）	7185	11565	8625	8682	9921	14204
	占比（%）	19. 31%	19. 67%	20. 49%	21. 67%	23. 54%	23. 87%
西部地区	金额（亿元）	12206	18215	15515	13849	13170	16870
	占比（%）	32. 81%	30. 98%	36. 85%	34. 56%	31. 26%	28. 35%
东北地区	金额（亿元）	3159	4408	3771	3192	2767	3974
	占比（%）	8. 49%	7. 50%	8. 96%	7. 97%	6. 57%	6. 68%
全国	金额（亿元）	37204	58790	42098	40070	42137	59512
	占比（%）	100%	100%	100%	100%	100%	100%

① 数据来源：根据中国地方政府债券信息公开平台网站相关原始数据整理计算。

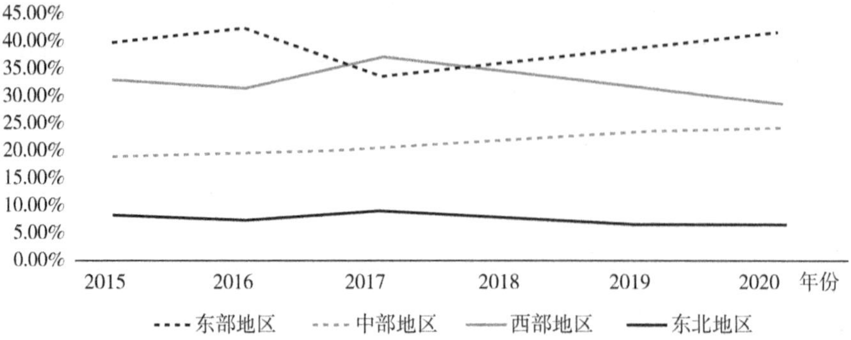

图 5-4 2015—2020 年东中西及东北地区地方政府债券发行额比重变化趋势

2. 按债券性质分

按债券性质分，我国地方政府债券分为新增债券和再融资债券。其中，这里新增债券是指债券发行机构出于筹措资金的需要，根据实际需要新发行的债券。再融资债券即“借新还旧”债券，是为偿还到期的一般债券和专项债券本金而发行的地方政府债券，不能直接用于项目建设。从表 5-7 可以看出，2021 年 1—6 月，我国地方政府债券发行规模合计为 33410 亿元。其中，新增债券发行额 14799 亿元，占比 44. 30%；再融资债券发行额 18611 亿元，占比 55. 70%。另外，在 2021 年上半年，我国地方政府新增债券发行额占比总体呈现出先上升后下降的趋势，由 3 月的 7. 63%，上升到 4 月的 43. 81%，再到 5 月的 65. 13%。相反，我国地方政府再融资债券发行额占比总体呈现出下降的趋势，由 1 月的 100%，下降到 3 月的 92. 37%，再到 5 月的 34. 87%。2021 年 6 月，我国地方政府新增债券发行额 5335 亿元，占比 67. 11%；地方政府再融资债券发行额 2613 亿元，占比 32. 89%，这两类债券发行额较 5 月均有一个较大幅度的变动。

表 5-7 2021 年 1—6 月我国地方政府新增债券和再融资债券发行额及其比重

	新增债券		再融资债券		合计	
	金额（亿元）	占比（%）	金额（亿元）	占比（%）	金额（亿元）	占比（%）
2021 年 1 月	0	0	3623	100	3623	100%
2021 年 2 月	0	0	557	100	557	100%
2021 年 3 月	364	7. 63	4407	92. 37	4771	100%
2021 年 4 月	3399	43. 81	4359	56. 19	7758	100%

续表

	新增债券		再融资债券		合计	
	金额（亿元）	占比（%）	金额（亿元）	占比（%）	金额（亿元）	占比（%）
2021年5月	5701	65.13	3052	34.87	8753	100%
2021年6月	5335	67.11	2613	32.89	7948	100%
合计	14799	44.30	18611	55.70	33410	100%

数据来源：根据中国地方政府债券信息公开平台网站相关原始数据整理计算。

进一步分析，新增债券可以分为新增一般债券和新增专项债券。从表5-8可以看出，2021年1—6月，我国地方政府新增债券发行规模合计为14799.81亿元。其中，新增一般债券发行额4656.47亿元，占比31.46%；新增专项债券发行额10143.34亿元，占比68.54%，后者份额明显要高于前者。此外，在2021年前6个月中，1月和2月我国地方政府没有发行新增债券，即新增债券发行额为0元。我国地方政府新增一般债券发行额占比总体呈现出先上升后下降的趋势，由3月的27.47%，上升到4月的39.51%，再下降到5月的38.26%。相反，我国地方政府新增专项债券发行额占比总体呈现出先下降后上升的趋势，由3月的72.53%，下降到4月的60.49%，再上升到5月的61.74%。2021年6月，我国地方政府新增一般债券发行额1031.91亿元，占比19.34%；新增专项债券发行额4303.39亿元，占比80.66%，这两类债券发行额较5月均有一个较大幅度的变动。

表5-8 2021年1—6月我国地方政府一般债券和专项债券新增发行额及其比重

	一般债券		专项债券		合计	
	金额（亿元）	占比（%）	金额（亿元）	占比（%）	金额（亿元）	占比（%）
2021年1月	0	—	0	—	0	—
2021年2月	0	—	0	—	0	—
2021年3月	100	27.47%	264	72.53%	364	100%
2021年4月	1343.1	39.51%	2056.08	60.49%	3399.18	100%
2021年5月	2181.46	38.26%	3519.87	61.74%	5701.33	100%
2021年6月	1031.91	19.34%	4303.39	80.66%	5335.3	100%
合计	4656.47	31.46%	10143.34	68.54%	14799.81	100%

数据来源：根据中国地方政府债券信息公开平台网站相关原始数据整理计算。

同样地，再融资债券可以分为再融资一般债券和再融资专项债券。从表5-9可以看出，2021年1—6月，我国地方政府债券发行规模合计为18611.64亿元。其中，再融资一般债券发行额11446.78亿元，占比61.50%；再融资专项债券发行额7164.86亿元，占比38.50%。另外，在2021年上半年期间，我国用于地方政府再融资的一般债券发行额占比总体呈现出先上升后下降的趋势，由1月的58.72%，上升到3月的61.00%，再到5月的67.10%。2021年6月，用于地方政府再融资的一般债券发行额为1312.18亿元，占比50.21%，较5月有一个较大幅度的下降。相反，我国用于地方政府再融资的专项债券发行额占比总体呈现出下降的趋势，由1月份的41.28%，下降到3月的39.00%，再到5月的32.90%。2021年6月，用于地方政府再融资的专项债券发行额为1301.2亿元，占比49.79%，较5月有一个较大幅度的上升。总的来看，截至2021年6月，我国用于地方政府再融资的一般债券发行额比专项债券发行额大。

表5-9　2021年1—6月我国地方政府一般债券和专项债券的再融资发行额及其比重

	一般债券		专项债券		合计	
	金额（亿元）	占比（%）	金额（亿元）	占比（%）	金额（亿元）	占比（%）
2021年1月	2127.58	58.72%	1495.78	41.28%	3623.36	100%
2021年2月	294.82	52.91%	262.42	47.09%	557.24	100%
2021年3月	2688.12	61.00%	1718.39	39.00%	4406.51	100%
2021年4月	2976.12	68.27%	1382.93	31.73%	4359.05	100%
2021年5月	2047.96	67.10%	1004.14	32.90%	3052.1	100%
2021年6月	1312.18	50.21%	1301.2	49.79%	2613.38	100%
合计	11446.78	61.50%	7164.86	38.50%	18611.64	100%

数据来源：根据中国地方政府债券信息公开平台网站相关原始数据整理计算。

3. 按发行场所分

按照发行场所分，2021年1—6月，中央结算公司共计发行19347.01亿元，占比57.91%；上海证券交易所共计发行13517亿元，占比40.46%；深圳证券交易所共计发行2676.14亿元，占比8.01%。因此，从目前的情况来看，我国地方政府债券主要是在中央结算公司和上海证券交易所进行发行。

表 5-10 2021 年 1—6 月我国地方政府债券各发行场所发行额情况

	中央结算公司		上海证券交易所		深圳证券交易所	
	金额（亿元）	占比（%）	金额（亿元）	占比（%）	金额（亿元）	占比（%）
2021 年 1 月	2751.36	75.93%	596	16.45%	276	7.62%
2021 年 2 月	557.24	100.00%	0	0.00%	0	0.00%
2021 年 3 月	3062.38	64.19%	1686.13	35.34%	22	0.46%
2021 年 4 月	4064.87	52.39%	4064.87	52.39%	1757.19	22.65%
2021 年 5 月	5056.84	57.77%	3075.64	35.14%	620.95	7.09%
2021 年 6 月	3854.32	48.49%	4094.36	51.51%	0	0.00%
合计	19347.01	57.91%	13517	40.46%	2676.14	8.01%

数据来源：根据财政部政府债务研究和评估中心发布的《地方政府债券市场报告（2021 年 1—6 月）》的相关数据整理计算。

4. 按资金投向分

从债券资金投向看，2021 年 6 月，新增债券资金用于市政建设及产业园区基础设施 1535.52 亿元；交通基础设施 1032.51 亿元；社会事业 941.28 亿元；保障性安居工程 669.06 亿元；农林水利 587.86 亿元；生态环保 190.38 亿元；能源、城乡冷链物流基础设施 67.57 亿元；其他 311.12 亿元①（如图 5-5 所示）。

2021 年 1—6 月，新增债券资金主要用于市政建设及产业园区基础设施、交通基础设施、教科文卫和社会事业、棚改和老旧小区改造等保障性安居工程、乡村振兴和农林水利 5 个方面，总规模共计 13216.17 亿元，占比高达 89.30%。具体来看，新增债券资金主要用于市政建设及产业园区基础设施 4050.18 亿元（27.37%）；交通基础设施 2841.62 亿元（19.20%）；教科文卫和社会事业 2733.4 亿元（18.47%）；棚改、老旧小区改造等保障性安居工程 1971.95 亿元（13.32%）；乡村振兴和农林水利 1619.02 亿元（10.94%）。

① 数据来源：根据财政部政府债务研究和评估中心发布的《地方政府债券市场报告（2021 年 6 月）》的相关数据整理计算。其中，新增地方政府债券资金投向根据地方上报数据汇总生成。

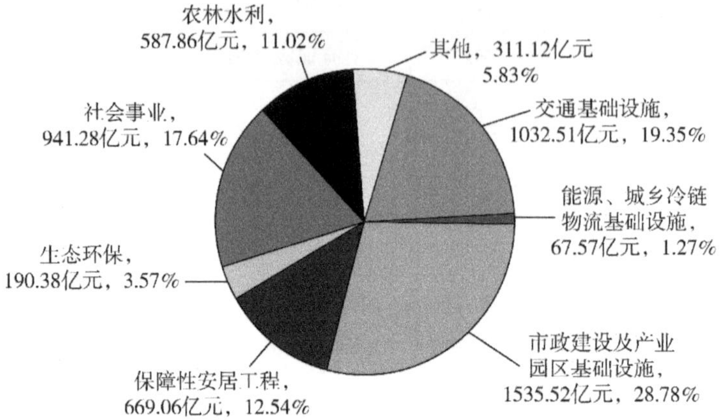

图 5-5　2021 年 6 月发行新增地方政府债券资金投向情况

表 5-11　2021 年 1—6 月我国地方政府债券资金投向相关情况

资金用途	金额（亿元）	占比（%）
市政建设及产业园区基础设施	4050. 18	27. 37
交通基础设施	2841. 62	19. 20
教科文卫、社会事业	2733. 4	18. 47
棚改、老旧小区改造等保障性安居工程	1971. 95	13. 32
乡村振兴、农林水利	1619. 02	10. 94
生态建设、环境保护	646. 51	4. 37
支持化解中小银行风险	114	0. 77
粮油储备、物流及能源基础设施	150. 54	1. 02
其他	672. 59	4. 54
合计	14799. 81	100. 00

数据来源：根据财政部政府债务研究和评估中心发布的《地方政府债券市场报告（2021 年 1—6 月）》的相关数据整理计算。其中，新增地方政府债券资金投向根据地方上报数据汇总生成。

（三）地方政府债券期限结构

1. 发行额

从表 5-12 中可以看出，自 2016 年以来，我国地方政府债券的期限种类不断丰富，品种数量由 2016 年的 3 个，增加到 2018 年的 7 个，再到

2019 年的 8 个，截至 2021 年 6 月我国地方政府债券发行的期限种类达到 9 个。具体来看，2016 年和 2017 年有 5 年期、7 年期和 10 年期 3 个品种，2018 年有 3 年期、5 年期、7 年期、10 年期、15 年期和 20 年期和 30 年期 7 个品种，2019 年和 2020 年有 2 年期、3 年期、5 年期、7 年期、10 年期、15 年期、20 年期和 3 年期 8 个品种，到 2021 年 6 月为止有 1 年期、2 年期、3 年期、5 年期、7 年期、10 年期、15 年期、20 年期和 30 年期共 9 个品种。

此外，从表 5-12 中还可以看出，当前我国地方政府债券的期限以 5 年期、7 年期和 10 年期等中期品种为主。以 2020 年为例，5 年期、7 年期和 10 年期的地方政府债券发行额占比分别为 10. 32%、10. 97%和 30. 88%，三者合计占当年债券发行总额比重高达 52. 17%。另外，在 5 年期、7 年期和 10 年期 3 类品种中，各自发行额的变化趋势存在差异。在 2016—2020 年，5 年期的地方债份额总体呈现出先上升后下降的趋势，由 2016 年的 19. 53%增加至 2018 年的 46. 99%，再减少至 2020 年的 10. 32%。7 年期的地方债规模份额呈现出递减的趋势，由 2016 年的 45. 02%下降至 2018 年的 24. 39%，再到 2020 年的 10. 97%。10 年期的地方债份额总体呈现出先下降后上升的变化趋势，由 2016 年的 35. 45%，下降至 2018 年的 18. 30%，然后再上升至 2020 年的 30. 88%。

表 5-12　2016—2020 年我国地方政府各期限债券发行额比重

期限（年）	2016 年	2017 年	2018 年	2019 年	2020 年
1	—	—	—	—	—
2	—	—	—	0. 23%	0. 05%
3	—	—	8. 92%	4. 73%	2. 03%
5	19. 53%	41. 60%	46. 99%	31. 66%	10. 32%
7	45. 02%	33. 64%	24. 39%	16. 48%	10. 97%
10	35. 45%	24. 76%	18. 30%	28. 30%	30. 88%
15	—	—	0. 41%	3. 87%	16. 04%
20	—	—	0. 94%	4. 40%	11. 09%
30	—	—	0. 05%	10. 33%	18. 63%
总计	100. 00%	100. 00%	100. 00%	100. 00%	100. 00%

数据来源：根据财政部政府债务研究和评估中心发布的《地方政府债券市场报告（2021 年 1—6 月）》的相关数据整理计算。

2. 利率

依据表5-13，对地方政府债券平均发行利率进行分析。横向地看，1月，地方政府债券平均发行利率3.37%，环比下降9bp，同比下降13bp。2月，地方政府债券平均发行利率3.45%，环比上升8bp，同比上升11bp。3月，地方政府债券平均发行利率3.44%，环比下降1bp，同比上升25bp。4月，地方政府债券平均发行利率3.48%，环比上升4bp，同比上升57bp。5月，地方政府债券平均发行利率3.43%，环比下降5bp，同比上升22bp。6月，地方政府债券平均发行利率3.46%，环比上升3bp，同比上升23bp。1—6月，地方政府债券平均发行利率3.44%，比2020年同期上升17bp。2021年以来，平均发行利率窄幅波动，区间在3.37%~3.48%，主要是货币市场利率走势较为平稳。2021年1—6月，纵向地看，1年期、2年期、3年期、5年期、7年期、10年期、15年期、20年期和30年期对应的地方政府债券平均发行利率分别是2.59%、2.88%、3.07%、3.24%、3.38%、3.42%、3.73%、3.84%、3.88%。

表5-13　2021年1—6月地方政府债券平均发行利率（分期限）　单位:%

期限（年）	2021年1月	2021年2月	2021年3月	2021年4月	2021年5月	2021年6月	2021年1—6月
1					2.59		2.59
2					2.86	2.88	2.88
3	3.04		3.18	3.13	3.01	3.01	3.07
5	3.22		3.33	3.25	3.18	3.22	3.24
7	3.39	3.44	3.48	3.41	3.33	3.31	3.38
10	3.43	3.45	3.5	3.43	3.39	3.36	3.42
15			3.83	3.78	3.71	3.71	3.73
20			3.95	3.9	3.84	3.81	3.84
30			3.98	3.93	3.87	3.86	3.88
平均	3.37	3.45	3.44	3.48	3.43	3.46	3.44

数据来源：根据财政部政府债务研究和评估中心发布的《地方政府债券市场报告（2021年1—6月）》的相关数据整理计算。

依据表5-14，对地方政府一般债券平均发行利率进行分析。横向地看，1月，地方政府一般债券平均发行利率3.35%。2月，地方政府一般债券平均发行利率 3.45%。3 月，地方政府一般债券平均发行利率 3.41%。4 月，地方政府一般债券平均发行利率 3.4%。5 月，地方政府一般债券平均发行利率 3.32%。6 月，地方政府一般债券平均发行利率 3.33%。1—6 月，地方政府一般债券平均发行利率 3.36%，比 2020 年同期上升 17bp。2021 年以来，平均发行利率窄幅波动，区间在 3.32%~3.45%，主要是货币市场利率走势较为平稳。2021 年 1—6 月，纵向地看，1 年期、2 年期、3 年期、5 年期、7 年期、10 年期、15 年期和 30 年期对应的地方政府一般债券平均发行利率分别是 2.59%、2.86%、3.09%、3.24%、3.39%、3.42%、3.71%、3.88%。

表 5-14　2021 年 1—6 月地方政府一般债券平均发行利率（分期限）

单位：%

期限（年）	2021 年 1 月	2021 年 2 月	2021 年 3 月	2021 年 4 月	2021 年 5 月	2021 年 6 月	2021 年 1—6 月
1					2.59		2.59
2					2.86		2.86
3	3.04		3.18	3.13	3.01	3.01	3.09
5	3.22		3.33	3.24	3.18	3.23	3.24
7	3.39	3.44	3.48	3.41	3.34	3.32	3.39
10	3.41	3.45	3.5	3.41	3.39	3.35	3.42
15					3.69	3.72	3.71
20							
30					3.86	3.89	3.88
平均	3.35	3.45	3.41	3.4	3.32	3.33	3.36

数据来源：根据财政部政府债务研究和评估中心发布的《地方政府债券市场报告（2021 年 1—6 月）》的相关数据整理计算。

依据表 5-15，对地方政府专项债券平均发行利率进行分析。横向地看，1 月，地方政府专项债券平均发行利率 3.41%。2 月，地方政府专项债券平均发行利率 3.45%。3 月，地方政府专项债券平均发行利率 3.47%。4 月，地方政府专项债券平均发行利率 3.59%。5 月，地方政府专项债券平均发行利率 3.54%。6 月，地方政府专项债券平均发行利率 3.51%。1—

6月，地方政府专项债券平均发行利率3.52%。2021年以来，平均发行利率窄幅波动，区间在3.41%~3.59%，主要是货币市场利率走势较为平稳。纵向地看，2021年1—6月，1年期、2年期、3年期、5年期、7年期、10年期、15年期、20年期和30年期对应的地方政府专项债券平均发行利率分别是2.59%、2.88%、3.01%、3.24%、3.36%、3.42%、3.73%、3.84%、3.88%。

表5-15　2021年1—6月地方政府专项债券平均发行利率（分期限）

单位：%

期限（年）	2021年1月	2021年2月	2021年3月	2021年4月	2021年5月	2021年6月	2021年1—6月
1					2.59		2.59
2						2.88	2.88
3	3.04			3.12	3.01	3.01	3.01
5	3.21		3.32	3.25	3.17	3.2	3.24
7	3.39	3.44	3.48	3.39	3.3	3.31	3.36
10	3.46	3.45	3.5	3.43	3.39	3.36	3.42
15			3.83	3.78	3.71	3.71	3.73
20			3.95	3.9	3.84	3.81	3.84
30			3.98	3.93	3.87	3.85	3.88
平均	3.41	3.45	3.47	3.59	3.54	3.51	3.52

数据来源：根据财政部政府债务研究和评估中心发布的《地方政府债券市场报告（2021年1—6月）》的相关数据整理计算。

3. 平均全场倍数

从认购倍数看，1月地方政府债券发行平均全场倍数为21.58倍。2月地方政府债券发行平均全场倍数为14.29倍。3月地方政府债券发行平均全场倍数为23.40倍。4月地方政府债券发行平均全场倍数为21.62倍。5月地方政府债券发行平均全场倍数为23.10倍。6月地方政府债券发行平均全场倍数为22.16倍。不同期限债券发行平均全场倍数见表5-16。

表 5-16　2021 年 1—6 月地方政府债券发行平均全场倍数（分期限）

单位：倍

期限（年）	2021 年 1 月	2021 年 2 月	2021 年 3 月	2021 年 4 月	2021 年 5 月	2021 年 6 月
1					33.6	
2					29.14	9.76
3	9.87		21.6	20.1	22.26	17.17
5	21.59		25.59	22.38	24.17	21.48
7	24.43	18.86	23.33	23.19	20.61	21.39
10	20.19	11.54	22.58	19.05	22.69	21.38
15			33.94	26.79	22.28	21.36
20			33.48	24.18	26.21	23.2
30			33.33	23.98	27.4	29.29
平均倍数	21.58	14.29	23.40	21.62	23.10	22.16

数据来源：财政部政府债务研究和评估中心发布的《地方政府债券市场报告（2021 年 1—6 月）》。

4. 发行利差

从债券发行利差[①]看，1 月地方政府债券发行利差区间为 20bp～49bp，利差均值[②]为 27bp。环比利差区间扩大，下限下降 3bp，上限上升 3bp，利差均值下降 5bp。2 月地方政府债券发行利差区间为 22bp～23bp，利差均值为 23bp。环比利差区间缩小，下限上升 2bp，上限下降 26bp，利差均值下降 4bp。3 月地方政府债券发行利差区间为 21bp～29bp，利差均值为 26bp。环比利差区间扩大，下限下降 1bp，上限上升 6bp，利差均值上升 3bp。4 月地方政府债券发行利差区间为 21bp～31bp，利差均值为 25bp。环比利差区间扩大，下限持平，上限上升 2bp，利差均值下降 1bp。5 月地方政府债券发行利差区间为 22bp～33bp，利差均值为 27bp。环比利差区间扩大，下限上升 1bp，上限上升 2bp，利差均值上升 2bp。6 月地方政府债券发行利差区间为 10bp～43bp，利差均值为 23bp。环比利差区间扩大，下限下降

① 发行利差＝债券发行利率－发行当日同期限国债收益率。

② 利差均值＝Σ（发行利率－发行当日同期限国债收益率）/债券只数。

12bp，上限上升 10bp，利差均值下降 4bp[①]（详见表 5-17）。

表 5-17　2021 年 1—6 月地方政府债券发行利差均值（分期限）　单位：bp

期限（年）	2021 年 1 月	2021 年 2 月	2021 年 3 月	2021 年 4 月	2021 年 5 月	2021 年 6 月
1					25	
2					26	21
3	20		25	25	28	22
5	23		26	25	26	23
7	24	22	26	25	26	23
10	30	23	27	25	27	25
15			28	26	27	24
20			28	26	27	24
30			27	27	27	20

数据来源：根据财政部政府债务研究和评估中心发布的《地方政府债券市场报告（2021 年 1—6 月）》的相关数据整理计算。

（四）地方政府债券投资者结构

1. 现券交易情况

从现券交易情况看，当前我国地方政府债券交易市场主要以银行间债券市场为主。具体来看 2021 年 1—6 月，地方政府债券二级市场现券交易金额分别为 8091. 76 亿元、3996. 65 亿元、13733. 58 亿元、13946. 00 亿元、14737. 16 亿元、15592. 37 亿元，其中，银行间债券市场现券交易金额分别是 8025. 71 亿元、3944. 19 亿元、13550. 54 亿元、13876. 58 亿元、14687. 74 亿元、15416. 33 亿元，1—6 月合计 69501. 09 亿元。上海证券交易所现券交易金额分别是 56. 2 亿元、49. 97 亿元、181. 39 亿元、66. 11 亿元、48. 78 亿元、167. 28 亿元，1—6 月合计 569. 73 亿元。深圳证券交易

① 相关数据来自财政部政府债务研究和评估中心发布的《地方政府债券市场报告（2021 年 1—6 月）》。

所现券交易金额分别是 9.85 亿元、2.49 亿元、1.65 亿元、3.31 亿元、0.64 亿元、8.78 亿元，1—6 月合计 26.7 亿元（详细见表 5-18）。

表 5-19　2021 年 1—6 月地方政府债券二级市场现券交易情况

	银行间债券市场		上海证券交易所		深圳证券交易所	
	金额（亿元）	比重（%）	金额（亿元）	比重（%）	金额（亿元）	比重（%）
2021 年 1 月	8025.71	99.18	56.20	0.70	9.85	0.12
2021 年 2 月	3944.19	98.69	49.97	1.25	2.49	0.06
2021 年 3 月	13550.54	98.67	181.39	1.32	1.65	0.01
2021 年 4 月	13876.58	99.50	66.11	0.48	3.31	0.02
2021 年 5 月	14687.74	99.66	48.78	0.33	0.64	0.01
2021 年 6 月	15416.33	98.87	167.28	1.07	8.76	0.06
2021 年 1—6 月	69501.09	99.14	569.73	0.82	26.70	0.04

数据来源：根据财政部政府债务研究和评估中心发布的《地方政府债券市场报告（2021 年 1—6 月）》的相关数据整理计算。

2. 投资者结构

截至 2021 年 6 月末，银行间债券市场投资者持有地方政府债券 266372.09 亿元，占比 97.18%；柜台市场投资者持有 47.40 亿元，占比 0.02%；其他市场投资者持有 7680.08 亿元，占比 2.80%。银行间债券市场投资者中，商业银行持有 231734.05 亿元，占比 84.54%；信用社持有 1557.99 亿元，占比 0.57%；保险机构持有 7556.58 亿元，占比 2.76%；证券公司持有 2129.55 亿元，占比 0.78%；非法人产品持有 9292.30 亿元，占比 3.39%；其他境内机构持有 14504.42 亿元，占比 5.13%；境外机构持有 47.20 亿元，占比 0.02%[①]。地方政府债券 6 月末投资者持有结构情况见表 5-19 和图 5-6。

① 数据来源：财政部政府债务研究和评估中心发布的《地方政府债券市场报告（2021 年 1—6 月）》。

表 5-19　地方政府债券 2021 年 6 月末投资者持有结构情况

持有机构		金额（亿元）	占比（%）
银行间市场	商业银行	231734.05	84.54
	信用社	1557.99	0.57
	保险机构	7556.58	2.76
	证券公司	2129.55	0.78
	非法人产品	9292.30	3.39
	境外机构	47.20	0.02
	其他	14504.42	5.13
柜台市场		47.40	0.02
其他市场		7680.08	2.80
合计		274549.57	100.00

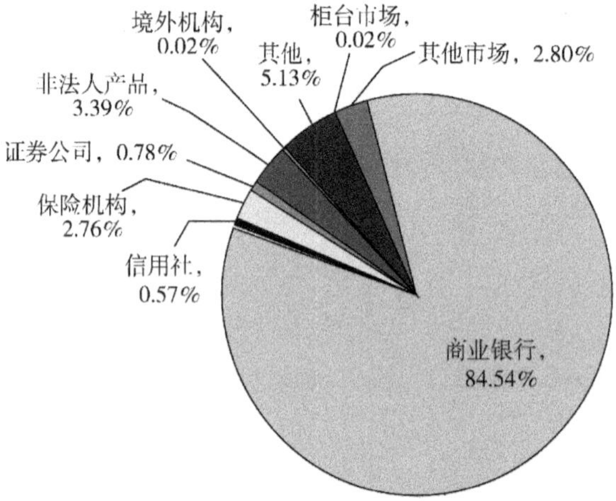

图 5-6　地方政府债券 2021 年 6 月末投资者持有结构情况

二、中国地方政府债券市场结构存在的问题

（一）专项债券规模增长较快

自 2015 年地方债市场全面启动自发自还以来，我国地方政府债务规

模持续快速增长，经济发展的承债能力不断减弱。其中，地方政府专项债券的迅速扩容，是导致我国地方债务整体规模出现较快增长的一个关键因素。在“十三五”期间，我国地方政府专项债券发行规模由2015年的9692亿元迅速增加到2020年的41405亿元，年均增长率高达65.44%。而在此期间，地方政府一般债券发行规模却由2015年的28658亿元，减少至2020年的23034亿元。地方政府专项债是以对应的政府性基金或专项收入偿还。土地出让收入是政府性基金收入的主要来源，与一个地区的房价紧密关联，具有一定程度上的不稳定性。因此，地方政府专项债券规模的快速增长，容易造成潜在债务风险持续扩大。接下来，分别从地方政府债券限额、发行额和余额等方面，来说明当前我国地方政府债券比重过高的问题。

1. 限额

从债券限额看，2015—2021年，我国地方政府一般债券限额规模年均增长率为8.70%。而专项债券限额规模由2015年的60802亿元，扩张至2021年的181685亿元，年均增长高达33.14%，显著高于同期一般债券和财政收入以及GDP的增长率。从一般债券限额和专项债券限额各自的份额比较来看，我国地方政府一般债券限额占比呈现出持续下降的趋势。具体来看，由2015年的62.02%，减少到2017年的61.37%，再到2019年的55.28%，2021年我国地方政府一般债券限额占比为45.40%，较2015年的份额下降了16.62个百分点。相反，我国地方政府专项债券限额占比呈现出持续上升的趋势。由2015年的37.98%，增加到2017年的38.63%，再到2019年的44.72%，2021年我国地方政府专项债券限额占比为54.60%，较2015年的份额增加了16.62个百分点（详见表5-20）。在这短短的7年期间，与一般债券的比重相比，专项债券的份额由2015年落后24.04个百分点，到2021年领先9.2个百分点[①]。另外，从图5-7中可以看出，在2020年我国专项债券限额的比重首次超过一般债券，而且两者的差距有不断扩大的趋势。

① 数据来源：根据中国地方政府债券信息公开平台网站相关原始数据整理计算。

表 5-20　2015—2021 年我国地方政府一般债券和专项债券限额及其比重

		2015 年	2016 年	2017 年	2018 年	2019 年	2020 年	2021 年
一般债券	规模（亿元）	99272	107159	115478	123789	133089	142889	151089
	占比（%）	62.02	62.35	61.37	58.95	55.28	49.60	45.40
专项债券	规模（亿元）	60802	64716	72696	86185	107685	145185	181685
	占比（%）	37.98	37.65	38.63	41.05	44.72	50.40	54.60
总计	规模（亿元）	160074	171874	188174	209974	240774	288074	332774
	占比（%）	100.00	100.00	100.00	100.00	100.00	100.00	100.00

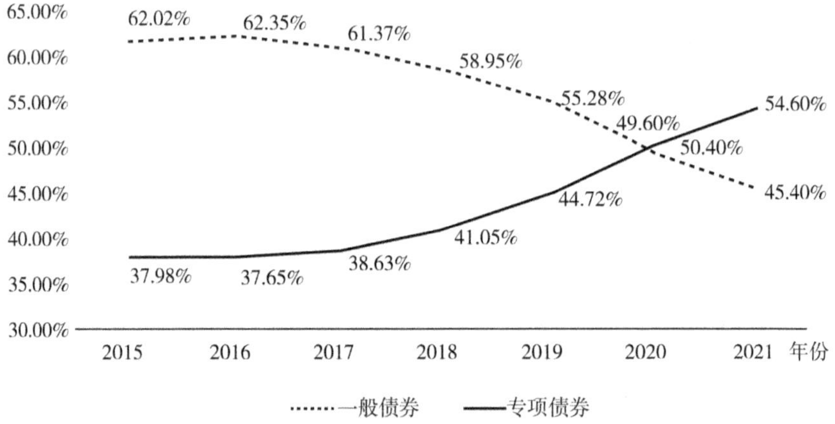

图 5-7　2015—2021 年我国地方政府一般债券和专项债券限额比重变化趋势

从债券新增限额看，2015—2021 年，我国地方政府一般债券新增限额规模年均增长率为 10.67%。而专项债券限额规模由 2015 年的 1000 亿元，扩张至 2021 年的 36500 亿元，增幅超过 30 倍以上，显著高于同期一般债券和财政收入以及 GDP 的增长率。从一般债券限额和专项债券限额各自的份额比较来看，我国地方政府一般债券新增限额占比呈现出持续下降的趋势。具体来看，由 2015 年的 83.33%，减少到 2017 年的 50.92%，再到 2019 年的 30.19%，2021 年我国地方政府一般债券新增限额占比为 18.34%，较 2015 年的份额下降了 64.99 个百分点。相反，我国地方政府专项债券新增限额占比呈现出持续上升的趋势。由 2015 年的 16.67%，增加到 2017 年的 49.08%，再到 2019 年的 69.81%，2021 年我国地方政府专项债券新增限额占比为 81.66%，较 2015 年的份额增加了 64.99 个百分点

（详见表5-21）。在这短短的7年期间，与一般债券的比重相比，专项债券的份额由2015年落后66.66个百分点，到2021年领先63.32个百分点①。另外，从图5-8中可以看出，在2018年我国专项债券新增限额的比重首次超过一般债券，而且两者差距扩大的趋势非常明显。

表5-21　2015—2021年我国地方政府一般债券和专项债券新增限额及其比重

		2015年	2016年	2017年	2018年	2019年	2020年	2021年
一般债券	规模（亿元）	5000	7800	8300	8300	9300	9800	8200
	占比（%）	83.33	66.10	50.92	38.07	30.19	20.72	18.34
专项债券	规模（亿元）	1000	4000	8000	13500	21500	37500	36500
	占比（%）	16.67	33.90	49.08	61.93	69.81	79.28	81.66
总计	规模（亿元）	6000	11800	16300	21800	30800	47300	44700
	占比（%）	100.00	100.00	100.00	100.00	100.00	100.00	100.00

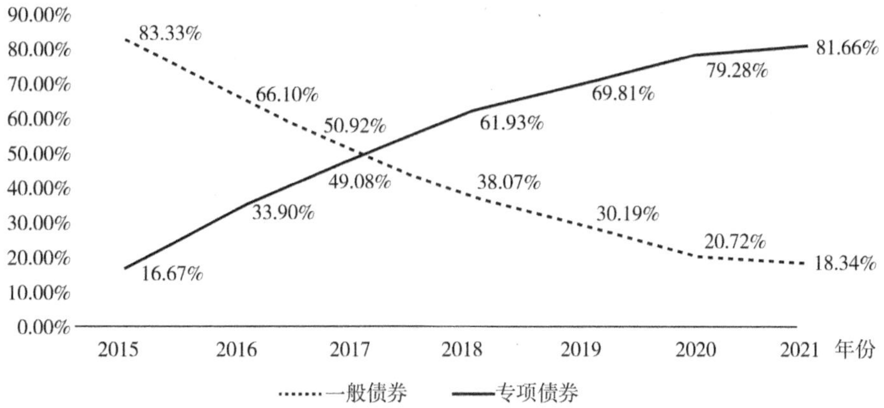

图5-8　2015—2021年我国地方政府一般债券和专项债券新增限额比重变化趋势

2. 发行额

从债券发行额看，2015—2020年，我国地方政府一般债券发行规模年均增长率为-3.92%。而专项债券发行规模由2015年的9692亿元，扩张至2020年的41405亿元，年均增长高达65.44%，显著高于同期一般债券和财政收入以及GDP的增长率。从一般债券发行额和专项债券发行额各自的份额比较来看，我国地方政府一般债券发行额占比呈现出持续下降的趋

① 数据来源：根据中国地方政府债券信息公开平台网站相关原始数据整理计算。

势。具体来看，由 2015 年的 74.73%，减少到 2017 年的 54.20%，再到 2019 年的 40.67%，2020 年我国地方政府一般债券发行额占比为 35.75%，较 2015 年的份额下降了 38.98 个百分点。相反，我国地方政府专项债券发行额占比呈现出持续上升的趋势。由 2015 年的 25.27%，增加到 2017 年的 45.80%，再到 2019 年的 59.33%，2020 年我国地方政府专项债券发行额占比为 64.26%，较 2015 年的份额增加了 38.98 个百分点（详见表 5-22）。在这短短的 6 年期间，与一般债券的比重相比，专项债券的份额由 2015 年落后 49.46 个百分点，到 2020 年领先 28.51 个百分点①。另外，从图 5-9 可以看出，在 2019 年我国专项债券发行额的比重首次超过一般债券，而且两者的差距有不断扩大的趋势。

表 5-22　2015—2020 年我国地方政府一般债和专项债发行额及其比重

		2015 年	2016 年	2017 年	2018 年	2019 年	2020 年
一般债券	规模（亿元）	28658	35340	23620	22192	17742	23034
	占比（%）	74.73	58.45	54.20	53.28	40.67	35.75
专项债券	规模（亿元）	9692	25118	19961	19459	25882	41405
	占比（%）	25.27	41.55	45.80	46.72	59.33	64.26
总计	规模（亿元）	38351	60458	43581	41652	43624	64438
	占比（%）	100.00	100.00	100.00	100.00	100.00	100.00%

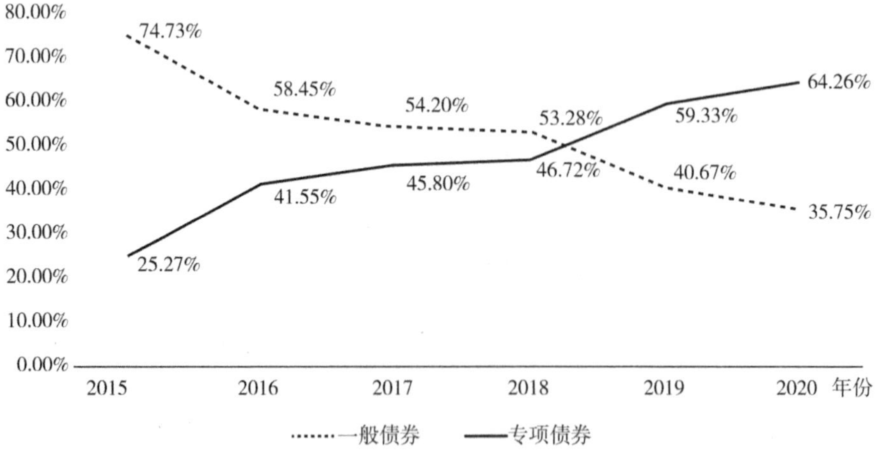

图 5-9　2015—2020 年我国地方政府一般债券和专项债券发行额比重变化趋势

① 数据来源：根据中国地方政府债券信息公开平台网站相关原始数据整理计算。

从债券新增发行额看，2015—2020 年，我国地方政府一般债券新增发行规模年均增长率为 17.99%。而专项债券新增发行规模由 2015 年的 907 亿元，扩张至 2020 年的 36019 亿元，增幅高达 38 倍以上，显著高于同期一般债券和财政收入以及 GDP 的增长率。从一般债券新增发行额和专项债券新增发行额各自的份额比较来看，我国地方政府一般债券新增发行额占比呈现出持续下降的趋势。具体来看，由 2015 年的 84.66%，减少到 2017 年的 50.08%，再到 2019 年的 29.69%，2020 年我国地方政府一般债券新增发行额占比为 20.88%，较 2015 年的份额下降了 63.78 个百分点。相反，我国地方政府专项债券新增发行额占比呈现出持续上升的趋势。由 2015 年的 15.34%，增加到 2017 年的 49.92%，再到 2019 年的 70.31%，2020 年我国地方政府专项债券新增发行额占比为 79.12%，较 2015 年的份额增加了 63.78 个百分点（详见表 5-23）。在这短短的 6 年期间，与一般债券的比重相比，专项债券的份额由 2015 年落后 69.32 个百分点，到 2020 年领先 58.24 个百分点[①]。另外，从图 5-10 可以看出，在 2018 年我国专项债券新增发行额的比重首次超过一般债券，而且两者的差距有不断扩大的趋势。

表 5-23　2015—2020 年我国地方政府一般债券和专项债券新增发行额及其比重

		2015 年	2016 年	2017 年	2018 年	2019 年	2020 年
一般债券	规模（亿元）	5005	7663	7961	8177	9073	9506
	占比（%）	84.66	65.50	50.08	37.67	29.69	20.88
专项债券	规模（亿元）	907	4037	7937	13527	21487	36019
	占比（%）	15.34	34.50	49.92	62.32	70.31	79.12
总计	规模（亿元）	5912	11700	15898	21705	30561	45525
	占比（%）	100.00	100.00	100.00	100.00	100.00	100.00

3. 余额

从债券余额看，2015—2020 年，我国地方政府一般债券余额年均增长率为 46.06%。而专项债券余额由 2015 年的 9692 亿元，扩张至 2020 年的 129220 亿元，6 年增幅高达 12 倍以上，显著高于同期一般债券和财政收入以及 GDP 的增长率。从一般债券余额和专项债券余额各自的份额比较来看，我国地方政府一般债券余额占比呈现出持续下降的趋势。具体来看，

① 数据来源：根据中国地方政府债券信息公开平台网站相关原始数据整理计算。

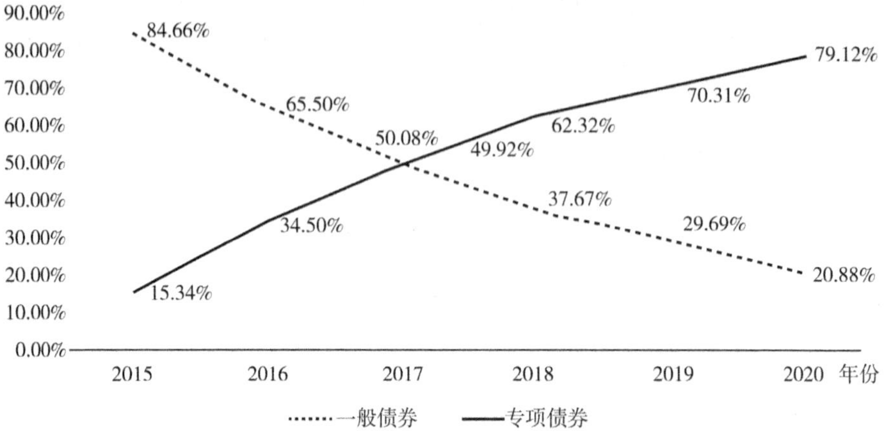

图 5-10　2015—2020 年我国地方政府一般债券和专项债券新增发行额比重变化趋势

由 2015 年的 79.92%，减少到 2017 年的 62.85%，再到 2019 年的 55.47%，2020 年我国地方政府一般债券余额占比为 49.64%，较 2015 年的份额下降了 30.28 个百分点。相反，我国地方政府专项债券余额占比呈现出持续上升的趋势。由 2015 年的 20.08%，增加到 2017 年的 37.15%，再到 2019 年的 44.53%，2020 年我国地方政府专项债券余额占比为 50.36%，较 2015 年的份额增加了 30.28 个百分点（详见表 5-24 和图 5-11）。在这短短的 6 年期间，与一般债券余额的比重相比，专项债券余额的份额由 2015 年落后 59.84 个百分点，到 2020 年领先 0.72 个百分点①，即两者份额基本持平。

表 5-24　2015—2020 年我国地方政府一般债券和专项债券余额及其比重

		2015 年	2016 年	2017 年	2018 年	2019 年	2020 年
一般债券	规模（亿元）	38568	71472	92676	108123	117137	127395
	占比（%）	79.92	67.25	62.85	59.83	55.47	49.64
专项债券	规模（亿元）	9692	34810	54771	72587	94046	129220
	占比（%）	20.08	32.75	37.15	40.17	44.53	50.36
总计	规模（亿元）	48261	106282	147449	180711	211183	256615
	占比（%）	100.00	100.00	100.00	100.00	100.00	100.00

① 数据来源：根据中国地方政府债券信息公开平台网站相关原始数据整理计算。

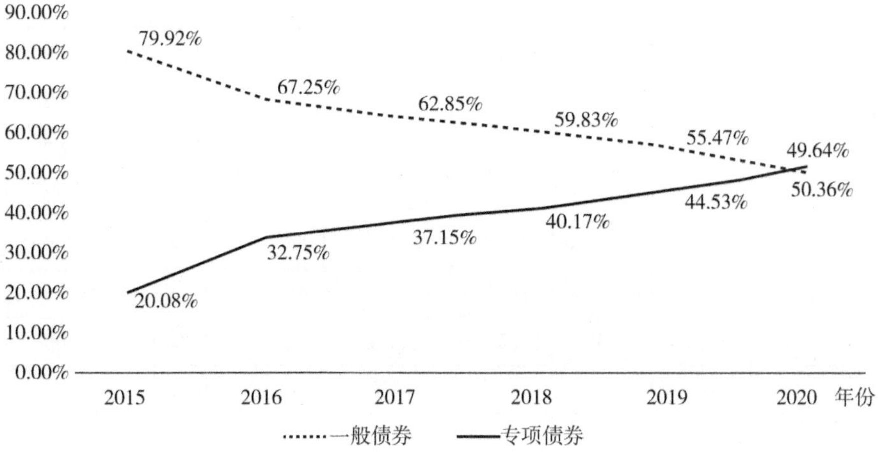

图 5-11　2015—2020 年我国地方政府一般债券和专项债券余额比重变化趋势

（二）短期期限类债券发行量较低

短期债券具有流动性强、风险低的优点，适量的短期债券促进了金融市场的发展，使债券的发行条件更为有利。特别在金融市场创立初期，更能活跃市场，为长期债券的发行奠定基础。同时，短期债券的大量发行和流通，也使中央银行有条件运用各种货币工具，吞吐债券，以达到调节货币流通和稳定金融市场的目的①。从表 5-25 中可以看出，随着我国地方政府债券发行额的不断扩大，地方债券期限品种也在不断拓宽。2016 年以来，我国地方政府债券的期限种类不断丰富，品种数量由 2016 年的 3 个，增加到 2018 年的 7 个，再到 2019 年的 8 个，截至 2021 年 6 月，我国地方政府债券的期限种类达到 9 个。但是，目前 5 年期限以下（不包含 5 年期）的债券品种，尤其是 1 年期和 2 年期的债券发行规模较低（见图 5-12），比如 2021 年 1—6 月这两个品种的债券份额均不到 0.2%②，这样非常不利于我国地方政府债券市场的发展。

---

① 韩双林，马秀岩．证券投资大辞典［M］．哈尔滨：黑龙江人民出版社，1993.

② 数据来源：Wind、根据中国地方政府债券信息公开平台网站相关原始数据整理计算。

表 5-25　2015—2021 年 6 月我国地方政府专项债券各期限品种发行额占比

期限（年）	2015 年	2016 年	2017 年	2018 年	2019 年	2020 年	2021 年 1—6 月
1							0.19%
2					0.23%	0.05%	0.19%
3				8.92%	4.73%	2.03%	4.43%
5		19.53%	41.60%	46.99%	31.66%	10.32%	13.74%
7	53.51%	45.02%	33.64%	24.39%	16.48%	10.97%	24.77%
10	46.49%	35.45%	24.76%	18.30%	28.30%	30.88%	35.26%
15				0.41%	3.87%	16.04%	7.33%
20				0.94%	4.40%	11.09%	8.40%
30				0.05%	10.33%	18.63%	5.68%
总计				100.00%	100.00%	100.00%	100.00%

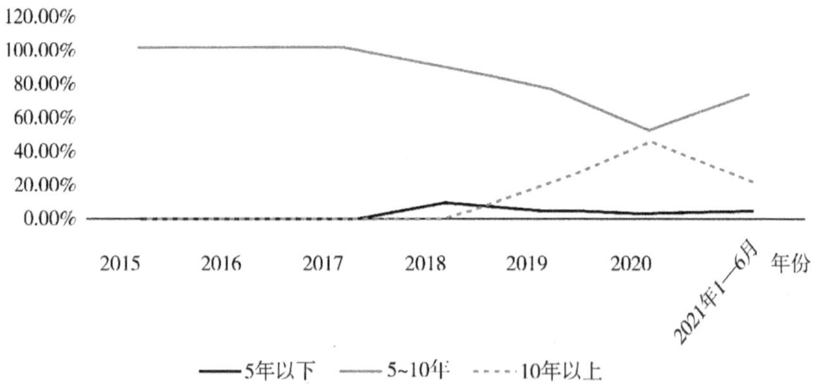

图 5-12　2015—2021 年 6 月我国地方政府专项债券各期限品种发行额占比

从不同地区来看，在东部地区，无论是从债券发行只数，还是从发行规模上看，主要以 10 年期以上的品种为主。2020 年，我国东部地区的地方政府债券 10 年期以上的发行只数和发行规模为 538 只、21664.06 亿元，分别占当年债券发行只数和总额的比重为 76.97%、80.42%。相反，5 年期限以下（不包含 5 年期）的发行只数和发行规模为 20 只、311.5 亿元，分别仅占当年债券发行只数和总额比重 2.86%、1.16%。

表 5-26　2020 年我国东部地区地方政府债券发行期限相关情况

期限（年）	发行只数（只）	占比（%）	发行额（亿元）	占比（%）
1	0	0.00	0	0.00
2	1	0.14	34.07	0.13
3	19	2.72	277.43	1.03
5	76	10.87	2181.07	8.10
7	65	9.30	2782.74	10.33
10	232	33.19	10731.3	39.84
15	140	20.03	5049.2	18.74
20	82	11.73	2634.05	9.78
30	84	12.02	3249.51	12.06
总计	699	100	26939.37	100

数据来源：根据 Wind、中国地方政府债券信息公开平台网站相关原始数据整理计算。

在中部地区，无论是从债券发行只数，还是从发行规模上看，当前该地区的政府债券同样也是以 10 年期以上的品种为主。2020 年，中部地区的地方政府债券 10 年期以上的发行只数和发行规模为 327 只、10194.96 亿元，分别占当年债券发行只数和总额比重 75.69%、71.78%。相反，5 年期限以下（不包含 5 年期）的发行只数和发行规模为 5 只、235.99 亿元，分别仅占当年债券发行只数和总额比重 1.16%、1.66%。

表 5-27　2020 年我国中部地区地方政府债券发行期限相关情况

期限（年）	发行只数（只）	占比（%）	发行额（亿元）	占比（%）
1	0	0.00	0	0.00
2	0	0.00	0	0.00
3	5	1.16	235.99	1.66
5	42	9.72	1974.64	13.90
7	58	13.43	1797.99	12.66
10	105	24.31	4115.71	28.98
15	96	22.22	2777.76	19.56
20	68	15.74	1092.44	7.69
30	58	13.43	2209.05	15.55
总计	432	100	14203.58	100.00

数据来源：根据 Wind、中国地方政府债券信息公开平台网站相关原始数据整理计算。

在西部地区，无论是从债券发行只数，还是从发行规模上看，同样也是以10年期以上的品种为主。2020年，西部地区的地方政府债券10年期以上的发行只数和发行规模为438只、13711.85亿元，分别占当年债券发行只数和总额比重76.84%、72.14%。相反，5年期限以下（不包含5年期）的发行只数和发行规模为11只、575.4亿元，分别仅占当年债券发行只数和总额比重1.93%、3.03%。

表5-28 2020年我国西部地区地方政府债券发行期限相关情况

期限（年）	发行只数（只）	占比（%）	发行额（亿元）	占比（%）
1	0	0.00	0	0.00
2	0	0.00	0	0.00
3	11	1.93	575.4	3.03
5	48	8.42	2265.43	11.92
7	73	12.81	2455.38	12.92
10	153	26.84	4136.36	21.76
15	100	17.54	2119.2	11.15
20	91	15.96	2170.41	11.42
30	94	16.49	5285.88	27.81
总计	570	100	19008.06	100.00

数据来源：根据Wind、中国地方政府债券信息公开平台网站相关原始数据整理计算。

在东北地区，同样也是以10年期以上的品种为主。2020年，东北地区的地方政府债券10年期以上的发行只数和发行规模为130只、3814.12亿元，分别占当年债券发行只数和总额比重88.44%、88.97%。相反，5年期限以下（不包含5年期）的发行只数和发行规模为2只、217.02亿元，分别仅占当年债券发行只数和总额比重1.36%、5.06%。

表5-29 2020年我国东北地区地方政府债券发行期限相关情况

期限（年）	发行只数（只）	占比（%）	发行额（亿元）	占比（%）
1	0	0.00	0	0.00
2	0	0.00	0	0.00
3	2	1.36	217.02	5.06

续表

期限（年）	发行只数（只）	占比（%）	发行额（亿元）	占比（%）
5	8	5.44	225.83	5.27
7	7	4.76	30.15	0.70
10	40	27.21	913.94	21.32
15	20	13.61	389.7	9.09
20	41	27.89	1249.19	29.14
30	29	19.73	1261.29	29.42
总计	147	100	4287.12	100.00

数据来源：Wind、中国地方政府债券信息公开平台网站相关原始数据整理计算。

三、"十四五"时期及2035年前中国地方政府债券市场结构发展趋势分析

自《2009年地方政府债券预算管理办法》（财预〔2009〕21号）首次提出将地方政府债券收入全额纳入省级预算管理以来，为提升我国地方政府债券管理的法制化环境，在建立健全地方政府债券管理法律制度的过程中，国务院、财政部、国家发展改革委员会和住建部等政府部门出台了许多关于政府债券管理的政策文件，具体内容见表5-30。其中，具有重要意义的两个文件是《中华人民共和国预算法修正案》（主席令第12号）和《国务院关于加强地方政府性债务管理的意见》（国发〔2014〕43号）。

2014年8月31日，《中华人民共和国预算法修正案》在第十二届全国人大常委会第十次会议上表决通过，标志着我国全面规范地方政府债务管理体制迈出了具有重要意义的一步。新预算法不仅明确指出了举债主体即省级地方政府，而且还规定了举债的方式、用途、偿债资金等。2014年10月2日，国务院颁布了《国务院关于加强地方政府性债务管理的意见》（国发〔2014〕43号）。43号文明确要求剥离融资平台公司政府融资职能，同时还对地方政府债务规模实行限额管理，规定地方政府举债不得突破全国人大批准的限额。这两个法律文件的出台对于进一步规范我国地方政府债务的管理，使政府债务促进经济社会发展发挥了重要作用。

表 5-30 2014 年以来我国地方政府债券管理相关政策文件

发布时间	文件名称及发文号	政策主要内容
2014 年 10 月	《国务院关于加强地方政府性债务管理的意见》(国发〔2014〕43 号)	首次赋予地方政府依法适度举债融资权限，加快建立规范的地方政府举债融资机制。同时，坚决制止地方政府违法违规举债
2015 年 3 月	《财政部关于印发〈2015 年地方政府专项债券预算管理办法〉的通知》(财预〔2015〕32 号)	财政部明确了专项债券的基本形式，预算管理、发行方式
2015 年 12 月	《关于对地方政府债务实行限额管理的实施意见》(财预〔2015〕225 号)	对地方政府债务实行限额管理，建立健全地方政府债务风险管控机制，依法妥善处理存量债务
2016 年 11 月	《财政部关于印发〈地方政府性债务风险分类处置指南〉的通知》(财预〔2016〕152 号)	提出各类政府性债务分类处置措施，明确地方政府偿债责任，实现债权人、债务人依法分担债务风险
2016 年 11 月	《地方政府一般债务预算管理办法》(财预〔2016〕154 号)	地方政府债务“借、用、还”全面纳入预算管理；一般债务和专项债务分类纳入预算管理
2016 年 11 月	《地方政府专项债务预算管理办法》(财预〔2016〕155 号)	非政府债券形式存量债务在规定期限内不同意置换，则不再计入地方政府债务
2017 年 5 月	《关于进一步规范地方政府举债融资行为的通知》(财预〔2017〕50 号)	从清理整改地方政府违规担保、强化城投企业融资管理、规范 PPP 运作模式、健全地方政府融资机制等六个方面规范地方政府举债融资行为
2017 年 8 月	《财政部关于试点发展项目收益与融资自求平衡的地方政府专项债券品种的通知》(财预〔2017〕89 号)	首次明确各地试点分类发行专项债券的规模，应当在国务院批准的本地区专项债务限额内统筹安排，包括当年新增专项债务限额、上年末专项债务余额低于限额的部分
2019 年 4 月	《财政部关于做好地方政府债券发行工作的意见》(财库〔2019〕23 号)	不断完善地方债发行机制，提升发行市场化水平；科学设计地方债发行计划，维护债券市场平稳运行；优化地方债期限结构，合理控制筹资成本；加强地方债发行项目评估，严防偿付风险；完善地方债信息披露和信用评级，促进形成市场化融资约束机制等

续表

发布时间	文件名称及发文号	政策主要内容
2020 年 12 月	《财政部关于印发〈地方政府债券发行管理办法〉的通知》财库〔2020〕43 号	从债券发行额度和期限、信用评级和信息披露、债券发行与托管、相关机构职责、监督检查等方面来规范地方债的管理

尽管“十三五”时期我国在政府债务管理体制改革方面取得了显著成效，但在地方政府债券市场结构方面，还存在短期期限债券发行规模较低、专项债券增长速度过快和投资者主体结构较为单一等问题。2021 年 3 月 12 日，新华社受权全文播发《中华人民共和国国民经济和社会发展第十四个五年规划和 2035 年远景目标纲要》（以下简称《纲要》）。其中，《纲要》第二十一章提到“建立现代财税金融体制，更好发挥财政在国家治理中的基础和重要支柱作用，增强金融服务实体经济能力，健全符合高质量发展要求的财税金融制度。完善市场化债券发行机制，稳步扩大债券市场规模，丰富债券品种，发行长期国债和基础设施长期债券”。因此，本节接下来分别从债券期限、资金使用用途和投资者结构三个方面，来分析“十四五”时期及 2035 年前中国地方政府债券市场结构发展趋势。

（一）短期期限债券持续扩容

自 2015 年地方债市场全面启动“自发自还”以来，我国地方政府债券发行规模迅速扩大，与此同时，地方债券期限品种也在不断拓宽。品种数量由 2016 年的 3 个，增加到 2018 年的 7 个，再到 2019 年的 8 个，截至 2021 年 6 月我国地方政府债券的期限种类达到 9 个，分别是 1 年期、2 年期、3 年期、5 年期、7 年期、10 年期、15 年期、20 年期和 30 年期。从表 4-5 中可以看出，近些年我国地方政府债券的期限以 5 年、7 年和 10 年等中期品种为主。以 2020 年为例，5 年期、7 年期和 10 年期的地方政府债券发行额分别为 6646. 97 亿元、7066. 25 亿元和 19897. 31 亿元，三者合计 33610. 53 亿元，占当年债券发行总额比重高达 52. 16%。2 年期和 3 年期的发行规模分别为 34. 07 亿元、1305. 84 亿元，两者分别占比 0. 05%、2. 03%。而到 2021 年我国才首次发行 1 年期的短期债券。由此可见，现阶段我国地方债发行主要是以 5 年、7 年和 10 年等中期品种为主，而短期品种发行规模较小。

一般来讲，短期债券具有流动性强、风险低的优点，往往是机构与个人投资者重要的短期投资工具。再者，适量的短期债券有利于促进金融市场的发展，从而使得债券的发行条件更为有利。特别是在金融市场创立初期，更能活跃市场，为长期债券的发行奠定基础。此外，短期地方政府债券的大量发行和流通，也使中央银行有条件运用各种货币工具，吞吐债券，以达到调节货币流通和稳定金融市场的目的①。因此，在未来有必要进一步完善地方债发行机制，扩大短期期限地方债发行规模，提高地方债的流动性。

（二）资金投向领域更加丰富

党的十九大以来，按照党中央、国务院有关精神和要求，财政部联合其他有关部门，根据《中华人民共和国预算法》《国务院关于加强地方政府性债务管理的意见》（国发〔2014〕43 号）等有关规定，制定了一系列相关政策文件，旨在规范政府新增债券资金用途和使用范围，完善地方政府专项债券管理。例如，2017 年 6 月 1 日，财政部和国土资源部发布了《地方政府土地储备专项债券管理办法（试行）》（财预〔2017〕62 号）；2017 年 7 月 13 日，财政部和交通运输部颁布了《地方政府收费公路专项债券管理办法（试行）》（财预〔2017〕97 号）；2018 年 3 月 1 日，财政部和住房城乡建设部发布了《试点发行地方政府棚户区改造专项债券管理办法》（财预〔2018〕28 号）；等等。这些政策文件的出台，为今后逐步扩大债券资金使用范围奠定了坚实基础。

从现阶段资金使用的用途来看，我国地方债新增债券资金主要用于市政建设及产业园区基础设施、交通基础设施、教科文卫、社会事业、棚改、老旧小区改造等。具体来看，2021 年 1—6 月，新增地方政府债券资金主要用于市政建设及产业园区基础设施 4050. 18 亿元（27. 37%）；交通基础设施 2841. 62 亿元（19. 20%）；教科文卫和社会事业 2733. 4 亿元（18. 47%）；棚改、老旧小区改造等保障性安居工程 1971. 95 亿元（13. 32%）；乡村振兴和农林水利 1619. 02 亿元（10. 94%）。另外，2021 年上半年，新增地方政府债券资金还用于生态建设、环境保护 646. 51 亿元，占比 4. 37%；支持化解中小银行风险 114 亿元，占比 0. 77%；粮油储

① 韩双林，马秀岩．证券投资大辞典［M］．哈尔滨：黑龙江人民出版社，1993.

备、物流及能源基础设施 150.54 亿元，占比 1.02%[①]（详见表 5-11）。因此，当前我国地方政府债券资金主要是用于基础设施和惠及民生的社会保障等领域。

2020 年 5 月 22 日的国务院政府工作报告提出，财政重点支持“两新一重”。“新型城镇化”建设是现阶段我国经济工作的重要内容。而 5G 基站建设、大数据中心、人工智能和工业物联网、特高压输电、城际高速铁路和城市轨道交通、新能源汽车充电桩等新基建也是新时代我国经济建设的重点。因此，在未来有必要扩大债券资金在“两新一重”领域的使用范围，提高专项债券用作项目资本金比例，实现放大债券资金对投资的杠杆作用效果。此外，在“十四五”期间及 2035 年中国基本实现社会主义现代化之前，尽管在绿色信贷、绿色债券等产品方面，我国已经取得了突破性的成绩，各类绿色债券发行和交易十分活跃，绿色信贷 ABS 的潜力巨大。但与此同时，客观地来讲，目前我国绿色金融产品还不能完全适应碳中和的需要，许多绿色金融产品还没有与碳足迹挂钩，碳市场和碳金融产品在配置金融资源中的作用还十分有限。因此，接下来，可以扩大地方债资金在碳市场的使用范围。

（三）适当控制专项债券的增长速度及比重

从上述有关资料可以看出，2015—2020 年，地方政府债券增长的速度远远超过了一般债券的增长速度，也超过了同期财政收入和 GDP 的增长速度，在地方政府债券余额、发行额中所占比例大幅度增加。而专项债券要求项目收益和融资相平衡，随着地方经济社会的发展，能够满足专项债券要求的项目会逐渐减少，应坚持实事求是的原则，债券发行也要与之相适应，适当控制专项债券发行的增长速度，以及在余额、发行额中所占的比例。同时，在专项债券不纳入地方政府财政赤字的条件下，防止地方政府为了增加专项债券的发行而放松发行管理，甚至包装项目、数据造假的情况出现，防范因滥发地方政府专项债券而产生的风险。

① 数据来源：根据财政部政府债务研究和评估中心发布的《地方政府债券市场报告（2021 年 1—6 月）》的相关数据整理计算。其中，新增地方政府债券资金投向根据地方上报数据汇总生成。

（四）投资者结构进一步优化

当前我国超过八成地方债由商业银行持有，地方债投资者结构仍然较为单一，市场化程度有待提高。具体来看，截至2020年6月末，商业银行持有231734.05亿元，占比84.54%；信用社持有1557.99亿元，占比0.57%；保险机构持有7556.58亿元，占比2.76%；证券公司持有2129.55亿元，占比0.78%；非法人产品持有9292.30亿元，占比3.39%；境外机构持有47.20亿元，占比0.02%；柜台市场投资者持有47.40亿元，占比0.02%；其他市场持有7680.08亿元，占比2.80%[①]。因此，不难看出，我国现阶段地方债投资者结构仍然较为单一，相对于国债等成熟券种，地方债市场化水平需要进一步提升。

近些年，国务院、财政部和中国人民银行等相关部门采取了一系列措施，旨在进一步优化投资者结构。例如，2019年3月，财政部发布的《关于开展通过商业银行柜台市场发行地方政府债券工作的通知》指出，地方政府应当通过商业银行柜台市场重点发行专项债券，更好地发挥专项债券对稳投资、扩内需、补短板的作用，增强投资者对本地经济社会发展的参与度和获得感。这是银行柜台首次发售地方债，将地方债券投资群体范围扩大至个人及中小机构。然后，2019年10月16日，中国人民银行、国家外汇管理局发布了《中国人民银行 国家外汇管理局关于进一步便利境外机构投资者投资银行间债券市场有关事项的通知》（银发［2019］240号），旨在为外资机构带来进一步便利。这一政策文件进一步将地方债投资群体扩大至境外机构。

《中华人民共和国国民经济和社会发展第十四个五年规划和2035年远景目标纲要》提出，构建高水平社会主义市场经济体制，建立现代财税金融体系。伴随着中国特色社会主义市场经济体制不断完善的同时，必然要求我国未来在财税和金融领域进一步深化开放，必然要求债券市场不断深入对外开放地方政府债券市场作为我国债券市场重要的组成部分，随着市场的高质量对外开放，和地方政府债券的管理机制逐步完善，我国地方债市场也将会越来越规范，市场化水平程度也会越来越高。因此，为实现地方债投资者结构的进一步优化，健全地方债券市场基础设施建设，提高债券市场化水平，有必要提高个人和中小机构以及境外机构持有地方债的份额。

---

① 数据来源：财政部政府债务研究和评估中心发布的《地方政府债券市场报告（2021年1—6月）》。

第六章　中国地方政府债券市场绩效发展研究

地方政府通过债券市场发行地方政府债券，筹集资金，开展地方经济社会发展项目建设，但债券资金需要还本付息，只有建设项目取得了良好的经济社会绩效，项目本身有收益，或者在整体上培育税源，增加财政收入，地方财政才能按期还本付息。因此，加强管理提高资金绩效，成为地方政府债券市场管理的关键环节之一。

一、中国地方政府债券市场绩效现状

（一）我国地方政府债券市场绩效发展

中国特色社会主义进入新时代后，经济形势和发展理念发生深刻变化。大规模的债务性投资成为地方政府进行供给侧结构性改革和促进经济高质量发展的重要支撑手段，而能否达到这一目标，很大程度上依赖于地方政府债务资金的绩效管理，构建以绩效为导向的政府债务预算管理体系，是发挥地方政府债务资金对经济高质量发展能否发挥积极作用的关键所在。

2017 年党的十九大报告指出“建立全面规范透明、标准科学、约束有力的预算制度，全面实施绩效管理”，并提出了以防范化解重大风险为首的三大攻坚战部署。2018 年 7 月，中央全面深化改革委员会审议通过《中共中央 国务院关于全面实施预算绩效管理的意见》（财预〔2018〕167 号，以下简称《意见》），对全面实施预算绩效管理进行了统筹规划和顶层设计，《意见》要求“到 2020 年底中央和省级层面要基本建成全方位、全过程、全覆盖的预算管理体系，既要提高本级财政资源配置效率和使用效益，又要加强对下转移支付的绩效管理，防止财政资金损失浪费；到 2022 年底市县层面要基本建成全方位、全过程、全覆盖的预算绩效管理体系，做到‘花钱必问效、无效必问责’，大幅提升预算管理水平和政策实施效果”，标志着我国地方政府债券绩效管理踏上新征程。

2020年3月，为进一步深入贯彻落实《意见》，财政部在修订《财政支出绩效评价管理暂行办法》（财预〔2011〕285号）基础上，结合绩效自评管理有关要求，印发了《项目支出绩效评价管理办法》（财预〔2020〕10号），针对预算项目支出，主要从六个方面对项目绩效评价管理进行了完善：第一，拓展了绩效评价范围。明确绩效评价范围涵盖一般公共预算、政府性基金预算、国有资本经营预算的所有项目支出。第二，健全了绩效评价体系。单位自评、部门评价和财政评价三者各有侧重、相互衔接。第三，完善了绩效评价指标、标准和方法。第四，提高了绩效评价的科学性。首先，为方便与评级结果相互比较，对单位自评的一级指标权重进行了统一设置。其次，为突出结果导向，规定产出、效益指标权重不低于60%。再次，为提高绩效评价工作质量和可操作性，优化了评价工作程序，完善了绩效评价指标体系参考框架和评价报告参考提纲。最后，为确保绩效评价独立、客观、公正，明确财政和部门评价时，可委托第三方机构和专家实施，并加强对第三方的指导和监督管理。第五，增强了绩效评价结果的约束力。首先，健全了评价结果反馈制度和整改责任制。其次，建立了评价结果挂钩机制。最后，完善了评价结果公开机制。第六，建立了责任追究机制。首先，对使用财政资金严重低效无效并造成重大损失的项目责任人，要按照相关规定追责问责。其次，对各级财政部门、预算部门和单位及其工作人员在绩效评价管理工作中存在的违规违法行为依法追究相应责任。

2021年7月，为加强地方政府专项债券项目资金绩效管理，提高专项债券资金使用效益，有效防范政府债务风险，财政部印发《地方政府专项债券项目资金绩效管理办法》（财预〔2021〕61号，以下简称《办法》），从事前绩效评估、绩效目标管理、绩效运行监控、绩效评价管理、评价结果应用五个环节对专项债券项目资金绩效进行管理。第一，明确专项债券绩效信息公开信息和公开渠道。《办法》规定地方各级财政部门负责组织实施本地区绩效评价结果公开工作，指导项目主管部门和项目单位每年6月底前公开上年度专项债券项目资金绩效评价结果。绩效评价结果要在全国统一的地方政府债务信息公开平台上公开。第二，突出绩效管理结果的激励约束作用。将专项债券项目资金绩效管理结果作为专项债券额度分配和运营期财政补助资金分配的重要测算因素，并与有关管理措施和政策试点等挂钩。第三，强化事前绩效评估。将事前绩效评估作为项目进入专项债券项目库的必备条件以及是否获得专项债券资金支持的重要参考依据。

第四，加强绩效目标追踪。将绩效目标设置作为安排专项债券资金的前置条件，对严重偏离绩效目标的项目要暂缓或停止拨款，督促及时整改，对于项目无法实施或存在严重问题的要及时追回专项债券资金并按程序调整用途。第五，鼓励引入第三方机构，对重大项目开展重点绩效评价。

2021 年 8 月，在《意见》以及《项目支出绩效评价管理办法》等文件基础上，为加强源头规范，进一步提升绩效目标管理质量，财政部印发了《中央部门项目支出核心绩效目标和指标设置及取值指引（试行）》（财预〔2021〕101 号），针对绩效目标和指标设置不科学、不规范，指标值不合理等问题，从四方面进行了有效的引导规范：第一，明确了指标设置思路。要求各部门各单位编制绩效目标时，要按照确定项目绩效目标、分解细化指标、设置指标值三个步骤，逐步分解设置绩效目标和指标。第二，突出了指标设置原则。提炼了高度关联、重点突出、量化易评三项原则，并阐述了各项原则的具体要求。第三，规范了绩效指标类型和设置要求。明确绩效指标包括成本指标、产出指标、效益指标和满意度指标四类一级指标，并逐项对一级指标和相关二级指标的定义、设定情形进行了解释说明。第四，细化了绩效指标的具体编制方法。对绩效指标名称及解释、绩效指标来源、指标值设定依据、指标完成值取值方式、指标完成数据来源、指标赋分规则、指标分值权重、佐证材料要求等内容进行说明和举例，对相关需填报内容进行规范。同时，设计《中央部门本季项目核心绩效指标表模板》，加强标准化规范性管理。

（二）地方政府债务绩效管理实践

全面实施预算绩效管理，是推进国家治理体系和治理能力现代化的内在要求，也是深化财税体制改革、建立现代化制度的重要内容。作为全面实施预算绩效管理的重要组成部分，地方政府债务预算管理主要以地方政府债务为对象，将绩效理念、方法融入地方政府债务运行全过程及债务项目全生命周期的预算管理模式，强调地方政府债务预算管理、绩效管理和项目管理的有机融合，以实现合规、有效和高效的债务管理和项目执行。为探索地方政府债务绩效管理体制机制建设，部分省份已率先进行了实践并取得了一定的成果。

1. 安徽省债务绩效管理实践

2015 年，为加强政府债券资金管理，强化支出责任和效率，安徽省财政厅制定《关于开展 2015 年度新增地方政府债券资金绩效评价工作的通知》

（财债〔2016〕136号），明确绩效评价范围为市、县（区）使用2015年度新增地方政府债券资金组织实施的项目，评价内容主要包括项目进展、管理措施、完成投资额、资金到位和项目产出及效果等情况，评价结果采用市、县（区）自评的方式，由财政部门组织实施，也可委托第三方机构独立评价。

2017年4月，安徽省财政厅发布《安徽省财政厅关于2015年度新增政府债券资金绩效评价情况的报告》（财债〔2017〕118号，以下简称《报告》），就安徽省16个市的绩效评价结果从以下四方面进行了汇总：第一，绩效评价工作开展情况。安徽省各市认真研究制订绩效评价工作方案，设立绩效评价指标体系，对评价目标、评价依据、评价方式方法、评价程序、评价范围、评价指标、评价进度安排、评价人员的组成、评价报告的形式等问题予以明确规定，采用自行评价或第三方中介机构评价的方式，对新增债券安排项目的进展情况、投资完成情况、资金到位情况和项目产出及效果，特别是新增债券资金使用的合规性和有效性进行了认真评价。第二，新增债券资金绩效情况。2015年，安徽省新增政府债券资金275亿元，资金投向均符合国家、省的有关要求，能够有效针对当地的实际需求，投向准确，管理规范，公开透明，成效显著。第三，存在的问题。通过对新增债券资金进行绩效评价，发现当前债券资金使用过程中存在债券资金未能及时使用、拼盘项目资金衔接不畅、资金使用比较分散等问题。第四，下一步工作建议。针对债券资金使用过程中存在的问题，安徽省财政部门提出，应加快债券资金使用进度，加强债券资金使用管理，提高债券资金使用的集中度，加大绩效评价结果应用力度。

此外，关于专项债券绩效管理实践方面。2020年3月，安徽省阜阳市财政局发布《创新管理方式 不断提升专项债绩效管理水平》，从加强项目库管理、实行清单管理、加强协调调度、强化约谈通报四方面进行创新管理方式。安徽省亳州市财政局发布《加强地方政府债券管理》，突出“强化债券规范管理、强化资金跟着项目走、强化绩效评价工作”，加强地方政府专项债券管理，用好地方政府专项债券，加强资金和项目对接、提高资金使用效益，做好“六稳”工作、落实“六保”任务。

2. 河北省债务绩效管理实践

2016年河北省财政厅印发《省对市、县政府债务管理工作绩效评价办法（试行）》（冀财债〔2016〕38号），提出以绩效管理为主线，践行标准化绩效管理理念，建立科学合理的指标体系，采用督导整改、绩效评价等工作方法，推动债务管理工作持续改进提升。首先，在指标体系上，构建了包括政府债务限额管理、债券资金管理、债券项目管理、债券还本付息管理、风险防控、日常工作管理六大方面，47 项绩效指标组成的指标评价体系，从时间、质量、数量三个维度将每个指标设定成标准、评价方法，具有很强的落实精准度。其次，在绩效监控上，建立了常态化绩效督导核查机制，针对核查结果限期整改。再次，在日常管理中，以全国地方政府债务管理系统为基础，自主研发了政府债务项目管理系统和政府债券管理系统，注重日常管理过程留痕，从市县上报材料、系统提取数据、专项检查等方面科学筛选评价凭据，尽最大可能提高评价结果的客观性。最后，在结果应用上，实行“双挂钩”政策，一是与债券资金、新增债务限额分配挂钩。二是与市县财政综合绩效评价挂钩。

在专项资金绩效评价方面，为深入贯彻党的十九大“全面实施绩效管理”精神，2020 年 6—7 月，河北省财政厅、省商务厅联合对 2016—2019 年河北省开发区发展专项资金开展了绩效评价，评价内容主要包括项目立项、项目管理、项目产出和项目效果四个方面，评价认为，该专项资金立项目标清晰合理，业务和预算管理较为规范，总体实现了政策的预期目标。此外，通过绩效评价发现该专项资金使用过程中存在资金分配方案细化较晚、项目实施过程监管力度不够大、资金支付进度滞后、专项资金使用欠规范、资金分配程序有待进一步规范等问题。2021 年，为进一步规范和加强河北省开发区建设专项资金管理，充分发挥专项资金使用效益，河北省财政厅、河北省商务厅印发《河北省开发区建设专项资金管理办法》（冀财规〔2021〕5 号），明确省商务厅应加强专项资金绩效目标管理，建立专项资金预算执行“双监控”机制，年度预算执行终了时开展绩效自评，加强各市（区）对专项资金使用情况的动态管理和监督检查，对弄虚作假、截留、挤占、挪用、擅自调整、骗取专项资金的行为依照相关规定追究相应责任。

3. 陕西省债务绩效管理实践

2018 年陕西省财政厅印发《陕西省债务管理绩效评价暂行办法》（陕财办〔2018〕109 号）提出，绩效评价应遵循科学管理、综合评判、客观公正和强化激励思想原则，围绕政府举债融资机制、债务限额管理和预算管理、债务风险控制与化解情况、政府债务管理配置制度、处理存量政府债务和防止债券资金沉淀、政府债务管理能力建设、政府债务年度重点工作落实等 12 个方面进行评价。在指标构建方面，依据评价内容设定了 7 项一级指标，28 项二级指标以及包括分值、评价标准、数据来源 3 项要素的三级指标（如图 6-1 所示）。此外，增设特别加减分和“一票否决”，对违法违规举债的政府行为进行约束。在绩效评价方面，规范绩效评价数据来源，严肃绩效评分标准，以年度为周期组织实施绩效评价，由各市县自评形成自评报告报送省财政厅预算处和陕西省政府债务管理中心，再由陕西省债务管理中心实施考评和汇总，最终通报评价结果。在结果应用方面，采用“三等级”制度对绩效评价结果进行划分，建立市县政府履行政府债务管理职责问责机制，将评价结果作为下年新增政府债务限额分配方案、省对市县均衡转移支付分配方案及其他专项资金分配的重要参考因素。

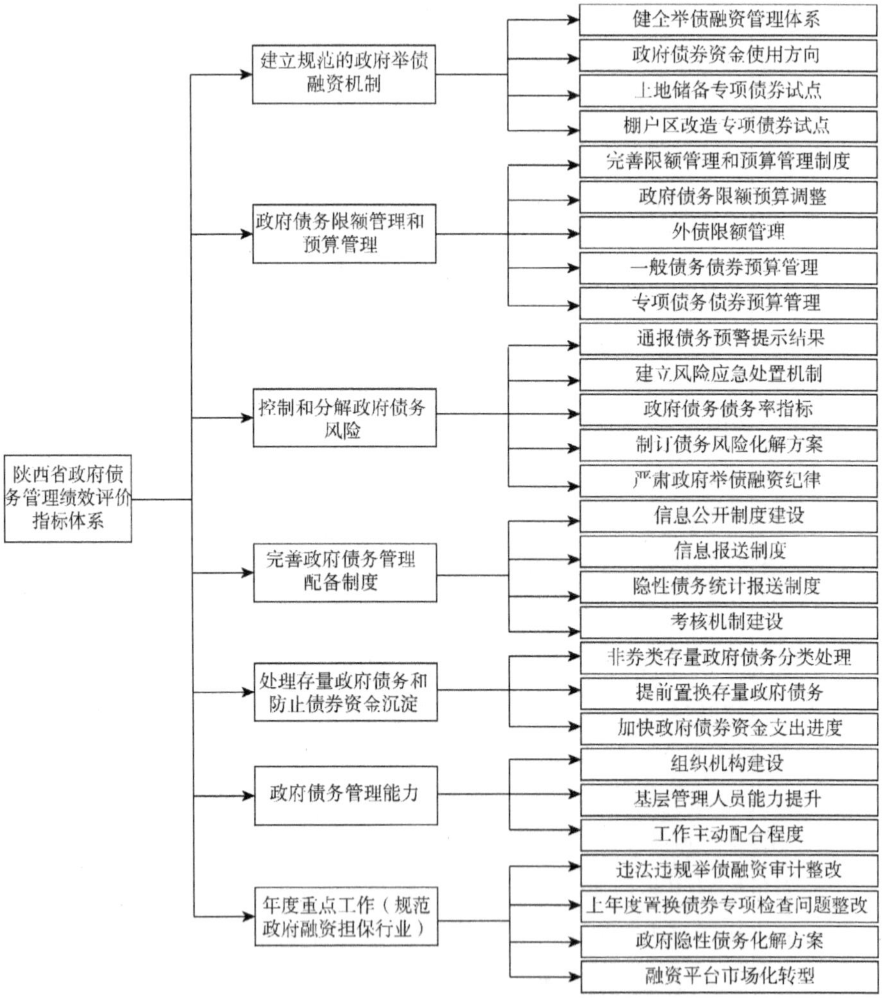

图 6-1　陕西省政府债务管理绩效评价指标体系

二、中国地方政府债券市场绩效存在的问题

地方政府债务绩效管理过程是一项系统工程，需要全方位覆盖地方政府债务管理工作和债务项目运行两方面，贯穿地方政府债务“借、用、管、还”全过程以及债务项目全生命周期，我国地方政府债务绩效管理实践正在有序进行中，但仍在法律制度建设、债券绩效目标管理和指标体系构建、债务绩效管理的过程控制、绩效考核结果的应用等方面存在不足。

（一）法律制度不够完善，无法保障绩效管理落地实施

法律是政府开展一切活动的行为准则，也是社会实施监管的重要依据。当前我国债务绩效管理实践仍处于起始阶段，2014 年新预算法实施以来，为实现地方政府的债务法制化，我国中央政府、地方政府、财政部门等出台了一系列规范性文件，例如《地方政府专项债券项目资金绩效管理办法》《中央部门项目支出核心绩效目标和指标设置及取值指引（试行）》等，这些规定，属于部门规章层次，目前还没有上升到国务院行政法规，更未出台相关法律，这导致我国地方政府债券市场绩效管理仍处于初步探索研究层面，地方政府债券资金绩效管理推进较为缓慢。

（二）债券项目绩效目标设置不够明确，指标体系设计不够科学

绩效目标和指标体系设置是地方政府债券绩效管理的关键环节，对于政府债券绩效管理具有十分重要的意义。为加强绩效目标和指标体系管理，虽然财政部出台了《中央部门项目支出核心绩效目标和指标设置及取值指引（试行）》等一系列相关文件，引导绩效目标设置，对地方政府债券绩效管理目标以及指标体系建设进行了规范引导，但在实践过程中，绩效目标填报不明确，绩效指标设置“泛化”、不科学等问题仍然严重。首先，绩效目标不明确、不准确、不能够量化，就会对绩效目标的监控、绩效目标实现的评价产生消极影响，地方政府债券项目绩效评价难以达到预期效果。同时，项目全生命周期的绩效目标与年度绩效评价目标之间衔接不够紧密。此外，还需要加强建设单位项目绩效目标设置的责任意识。其次，绩效评价指标不够科学，直接影响评价的质量，特别是地方政府专项债券资金使用范围较广，有些年份多达 30 个细分行业以上，就需要根据各

个项目行业特点，设置相应指标，才能准确反映项目绩效。目前，财政部的项目绩效评价框架解决了一、二级指标体系的设置问题，但三级指标还需要根据项目所在的行业，以及项目的具体特征细化，这些问题需要在绩效评价过程中加以解决。

（三）债券资金绩效管理过程管控不严

事前评估环节。首先，建设单位项目的前期论证不充分，项目库管理不完善，绩效目标审核不严，导致项目不能按时开工建设，或者不能按期完工，造成债券资金闲置、浪费。其次，项目管理不严格，以四川省 2020 年专项资金管理情况为例，5 个部门向不符合条件的项目安排资金 6.71 亿元，8 个部门向超出规定范围、标准或标准不充分的项目分配资金 4.23 亿元，此外，项目审批的时限过长也会导致投资时机贻误①。

事中监管环节。项目建设和运营过程中，债券资金监管不到位，绩效目标监管不力，存在债务资金拨付与转贷滞后、专项债务资金被挤占、截留或移用等问题。据 2021 年国家审计署公布的审计报告，至 2020 年底，55 个地区专项债余额 1.27 万亿元中有 413.21 亿元未严格按照用途使用，占专项债余额的 3.25%，其中 5 个地区将 204.67 亿元投向无收益或年收入不足本息支出的项目，偿债能力堪忧②。以安徽省为例，因项目前期准备不充分、规划调整等，截至审计日，6 个市、2 个县尚有 26 个 2020 年新增专项债券资金支出项目低于 50%，其中 13 个项目安排专项债券资金 14.44 亿元，仅支出 5338 万元，单项支出进度均低于 10%③。

事后评估环节。目前地方政府债券资金建设项目大部分还处在前期建设运营阶段，完成还本付息的项目较少，因而还不能有效总结地方政府债券建设项目绩效管理的经验教训，为以后开展的政府债券项目管理提供支持，绩效管理仍处于探索阶段。

---

① 数据来源：四川省审计厅．关于四川省 2020 年度省级预算执行和其他财政收支的审计工作报告［R/OL］．http：//www.sc.gov.cn/10462/10778/10876/2021/8/16/5dc5b0f5368e4dafb36430da108b2d56.shtml.

② 数据来源：中华人民共和国审计署．国务院关于 2020 年度中央预算执行和其他财政收支的审计工作报告——2021 年 6 月 7 日在第十三届全国人民代表大会常务委员会第二十九次会议上发布［R/OL］．http：//www.audit.gov.cn/n5/n26/c145346/part/75586.pdf.

③ 数据来源：安徽省审计厅．安徽省 2020 年度省级预算执行和其他财政收支的审计工作报告［R/OL］．https：//jtt.ah.gov.cn/public/21701/120554281.html.

（四）债务绩效评价结果运用不理想

绩效评价是以结果为导向，保证地方政府债券市场可持续发展的重要机制。绩效评价结果的应用，是绩效管理最后也是最关键的环节。如果不将债务绩效评价结果与政府财政资源配置、政府官员政绩考核密切关联，债务绩效评价工作的实际价值就会大打折扣，绩效管理首尾脱节，无法形成良性循环。

就目前先行的地方政府政绩考核指标和新增地方债务限额分配情况来看，债务绩效评价结果发挥的作用相对有限。一方面受限于当下债务绩效评价的客观性和可比性较差，另一方面则源自对债务绩效评价结果应用的重视程度不足、体制机制不健全。根据 2014 年国务院下发的《国务院关于深化预算管理制度改革的决定》（国发〔2014〕45 号），要求将政府性债务作为一个硬指标纳入政绩考核；此外，2016 年，国务院办公厅发文《国务院关于印发地方政府性债务风险应急处置预案的通知》（国办函〔2016〕88 号）要求“省级政府应当将地方政府性债务风险处置纳入政绩考核范围”。但均侧重于地方政府债务总额和风险水平管控，而未提及债务绩效水平尤其是债务资金使用效益。从债务预算安排与债务限额分配来看，目前的新增地方政府债务限额分配，是以地区经济发展水平、债务风险为基础，而未充分参考债务支出绩效差异，导致中西部等欠发达地区虽基础设施建设需求和投资乘数效应大，但因财力较弱、负债率偏高，可获得专项债额度较低，在一定程度上导致地区经济发展不平衡。

三、“十四五”时期及 2035 年前中国地方政府债券市场绩效发展趋势分析

党的十九大报告指出“建立全面规范透明、标准科学、约束有力的预算制度，全面实施绩效管理”，并提出以防范化解重大风险为首的三大攻坚战部署。中共中央、国务院 2018 年 9 月印发《关于全面实施预算绩效管理的意见》，对全面实施预算绩效管理进行了统筹规划和顶层设计，要求基本建成全方面、全过程、全覆盖的预算绩效管理体系，并将地方政府债务纳入预算管理。“十四五”时期，我国需要适应社会基本矛盾的转变，实现经济高质量发展。同时，还需要应对新时期下充满不确定性的国际经

济政治格局所带来的风险和挑战。在此背景下，全面实施地方政府债券市场绩效管理，有利于地方政府更好把控债务风险，发挥地方政府债券功能，推动区域经济高质量、可持续发展。

（一）建立全生命周期债券项目绩效评价体系

全生命周期债券项目绩效评价体系主要包括债券项目申报、债券项目立项、债券项目建设和债券项目运营四方面内容。

债券项目申报环节。地方政府债券项目启动筹备前，建设单位要完成项目建议书、可行性研究报告的准备，编制项目实施方案、财务测算和法律意见书。同时，完成项目绩效目标的设置，既包括全生命周期的绩效目标，也包括年度绩效目标。对绩效目标的设置，要充分考虑项目的行业属性和自身特点，具有合理性、科学性和可行性，为全生命周期的绩效评价奠定良好的基础。项目实施方案、财务测算在充分调研的基础上，扎实、可靠。债券项目立项环节，建设单位要完成项目建议书、可行性研究报告的审批，以及项目绩效目标的审批，对于绩效目标不合理，或者绩效目标模糊，难以量化和评价，不适合使用地方政府债券的项目，予以排除。在债券项目建设阶段，重点是绩效目标实施的监控。按照绩效目标监控工程施工进度、资金到位率、工程质量、生产安全等工程建设的各项指标，保证项目按期保质保量完工交付使用，及时处理存在的问题，实现预期绩效目标。债券项目运营在项目运营阶段，要考核项目还本付息的进展，以及项目社会、经济、生态绩效。在还本付息完成后，还需要开展评价。因此，形成一个全生命周期的绩效评价，并与年度绩效评价密切结合。

（二）规范绩效指标体系建设

在财政部项目评价共性指标的基础上，建立各个行业具体的绩效评价指标，形成较为完整的指标体系。首先，建立适应交通、水务、道路、教育、科技、环保、养老等各个细分行业的评价指标，满足各个行业地方政府债券资金建设项目绩效评价的需要，体现政府债券资金建设项目的防范性。其次，体现项目本身的特点。在同一个行业的项目中，具体项目在建设规模、技术要求、服务对象等方面有所差异，需要根据特定的绩效考核的要求进行指标的调整。最后，体现地域特征和要求。同一行业的建设项目，在东部、中部和西部建设，也存在一定的差异。如高速公路项目，在不同区域建设成本有较大差距。在绩效评价指标的选择上，也需要有所体现。

（三）发挥绩效评价的结果导向

首先，进一步完善地方政府债券资金使用绩效的问责制度。一方面，保证地方政府债券资金使用方向正确，提高债券资金使用绩效，从根本上防范地方政府债务风险；另一方面，问责制度与地方政府官员绩效考核相结合，可以进一步深化落实绩效管理理念。建立“举债必问效，无效必问责”的政府债券资金绩效管理机制，加强债券资金使用和对应项目实施情况监控，明确债券资金绩效管理责任约束。在地方政府债券资金绩效管理过程中，地方政府是债券资金的责任主体，而项目建设单位是债券资金的实际使用人，存在责任与义务相分离的问题，因此，要加强政府对于项目绩效的监管力度。另外，进一步完善问责的相关制度，如细化《党政领导干部选拔任用工作条例》中有关政府债务问责的制度条款，强化问责制度在地方政府以及债券项目绩效管理中的约束力。同时，加强监管部门监督检查的力度，有效督促地方政府对于地方政府债券资金的运营管理。

其次，形成以绩效评价结果为导向的债务资源分配。债务绩效评价结果应当直接影响到下期地方债务限额的分配，以及有限债务资金的投放方向。我国地方政府债务实行中央限额管理，有利于从整体上把控地方政府债务风险水平，避免债务规模恶性扩张。但应注意债务限额的分配应当有效，如限额分配的区域结构的优化、区域经济协调可持续发展等。

最后，建立地方政府债务支出动态评价调整机制。根据评价结果调整债务资金安排，奖励并优先保障评价结果好的项目，减少债务资金低效或无效使用的概率。但应当注意的是，财政预算项目的支出绩效评价，应当考虑项目产出效果的时间滞后性，以上一期的投入作为本期产出效率的考核依据相对更为合理。此外，地方政府债务绩效评价结果应当公开，接受地方人大及社会公众的监督。

（四）建立全方位绩效评价框架

目前各级财政部门建立的地方政府债券资金建设项目绩效评价体系，都是以项目为单位的微观绩效评价。但从地方政府债券项目的实际情况看，由于其项目的公益性，除项目本身的社会、经济（一般债券项目本身无经济绩效）生态绩效外，还体现为整体上对地方和国家的经济社会发展的推动作用，以及对总体税源的培养。因此，需要逐步建立项目、区域及国家整体的全方位地方政府债券绩效评价体系，建立地方政府债券区域经济社会生态绩效评价模型，以及地方政府债券宏观经济社会生态绩效评价模型，从而能够全面评价地方政府债券项目的绩效。

（五）绩效评价法律制度建设

在地方政府专项债券绩效评价制度，以及其他财政部门绩效评价制度的基础上，进一步完善一般债券绩效评价制度，将财政部等部门的绩效规章上升为国务院行政法规，颁布“地方政府债券绩效管理条例”。在条件成熟时，将其上升为国家法律，由全国人大颁布“地方政府债券绩效管理法”，或者修改预算法，设专门条款规范地方政府债券绩效管理。

第七章 中国地方政府债券市场管理体制发展研究

当前，我国正处在中国特色社会主义发展的新时代，已经从对经济高速增长的追求，转变为对高质量发展的追求。地方政府债券市场管理体制的改革，也要体现高质量发展的需要。本章对现阶段我国地方政府债券市场管理体制的现状、问题进行了梳理，以总结分析与展望未来发展趋势。

一、中国地方政府债券市场管理体制现状

（一）地方政府债券市场管理体制的内涵

地方政府债券市场管理体制，是国家经济管理体制、行政管理体制的重要组成部分。从广义上来看，地方政府债券市场管理体制是指规范地方政府债券市场的组织体系、管理制度、管理手段与方法和管理模式的总称。从狭义上来看，它则是指规定各级政府、金融机构及项目建设单位之间在地方债券发行、流通、使用和偿还等管理中的权限、责任以及利益划分的制度，其核心在于管理权限的划分。

具体而言，在管理责权利划分方面，其实质是在各级政府之间，以及财政部门、发展改革部门、其他主管部门和债券项目建设单位之间，就地方政府债券的发行、流通及偿还等方面划分管理权限与责任；就管理手段而言，就是通过利用行政、经济和法律等方式管理地方债券。此外，地方政府债券市场管理体制的构建，离不开相应的管理组织结构，地方政府举债、债券资金使用和债券还本付息，都需要相关组织机构负责办理与完成。因此，地方政府债券市场管理体制的各个组织机构，都需要根据其职能权责发挥其应有的作用，以加强地方债管理，防范化解地方债务风险。

近年来，在地方政府债券市场管理体制方面，我国逐步明确了地方政府举债限额批准、限额分配、债券发行、债券流通、债券资金使用、还本付息，以及地方债风险防控等方面的管理权责划分办法，推动了地方政府

债券市场管理体制的进一步健全与完善。现阶段，我国地方政府债券市场管理体制建设的主要依据是宪法、预算法等法律法规和规章。2014 年我国对预算法进行了修订，2015 年开始实施。新预算法从法律层面对地方政府享有的举债权进行了清晰的界定，而且严格限制了地方政府发债规模，规定其要在经国务院确定并报由全国人大审批后的限额之内。同时，这一法律还将地方政府所拥有的举债权严格地限制在省级政府这一层面，即仅省、自治区、直辖市和计划单列市（经批准可以自发债券）等政府能够依法享有地方政府举借债务的权力；而市政府、县政府则规定不得发行债券，如需举债，由省级政府代理。此外，省级财政部门对地方政府债券发行与偿还、信息公开、政府债券信用评级以及市县举债规模分配等承担总的责任，其在地方债管理体制中，是上承中央政府、下接市县级政府的桥梁。另外，人民银行、证监会根据其职责，行使对债券发行、托管、流通的管理。

（二）地方政府债券市场管理体制的发展历程

我国的地方政府债券管理体制的改革与发展。从 2009 年至今，我国地方政府债券在发行与偿还方面的变革与发展，历经了中央政府代理发行代办偿还、地方政府自发债券但偿还由中央代办，以及地方政府自发自还三个发展阶段。在地方政府债券市场管理权限方面，不同阶段的中央政府与地方政府之间的相关地方债管理权责归属存在一定的差异。

2009 年，中央政府决定代理发行地方政府债券，此举对我国地方政府债券的正式诞生具有标志性的意义，自此，我国地方政府债券开始了中央政府代发代还时期。在这一时期内发布的财预〔2009〕21 号文件规定，地方政府债券的发行规模，限制在由国务院负责审批的限额之内，并且在经由中央政府审批之后，再由财政部统一向社会发售，地方债发行的方式与财政部发行国债的方式相同。当地方政府债券到期时，还本付息由财政部统一代为办理。地方政府财政部门则需要向财政部上缴相应的地方政府债券本金、利息以及相关发行费用。同时，文件还规定了地方政府债券收支要纳入预算编制，实行预算管理并报请同级人大及其常委会审查批准。相关债券收入全部编入省级财政预算，需要使用债券收入的市、县级政府则可以通过省级财政进行转贷，而且还要将其纳入市、县级财政预算编制。此外，地方各级财政预算在编制时，也要把地方债收入所安排的支出纳入预算；而相关债券资金使用部门和单位实行项目管理，要将地方债发行收入对应安排的支出纳入相应的部门预算和单位预算。总体而言，地方债发行额度控制和审批权限均集中在中央政府层面，地方政府并不拥有举债权。而地方政府负责偿还债务，中央政府只是充当“代理者”的角色。在该方式下，如地方政府无法在规定期限内向中央财政上缴偿债本息和相关发行费等资金时，中央政府就需要代偿本息，最后在央地财政进行转移支付结算时，再由中央财政进行扣缴。因此，中央财政实际承担了担保职责。

2011 年，继续推进地方政府自发和中央政府代还的试点改革，上海市、浙江省、广东省、深圳市开展地方政府实行自行发债试点，试点省份及计划单列市在国务院批准的发债规模限额内，自行组织发行本级政府债券的发债机制。在地方债偿还方面，中央财政部仍然对其进行统一代办，而地方政府则需要向相关的中央财政专户上缴债券本息资金；当地方政府发生无力偿债情况时，债券本息依旧由中央财政代为垫付，再从第二年的财政转移支付资金中扣除相应的债券偿还金额。据此，试点地区享有发债自主权，但是偿债责任则由中央政府进行信用背书，这种权责不相匹配的情况易造成不规范的地方财政收支行为的发生，从而导致地方财政风险的进一步加剧。

2014 年 5 月，财政部在上述改革的基础上开展了地方政府债券自主发行、自主偿还改革试点，真正开始了探索地方政府自行发债，独立承受偿债压力和承担担保责任的地方政府债券管理体制构建。财库〔2014〕57 号文件规定试点地区地方政府可以自主发行债券，并承担地方政府债券还本付息的责任。同年新修订的预算法也对地方政府举借债务的权力进行了确认，自此，“借、用、管、还”相统一的地方政府债券市场管理体系得以形成。同时，国发〔2014〕43 号规定针对中央政府对地方政府债券的还本付息，明确要求中央财政实行不救助的原则。因此，中央政府在地方政府债券发行中，并不承担信用担保责任，由地方政府自负其责，使其责任意识得到强化。这在一定程度上对中央代发代还和地方政府自发中央代还时期存在的偏误，起到了纠正的作用，有助于地方财政风险的有效防控与降低，促成权责相匹配的央地财政关系，推动规范、高效的地方政府性债务管理体制的形成，破除原有“一管就死，一放就乱”体制架构内的机械循环，与市场化改革方向相符。

（三）地方政府债券市场管理体制的构建

1. 相关组织机构设置

地方政府发行债券筹集社会资金，主要是为了基础设施、社会事业等经济社会发展项目建设，而这类项目建设通常具有跨年度的特点，甚至一些基础设施需要10多年的建设周期，而在地方政府举债、资金使用及偿债的整个管理流程中，我国建立了包括各级政府，以及政府财政部门、发展改革部门、审计部门、金融监管部门等在内的管理组织机构，形成了以省级财政部门管理为主导的发展改革部门、审计部门与金融部门联合监管的地方债管理体制。实际上，我国地方政府债券管理体制，仍属于中央集权的监督管理体制，地方债管理体制组织机构设置呈现出自上而下的行政控制特点。在中央，全国人大及其常委会负责地方政府债券的限额审批，有关具体工作由财政经济委员会预算工作委员会承担；国务院由财政部预算司设地方债务管理处负责管理地方政府债务。在地方，各级人大负责有关债务发行的预算调整审批，省级及以下政府财政部门设置地方债管理机构。地方政府债券项目立项审批，由各级发展改革部门负责，其他审批事项，由相应主管部门承担。地方债的审计与监督，由各级审计部门依法负责。

另外，根据《地方政府性债务风险应急处置预案》，县级以上地方各级政府设立政府性债务管理领导小组，作为非常设机构，负责领导本地区政府性债务日常管理。当本地区出现政府性债务风险事件时，根据需要转为政府性债务风险事件应急领导小组，负责组织、协调、指挥风险事件应对工作。债务管理领导小组（债务应急领导小组）由本级政府主要负责人任组长，成员单位包括财政、发展改革、审计、国资、地方金融监管等部门、单位以及人民银行分支机构、当地银监部门，根据工作需要可以适时调整成员单位。

2. 地方政府举债方式与限额分配

现阶段，地方政府举借债务的方式已经受到了严格的限制。修订后的预算法明确规定，地方政府如果要通过举债筹集资金，只能采用发行政府债券的方式，除此之外，任何形式的债务担保行为都被明确禁止，还要求地方政府举债要以市场化为依据，对于本地区地方政府债券发行的信息披露与信用评级职责，则归于省级财政部门承担。

我国地方政府债券发行规模的限额分配，实行的是自上而下的行政控制体制。根据新修订的预算法、国发〔2014〕43 号法规和财预〔2015〕225 号规章等法律法规，地方政府债务总量限额是由国务院报请全国人大或常委会审批，财政部在人大批准的限额内，结合债务风险、财力状况、国家宏观调控，以及各地区建设投资需求等诸多因素的综合考量之后，确定各省、自治区、直辖市的债务限额，经国务院批准后下达执行；省级财政部门根据财政部下达的限额，用大致相同的方法，确定各市县的债务限额，经省政府批准后下达。省、市、县发行地方政府债券收入，以调整各级预算的方式，纳入政府预算管理。各级政府的预算调整方案，由各级人大常委会批准。根据规模来确定本地区发债安排，并将之编入本级财政预算，再报由本级人大或其常委会审批。财预〔2017〕35 号文件规定了各地区的新增限额要在本地区申请的举债额度之内，而且，还对新增限额分配的测算因素与公式进行了明确规范与确定，涉及的因素主要包括各地区债务风险状况、综合财力现状、中央政府确定的重大项目支出以及地方融资需求等，它们在很大程度上体现了正向激励原则，即综合财政实力强、债务风险低、债务管理高效的地区多安排发债，反之则少安排或不安排。

3. 地方政府债券资金使用

发行地方政府债券筹措的资金，现行法规将其用途限定为仅可以支持公益性资本支出或者偿还政府债务，而不能用于经常性支出。地方政府新增债券则优先对具有社会公益性的在建项目的后续资金筹集予以保障；地方政府发行置换债券则是为偿还政府债务本金以及合规的库款垫付提供资金。地方政府一般债券和专项债券的收支实行分类预算管理，即分别纳入一般公共预算和政府性基金预算。

2021 年，财政部制定并发布了财预〔2021〕61 号文件，其对各级财政部门、项目主管部门及项目建设单位的债券资金管理权责进行了规范与界定。就各级财政部门而言，它们主要负责统一领导和组织债券项目资金管理工作的开展，并对相关债券项目主管部门和项目建设单位的具体债券资金管理工作进行督促、指导和监督检查。项目建设单位要在综合考虑项目预期产出、融资成本和偿债风险等要素的基础上，确定其项目建设资金需求和绩效目标，而项目主管部门负责对项目建设单位提出的资金需求与目标进行审核并报同级财政部门审定以后再由财政部门将资金拨付给项目建设单位。项目主管部门主要承担债券项目发起、准备、审核入库、报请审批、发行及后续资金管理等各个方面的配合管理工作；地方政府债券建设项目属政府投资项目，各级发改部门及有关部门履行审批职责。同时，项目建设单位及其主管部门对专项债券资金绩效目标达到程度实施监控，负责对可能发生的问题进行纠正，并向同级财政部门进行报告，以切实提升资金使用效益。比如监督项目建设进度，做好资金缺口协调安排工作，并及时上报财政部门，以保障债券款项的及时支付，确保项目建设如期高质完工。

4. 地方政府债券的还本付息责任

我国地方政府债券偿还的方式，根据债券种类不同，有所差别。一般债券通过一般公共预算，用税收收费收入等收入还本付息，也可以通过发行再融资券的方式，偿还本年到期的部分本金；而专项债券通过政府性基金预算还本付息，其资金来源是专项债项目收益，以及相对应的政府性基金收入。专项债券发行时要求其项目融资与项目收益相平衡。专项债券也可以通过发行再融资券的方式，偿还本年到期的部分本金。

预算法修订后，国务院 2014 年发布了 43 号文件以及相关文件，就地方政府债务管理权制定了具体而明确的规则与要求，中央政府实行不救助的原则，各级地方政府承担各自的责任。即在现行体制下，市县政府对通过省级政府代发的地方政府债券，承担还本付息的责任。同时，省级政府要承担地方政府债务总负责的责任。中央有关文件还提出对于违规举借地方政府债务的行为，实行“责任倒查、终身问责”。

5. 地方政府债务风险管控

从 2015 年开始，中央政府提出了“开前门、堵后门”的债务风险防范原则。在这一背景下，我国政府开始致力于对地方政府债务风险监管与防控职责划分进行明确规范与界定，避免区域性和系统性风险。

从地方债风险化解与处置方面来看，2016 年国务院印发了国办函〔2016〕88 号法规，财政部根据这一法规制定了财预〔2016〕152 号规章，这两项法规明确提出，省级政府应对本地区债务风险承担防控总责，同时还要对其所属的市县级政府债务风险的有效处置予以督促和指导；对于市县级政府而言，其主要负责本地区的政府性债务风险的化解，当地方债风险扩大至市县级政府无力应对时，其要在启动应急处置预案的同时上报省级政府申请救助，省级财政部门则要给予救助。市县政府财政重整结束后，省级政府决定是否收回救助资金。而当省级政府发生特大债务风险事件时，可以向中央政府申请救助，但财政重整结束后，财政部要收回救助资金。

就地方债务监督而言，地方各级政府要受到本级人大或其常委会的监督。财政部负责全国地方政府债务的具体监管，运用债务率等监测手段，指导地方政府债务管理。定期对地方债风险进行评价与估量，并且要注意及时预警；各级财政部门则对本级政府的举债及债务风险进行监控，并负责建立地方政府性债务风险事件报告制度，以在发生债务风险危机时能够及时向上级政府报告。同时，地方政府债务还要接受社会监督，因此，各级政府需要就其政府债务限额、债券发行、债券资金使用，以及偿还等诸多信息定期地进行公示。

对地方政府违规追责，除预算法规定的责令改正、撤职乃至开除的规定外，《地方政府性债务风险应急处置预案》中也明确规定，地方政府因无力偿债而导致发生债务风险，当这一风险达到Ⅳ级以上的时候，地方政府就要启动对债务风险责任追究机制，对相关人员实施问责并追究其相应的责任。从现行法律法规来看，地方政府在地方债市场管理中对相关责任人员实施行政问责，而银监部门则可以对银行业金融机构的相关责任人员进行依法追责。另外，《党政领导干部选拔任用工作条例》规定，对离任党政干部实行地方政府债务问题审计。

二、中国地方政府债券市场管理体制存在的问题

（一）地方各级政府事权与支出责任划分不清，中央不救助原则难以落实

目前，在我国地方政府债券市场管理体制中，各级政府之间存在事权与支出责任划分模糊、权责不清的问题，相应的财权与对应的事权也有所偏差，存在不相匹配的矛盾，导致地方债的中央不救助原则难以真正落到实处。

在中央层面，全国人大及其常委会审批地方政府债券限额，国务院财政部兼具地方债管理规则与制度制定者和地方政府债务监督者双重身份，同时还对债务总量、分地区省级政府发债限额进行控制与审批，而省级政府作为法定地方债管理主体，二者之间无疑存在事权的重叠[①]，相关支出

① 岳红举，陈军．省级政府在地方债管理中的地位：现实困境与治理转型［J］．当代财经，2021（1）：39-48.

责任亦划分不清，存在中央政府的支出责任向地方政府转移的情况，从而致使地方政府承担的支出责任不断扩大。而且，在现行分税制体制下，地方政府的财权与财力相较于中央财力而言十分有限，财政自主性偏低，中央与地方政府之间的财权与事权存在一定程度上的不适配。再加上地方政府尚未建立破产制度，现行政策文件又规定地方政府发生特大债务风险时，中央政府要给予指导化解，由此，中央政府实际上承担了地方债的最终兜底责任，存在隐性担保的问题，中央不救助原则就有可能沦为空谈，难以得到有效落实。

地方政府层面事权与支出责任不清的问题，在省级政府与市县级政府之间更为明显。我国现行预算法规定，市县级地方政府债券由省级政府代为发行与偿还，省级财政实际对所属市县级政府性债务进行兜底与信用担保，并承担省域内地方债管理工作。显然，市县级政府发债限额、规模结构和资金用途，都受到上级政府的管控，上下级政府之间的事权存在交叉，支出责任逐渐向下级政府转移，加之基层政府财权十分有限，财力不足，造成了地方政府被动负债的情况，最终导致地方层面政府债务风险向省级财政累积，进而在全国层面向中央财政积聚，冲击中央不救助原则的落实。

（二）地方债管理涉及部门众多，职责不清、协调机制不畅

目前，地方政府债券市场管理体制涉及各级人大、各级政府，以及同级政府的财政部门、发展改革部门、其他业务主管部门、审计部门、金融机构及其监管部门等，有些部门与机构职能划分不清。比如，财政部门与发改部门对项目库的管理、财政部门与业务主管部门和建设单位的权责关系等，容易导致地方政府债务管理的无序和混乱，增加地方政府债务风险。

在协调机制方面，首先面临财政部门债券发行决策和发改部门立项审批决策的协调问题。由于地方政府债券项目都是政府投资项目，需要履行相应的审批程序，否则，就不能开工建设，而债券发行只是解决建设资金的问题。目前，之所以存在不少债券资金闲置（有的资金闲置的时间在一年以上），就是因为事前论证、审批事项不到位，项目不能及时开工落实，造成资金的浪费，政府财政还要支付利息。其次，财政部门和业务主管部门、建设单位之间的协调问题。业务主管部门承担行业指导、监管的职责，建设单位具体负责项目的建设运营，以及债券的还本付息，仅靠财政

监督要保证债券还本付息是困难的，需要各个主管部门的大力协调和支持，但目前来看，还存在不少的问题。

（三）地方政府发债自主性受限，债券限额与地区举债能力和融资需求错配

鉴于现阶段地方政府发债限额受制于中央的管控，地方政府不能自行决定发债规模，发债自主性受限。一方面，会导致地方政府债券发行限额无法适应地区举债能力、融资需求的现实发展需要；另一方面，地方政府债券发行规模实行预算管理，纳入本级财政预算编制，同时预算法对各级地方政府预算由本级人大审批，但地方政府发债规模却非本级人大审批确定，地方人大只是审批预算调整方案，这与地方政府的预算自主权相矛盾，导致地方债资金安排与债券项目建设实际融资需求错配。

具体而言，当前地方政府发债限额的分配，是中央基于各地区经济状况等统一的标准计算确定的，不同地区适用不同的债务限额。此种做法可能会导致地区发展的“马太效应”，即经济发达省份，综合财力较强，债务率偏低，债券违约概率低，其发债规模则设置得较为宽松，政府可以筹集大量社会建设资金来促进与推动自身进一步发展；而经济落后省份，财力相对匮乏，债务率较高且违约风险发生概率大，其债券规模则设置得较为严格，地方政府很难筹集到足够的资金来满足自身发展的现实需求；对于财力有限但具有发债潜力的地区而言，存在发债限额与其举债能力和融资需求错配的问题，由此造成本身经济实力强的地区则越来越强，而经济实力弱的地区则越来越弱，导致地区间经济发展不平衡日趋加剧，陷入区域发展失衡与债务风险加剧的非良性循环。

从债券项目建设层面来看，地方政府债券发行时间、资金规模及用途等，主要由中央政府规定，地方政府自主权力有限，无法在债券项目建设中途基于实际需要对债券规模结构进行调整，加之部分债券项目工程庞大、建设周期长，资金需要跨年度支出，但是当年只能申报下一年债券发行额度，难以对整个项目建设周期的资金安排统筹考虑，可能会产生地方债资金筹集、支出进度与债券项目建设进程脱节的问题。如资金筹集进程和支出进度，与项目建设进度不一致，导致债券资金闲置，地方政府债券资金作用难以发挥，债券资金使用效益难以得到保证，资金使用效率低下。

（四）地方政府的责任主体地位不清晰，债务追责权限不明

当前地方政府的责任主体地位不够清晰。首先，地方债券规模由中央统一管控，地方政府并不具备对其发债的控制权。其次，地方政府债务风险管控要求中央给予指导，地方偿债存在依赖中央财政的倾向，责任主体地位存疑；当前地方政府主要负责人承担地方债管理责任的规定，多以国务院以及财政部发布的文件为依据，属行政法规和部门规章，地方政府的责任主体地位在缺乏法律规范与保障的情况下，容易使中央政府在地方债管理中占据绝对优势。

现行法律法规尚未明确规定地方债追责标准和监管机制，导致地方政府债务管理权责不明，监督机制执行不到位，由此导致地方债问责与追责实际难以落实。此外，政府官员的考核机制不完善，经济增长类指标在考核体系中占据较大权重，容易致使地方政府官员出于追求政绩的动机而滥发政府债券，造成地方政府债务负担加重；而且，地方债期限与政府官员任期不适配，本届政府存在将债务偿还压力遗留给下任政府承担的倾向，这种各届政府之间的权责不一致，造成地方政府债务风险发生时，存在债务追责不力的问题，长此以往，地方政府发债与其融资以谋求地方发展的初衷背道而驰，地方债务急剧膨胀，地方政府偿债压力大，偿债能力受到挑战。

三、“十四五”时期及 2035 年前中国地方政府债券市场管理体制发展趋势分析

地方政府债券市场管理体制的改革，与国家整体经济发展相辅相成，并随我国经济体制的转变而不断改进与完善。下面，笔者将结合“十四五”规划及 2035 年远景目标，对我国未来地方政府债券市场管理体制走向进行分析。

（一）明确划分各级政府事权与支出责任，促进中央不救助原则的落实

当前我国经济增速放缓，财政面临收入增速减缓且支出负担加重的矛盾，财政收支缺口将会进一步加大。在这一形势下，需要进一步明确各级

政府之间在地方债管理上的权限划分，解决其共同事权划分不明晰的问题，从而在各级政府中实现其事权与支出责任的清晰分割，进一步促成财权与事权的匹配一致，从根本上缓解地方财政困境，防范化解地方政府债务风险与危机，真正实现“中央不救助”。

首先，合理划分中央与地方财权，在增加地方政府可支配财力的同时，缩减地方政府事权与支出责任范围，提升央地财权与事权的匹配程度。中央政府可以将财权适度分权给地方政府，赋予其一定的税收权并扩大分享税的地方占比，增强地方财力，有效规避事权与支出责任向上级政府转嫁行为的发生，同时，缩减地方政府事权与支出责任范围，从而避免发生重特大地方政府债务风险，也就无须向中央财政请求救助与帮扶。其次，各级政府要明确划分地方政府债务管理权，中央和地方政府在进行地方债管理权限划分时，应当以各自职能和支出责任为划分依据。具体而言，中央政府在地方债管理方面的职权，可以限定在相关法律法规出台、制度建设等顶层设计层面；而地方债管理的具体实施细节，则完全由地方政府负责，解决中央政府与地方政府债券管理职权的交叉与划分模糊的问题，促成央地事权的厘清。最后，对于省级以下的地方政府而言，其地方债管理事权与支出责任亦要进行厘清，可以将上级政府的地方债监管职责限定在宏观指导方面，具体的微观管理则交由下级政府承担，有效规避上级政府向下级政府转移事权，推卸责任，真正实现“中央不救助”。

（二）构建职能明晰的地方债券管理体制，形成完善的地方债券管理协调机制

完善的地方债券管理体制建立，有利于相关机构实现权、责、利相结合，解决职能缺位与越位问题，也有利于对地方债券管理机构进行整合，最大限度地发挥相关机构的作用，促成行之有效的地方债管理协调机制的建立。

首先，要厘清各级政府财政部门、发展改革部门、业务主管部门、审计部门、金融机构及其监管部门等各机构的地方债管理职能，实现权、责、利相统一，构建统一的职责明晰、彼此协调配合的地方政府债券市场管理体制，解决地方债券管理职责分工问题，确保地方政府债券管理相关政策的贯彻落实。如财政部门债券发行与发改部门及相关部门项目审批之间的协调，如何做好债券资金建设项目库的建设问题，有效解决债务资金

闲置、建设项目不能落地的问题；财政部门债券资金使用监管与业务主管部门项目建设的监管的协调等。其次，解决省级政府代理发行债券，而资金实际使用在市县政府的权、责、利结合问题。需要在财政体制上有效解决市县政府无力偿还债券本息，发生债务违约时，省级财政代付债券本息后，如何对市县政府追究责任和处罚，且能有效解决逆道德风险的问题。

（三）进一步扩大地方政府发债自主权，实现发债限额与举债能力和融资需求相适应

扩大地方政府的发债自主权，能够使地方政府债券适应地区发展的个性化需求。一方面能够使地方政府发债限额与本地区的实际融资需求相适配，发挥地方政府债券在地区建设发展中的积极作用，以在全国层面缩小地区发展差距；另一方面可以提高债券资金安排与债券项目建设实际融资需求的匹配程度，有效避免项目工程烂尾、债券资金闲置浪费的情况。

首先，中央可以将地方政府发债控制权适当下放至省级人大和政府，由省级政府基于当地经济社会发展的现实需要，自行决定其发债限额和规模结构，实现地方政府债券发行限额与实际融资需求相匹配。适当放松对财力有限的经济落后省份的发债规模限制，使其能够满足当地基础设施与公益性项目建设资金需求，推动地区发展，进而在全国层面助力缩小地区发展差异，平衡区域发展，打破区域发展失衡与债务风险扩大的恶性循环。其次，配合地方政府发债自主性的进一步扩大，适当增强地方政府的财政预算自主权，从实质上实现地方政府发债规模由地方人大负责审批与确定，简化行政层级控制与审批程序，保证债券资金在地方债项目建设中的及时到位，以有效促进债券资金使用效率的大幅提升。最后，还应将地方政府债务预算与中期财政规划相结合，实施政府债务中期预算管理，在对地方债年度预算形成有效约束的同时，可以实现跨年度对地方债收支计划进行指导与管理，以统筹考虑整个项目建设周期的融资需求与资金安排，加强其与在建项目现实需要的匹配程度，避免债券项目建设中断，确保如期完工，切实提升地方债资金的使用效益与运行效率。

（四）强化地方政府的责任主体地位，健全债务追责体制机制

强化地方政府在地方债券管理中的责任主体地位，有助于硬化地方债管理的权责约束，增强地方政府的自我约束与控制，有效避免地方政府盲

目举债、冲动举债。同时，明确债务追责权限，有助于提升地方政府发生债务风险时进行责任追究的及时性与有效性，进一步促进债务追责体制机制的健全与完善。

首先，进一步修订现行《中华人民共和国预算法》《党政领导干部选拔任用工作条例》《地方政府性债务风险应急处置预案》等法律法规，提高立法层级与法律权威效力，从而在法律层面，确认地方党委政府的责任主体地位，加强地方政府对债券资金“借、用、管、还”等全生命周期的过程的控制权与管理权，进一步强化地方债券属地责任意识。与此同时，要对地方政府违法违规举债应承担的法律责任进行界定，明确追责标准和程序，以明晰地方债追责主体。其次，以地方政府债务风险的监管与防控为契机，优化政府官员考核体系与机制。对地方政府领导的政绩考核引入政府债务绩效管理指标，并适当增加其所占的权重，强化政府干部的债务绩效理念与责任意识①，有效避免在任官员向下届政府推诿债务责任，实现权责一致，避免地方政府盲目、违规举债的发生。最后，要建立健全债务追责体制机制，实行责任倒查、终身问责制，压实地方政府的偿债责任。

① 郑方方，陈素云．地方政府债务绩效管理的现实基础与实现路径［J］．地方财政研究，2021（2）：22-30.

第八章　地方政府债券市场发展国际比较研究

为了更好地促进中国地方政府债券市场持续、健康地发行，研究借鉴国外发达市场经济国家和发展中国家地方政府债券管理的先进做法和经验，具有重要的理论及现实意义。

一、发达国家地方政府债券市场发展状况

从地方政府债券发展的历史来看，美国在利用市政债券为城市及其基础设施的发展提供融资支持方面，具有长期的经验；日本是集权制国家管理发行地方政府债券的典型代表，研究发达国家地方政府债券市场发展规律及其管理方式，对促进中国地方政府债券市场改革与发展是十分必要的。

（一）美国地方政府债券市场发展状况

美国的市政债券发行规模最大，发行时间最长，目前在世界上其市政债券市场的管理是最规范的（龙小燕、黄亦炫，2021①）。自然成为分权制国家发行地方政府债券进行融资的典型代表，作为联邦制国家的美国，在财政体制上实行联邦、州及地方三级管理模式。因为美国地方政府要完成配置公共资源的需求，所以发行市政债券已经成为地方政府融资的重要方式，美国地方政府不仅要承担基础设施建设，而且在促进教育、医疗卫生等公共事业方面，也发挥着不可替代的作用（廖秋华，2017②）。

1. 市政债券的发行主体及分类

（1）发行主体。美国市政债券的发行主体，主要是由州和地方政府、政府机构，以及债券使用机构组成，大多数地方政府发行市政债券的直接目的都是为了融资③。在全美国8300个州、县和其他地方政府中，大约有

① 龙小燕，黄亦炫．美国市政债券发行交易概况及启示［J］．债券，2021（2）：74-78.

② 廖秋华．美国市政债发行管理机制对我国地方政府债券风险防控的启示［J］．区域金融研究，2017（12）：28-32.

③ 美国市政债券分为短期融资债券和长期融资债券，长期债券的期限为1年到30年不等或者更长期限。

5500个都是市政债券的发行者，只不过大部分地方政府都是属于小规模发行者（邹晓梅，2018[①]）。

（2）分类及发行。美国市政债券一般分为一般责任债券（General Obligation Bonds，GOs）和收益债券（Revenue Bonds），见表8-1。

表8-1　美国地方政府债券分类

分类依据		类别	特点	偿还方式	发行方式
免税与否	免税	一般责任债券	筹集收入被认为是政府财政收入的组成部分，筹集的资金通常列入资本预算	通过税收保证按期还本付息	竞价为主
		收益债券	通常由项目收入偿还。收益债券风险内部化	收益债券只有在项目收入达到一定标准时才能返还本金和利息	协议为主

一般责任债券的发行，是不以任何资产作为担保的，通常是以发行机构自身的声誉和信用作为担保，且不会与任何特定项目有联系，它的发行主体以州、县、市为主体，所以一般责任债券的偿还，是用州地政府的税收收入。一般责任债券主要用于教育、医疗卫生及市政项目等非营利性项目，虽然这些非营利项目不能直接带来利润收入，但是可以增加间接利润。收益债券主要是为了某个特定项目才发行债券进行融资的，所以它的债务偿还是用特定项目获得的收益。因为收益债券发行并不是以发行者的完全信用或者声誉作为担保，所以其发行债券的风险也高于一般责任债券的风险。收益债券可以细分为两类，一种是用于公共投资，另一种是用于地方政府所支持的私人投资，这将会提高整个地区居民的福利水平。

2. 市政债券的发展历程

在世界上，美国是第一个发行市政债券的国家，所以我们可以将美国市政债券的发展历程划分为五个阶段来分析：1810—1870年为市政债券的初创时期。这个时期债券的发行，主要是以财政需求为前提，美国州政府发行的第一笔市政债券，就是为了修建伊利运河，这个时期，修建公路等基础建设所需的钱，主要是靠发行市政债券这种融资方式。1873—1960年

① 邹晓梅．美国市政债券发展实践：现状、特征及启示［J］．全球化，2018（2）：88-99+133.

为市政债券的管束时期。受1873年经济危机的影响，发行市政债券建设的项目，并没有达到设想效果，导致不能按时偿还债券的本息，因此，各州立法发行市政债券必须在该州能力范围内发行。1961—1982年为市政债券的争议时期。争论的主题是市政债券是否应该免税的问题，为了解决此问题，地方政府通过金融工具来实行免税提案。1983—2000年为市政债券的规范时期。该时期对市政债券是否免税问题作出了清晰的说明，在1986年出台相关文件规定了免税债券的适用范围，只能用于基础设施建设或私营企业再投资。2001年至今为市政债券的不断创新阶段。市政债券发行市场一直在不断完善，其监管制度也在不断创新，目前市政债券已经成为美国资本市场上重要的组成部分，但不能只看到市政债券带动美国经济发展，还应该看到次贷危机和2008年经济危机加剧了美国市政债券的风险。

3. 市政债券风险防范及监管

美国市政债券的发行主要是由州和地方政府完成的，也不需要向任何机构进行登记报告。因为市政债券是市场化的产物，所以即使它的担保力和信用水平得到强有力的认可，也应该将信用风险防范及有效监管，作为市政债券健康发展的基础（彭睿、姜超，2017①）。

（1）专门有效的监管体系。美国市政债券是由美国证券交易委员会（SEC）、美国联邦税务局（ISR）、市政债券规则制定委员会（MSRB）等多方共同监管，且市政债券的监管核心是市政债券规则制定委员会。市政债券规则制定委员会其实是作为政府监管的补充，但它还是一个自律性组织，通常主要负责市政债券的经销、交易规则的监管。还有美国证券交易委员会也是一个重要的监管机构，其对市场监管的依据主要是反欺诈条款和《证券法》。总而言之，美国市政债券的监管主要以法律为基础，政府与自律组织共同发挥作用，以市场为导向多种方式并存。

（2）防范风险的三大保障。由于美国市政债券的长期发展已经形成三大制度：第一是信息披露制度，在20世纪70年代部分自律性组织就开始制定关于信息披露的文件，要求债券发行单位要在信息披露中满足及时、定期等要求；第二是信用评级制度，美国市政债券的发行，必须经过专业信用评级机构出具信用评级报告；第三是债券保险制度，为了有效地转嫁市政债券出现的违约风险，可以通过在市政债券发行市场中引入保险机构

① 彭睿，姜超．美国市政债管理模式对我国的借鉴与启示［J］．金融经济，2017（24）：74-75.

（杨萍，2004[①]；刘琳、张宗军，2017[②]）。

（3）建立完善的预警机制。美国政府已经建立起一套完善的预警机制来防范地方债务风险，一般地方政府会通过对人均债务率、偿债率、偿债准备金余额比例等指标，对地方债务风险进行控制，而且州政府也会对市政府的债务实施监督控制，当其出现地方债问题时，就会提供对应的预警措施和帮助（高明，2019[③]）。

（二）英国地方政府债券市场发展状况

英国地方政府的行政体系和其他国家是大不相同的，其实际情况比较复杂，但是权责比较明确的地方政府是英格兰地方政府，所以接下来将英格兰地方政府作为“英国地方政府”来论述，即是以英格兰大区、郡、自治市、教区四个层级的地方政府作为研究对象[④]。

1. 英国地方政府债券的分类

在英国，地方政府债券是比较受欢迎的长期借款，地方政府债券的类型分为两种，期限为1年的债券和期限在5年以上的长期债券。英格兰银行统一规定地方政府债券的发行额，银行和其他金融机构进行承销地方政府债券或者是在证券交易所直接上市进行交易，不过发行债券利率主要是由发债机构的规模来决定（池柳怡、张自力、吴泽华、张雪妍，2021[⑤]）。

2. 英国地方政府债券的举债模式

（1）中央政府贷款。1998年，英国设立附属于财政部的债务管理办公室（DMO）主要是为了方便管理国家债务，从而直接代替英格兰银行统一管理国家债务工作。实施政府债务政策、为地方政府提供资金贷款，以及

---

① 杨萍．国外地方政府债券市场的发展经验［J］．经济社会体制比较，2004（1）：137-141.

② 刘琳，张宗军．市场化发展、信用违约与市政债券风险防范：基于美国的经验［J］．金融发展研究，2017（10）：16-21.

③ 高明．美国市政债券的发展机制研究［J］．金融理论与实践，2019（2）：103-109.

④ 英格兰被划分至四个层次的行政区划所属其他类型的“地方当局”（实际上只有“郡级”和“区级”两个层次有政府机构运作，其他一般只是由民间法人机构代为运作的虚级化层次），包括英国国家公园管理局、警察和犯罪专员、消防和救援机构、联合机构和大伦敦区管理局都不属于本书所指的“地方政府”。

⑤ 池柳怡，张自力，吴泽华，张雪妍．英国地方政府债务构成特征及监管研究［J］．财政科学，2021（1）：150-160.

管理特定公共部门机构的资金等为债务管理办公室的职能。地方政府可以通过英国公共工程委员会（PWLB）向债务管理办公室借贷，但是此贷款只能用于地方政府的资本项目，其实也就是债务管理办公室在财政危机中充当最后贷款人。对中央政府来说，可以通过借贷中介英国公共工程委员会来管控地方政府的公共支出和债务管理体系；对地方政府来说，通过英国公共工程委员会的借款利率，会低于市场的借款利率。这样，不仅减少贷款成本，还可以保证贷款安全。

（2）地方政府融资。在 2003 年英国颁布《地方政府法》，废除了原先的贷款审批制度，以及借款设置上限等制度，地方政府可以根据自身的还款能力借款，无须再经过中央政府的批准。虽然中央政府对地方政府融资管理宽松了，但是由于 PWLB 的借款利率低于市场利率，所以在一定程度上减少了英国地方政府的发债额。2010 年之后，PWLB 受欧债危机的影响，其利率发生了较大规模的调增，地方政府为了节约开支，一定会选择利率较低的融资方式。在此背景下，各级地方政府在一起组织了地方政府联合机构，通过此机构来发行债券，那么发债费用由参与负债的地方政府共同承担，且互相作担保，所以其信用评级非常高，自然利率也就比较低。

（3）公私合营模式（PPP 模式）。早在 1992 年，英国地方政府就采用“私人融资计划”（PFI）也就是 PPP 模式，所以英国自然也就成为最早推行 PPP 模式的国家之一。从图 8-1 可以明显地看到，在 2008 年之前，英国地方政府在各个领域大力推行 PPP 项目，但是在 2008 年之后由于受到全球金融危机的冲击，以及私人投资的积极性不高双重影响，导致地方政府签署 PPP 模式的项目数量逐渐下降，并且英国 2018 年的财政预算公告中，宣布从 2019 年开始暂停使用这种政府与社会资本合作的 PPP 项目。

3. 英国地方政府债券的监管主体及风险控制

（1）监管主体。在英国，地方政府债务的监管主体主要是由两大类组成，一类是英国债务管理办公室（DMO），主要是突出地方债务管理的“透明性、责任性、稳定性、公平性和效率性”特点①；另一类是地方政府协会（LGA），这是促进地方政府发展的跨党派全国性机构，是维护地方

① 英国债务管理办公室（DMO）网站，https：//www.dmo.gov.uk/about/who-we-are/.

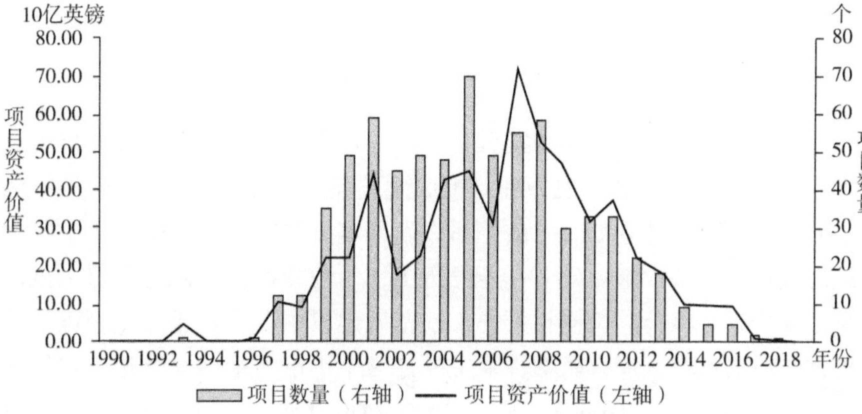

图 8-1　1990—2018 年英国签订的 PPP 项目数量及规模

政府权益、可靠的地方政府发声平台（中国银行课题组，2014①）。

（2）风险控制。风险控制主要是控制发债的规模、提高信息透明度，以及设立预警机制。首先是控制地方政府发债规模，为了有效地保障地方政府财政秩序，只有通过控制中央政府借款规模，从而控制地方政府债务规模，将地方政府债务规模控制在限定范围内；其次是对提高信息透明度进行风险控制，英国公共财政管理改革是由政府会计和预算基础变革两部分构成，其中，现阶段英国实行权责发生制的政府会计，不仅可以作为编制政府预算和财务报告的依据，而且可以比较全面地反映政府债务状况，对于建立全国统一的地方政府债务管理信息，以及提高债务管理的透明度有重大意义；最后是设立预警机制，为了有效地防范地方债务危机，可以设立一套操作性强的地方财政风险预警与控制指标体系（金鑫，2021②）。

（三）德国地方政府债券市场发展状况

德国是典型的联邦制国家，在发行地方政府债券方面也是代表之一，其实行三级管理的行政体制，三级政府主要分为联邦、州、市，其中地方政府主要是指市，州、市都可以发行地方债券，但是由于职能划分的不同，所以地方政府债券主要是由州政府发行，市政府基本上不发行地方政

① 中国银行课题组．把握政府与市场的边界——英国地方政府债务管理的国际镜鉴［J］．金融市场研究，2014（11）：44-52.

② 金鑫．浅析英国政府债务预算管理的经验启示［J］．行政事业资产与财务，2021（4）：4-5.

府债券，所以下文中的地方政府债券主要是指州政府债券（王信、李俊，2012[①]）。

1. 德国地方政府债券的发行主体及分类

在德国，地方政府债券的发行主体是由地方政府、地方性公共机构及抵押银行共同组成。多个发行主体也就意味着资金使用范围的途径有多种，若发行主体为地方政府的话，那么发行地方政府债券所融资金主要用在地区及市政基础设施建设上；若发行主体为地方性公共机构，那么该笔资金主要用于与该公共机构相关的市政基础建设中；若是通过抵押银行发行的地方政府债券，那么所融资金主要是为中小市政基础设施建设提供无担保贷款（杨枝煌，2018[②]）。只有由地方政府及地方性公共机构发行债券的本息和，才能用地方政府的税收收入作为担保，并且政府给予地方政府债券很多优惠如免税政策，这使得通过地方政府债券融资成为更便捷的途径。

2. 德国地方政府债券的发展阶段

根据德国地方政府债券的发展历程，可以分为三部分：第一部分是起步阶段，当时德国地方政府债券的规模还小，并没有形成完整的市场，直至两德合并后，政府的财政支出压力剧增，各州政府才开始尝试发行债券，这便促使市场规模初具规模；第二部分是快速发展阶段，主要是受资本市场快速发展的影响，地方政府债券的种类开始多元化，并且债券存量也发生了质的变化；第三部分是平稳发展阶段，为了控制地方债务快速上升的趋势，在2009年德国将“债务刹车法”纳入宪法[③]，目的是开始对地方政府债券发行规模进一步限制，所以各州政府地方债务规模得到有效控制，债券市场逐渐呈现平稳态势（赵全厚、孙家希、李济博，2017[④]）。

3. 德国地方政府债券的风险控制及监管

德国地方政府为了进一步有效地控制债务风险，首先是健全了债务刹车法的相关法律，确保地方财政的稳定，再者是通过横向和纵向管控两种

---

① 王信，李俊．德国地方政府债券市场的发展与启示［J］．中国货币市场，2012（3）：16-18.

② 杨枝煌．德国地方债处置经验［N］．中国县域经济报，2018-06-11（003）.

③ “债务刹车法”实质上是一种纠错纠偏机制，用来防范过去的不均衡，以防演化成未来难以控制的失衡。

④ 赵全厚，孙家希，李济博．地方政府债券发行机制的国际比较［J］．经济研究参考，2017（70）：35-45.

方式，有效控制债务风险，通过多种措施共同控制地方政府债券发行的风险（周海峰，2016①）。

（1）预算监督。德国地方政府向联邦政府递交预算报告的目的，是为了提高地方预算的透明度，如若财政部发现市政府出现财政危机时，有权驳回其预算申请。与此同时，为了进一步控制风险，不仅在市政府与州政府之间要互相制衡，而且市政府各个部门之间也要形成彼此制衡。

（2）保险机制。发行地方政府债券必须严格遵守相关的保险制度，立法机构对保险担保物有很高的要求，像担保物必须是具有长期价值的，只有发行主体是抵押银行或地方性公共机构，这样发行地方政府债券的安全才能得到保证。

（3）隐性担保。“忠诚性原则”是各个州都必须遵守的原则，因为它不仅可以保证联邦和各州之间债券收益率一致，还可以在某一个州无法偿还债务时，联邦政府和其他各州政府共同联手救助（李慧杰、李萱，2015②）。

（四）法国地方政府债券市场发展状况

在单一制国家发行地方政府债券中，法国可以作为一个典型代表，它的行政体制主要是由四级政府共同管理，分别为中央政府、大区、省和市镇，其中地方政府是由大区、省和市镇共同组成。在1982年之后，法国地方政府的自主决策权不断增加，因为此时已经完成行政体制改革，地方政府可以独立发行债券，无须再经过中央政府的同意。

1. 法国地方政府债券的发行主体及形式

一般来说，在法国地方政府债券的发行主体是地方政府，也就是由大区、省和市镇三级政府组成。但在实际发行过程中，并不是由地方政府直接发行债券，而是各级地方政府通过向银行借款，再由银行代替地方政府间接发行债券。目前，由于地方政府债券市场规模的不断扩大，大部分地方政府为了更方便快速融资，更倾向于通过联合发债方式发行债券。于是为了迎合市场的需求，在2014年地方政府联合发行债务的代理机构（AFL）成立了，利用联合发债代理机构发行债券的程序，主要分为三个步

① 周海峰．德国政府债务管理经验与启示［J］．财政科学，2016（5）：64-69.

② 李慧杰，李萱．德国市政债：政府隐性担保，银行可参与发行［N］．中国经济导报，2015-05-26（B07）.

骤：评估、吸纳以及申请，从此联合发债代理机构成为规范地方政府融资平台。

2. 法国地方政府债券监管

各级地方政府的责任划分清晰明了，且各级地方政府之间没有从属关系，并且依据法律要求，中央政府也不能对地方政府发债实施直接干预，所以监管地方政府债券主要是通过以下几种方式：第一种方式就是通过审计法院实施司法监督，审计法院的权力由国家议会直接赋予，所以是控制地方政府肆意发债的有效途径之一，是通过审计法院加强对地方政府债券的监督和管理；第二种方式是通过国库署进行监督，国库署实际是属于财政部的部门，财政部也就是监督地方债的主要机构，这样可以大大提高各级地方政府按期偿还的速度；第三种方式是派遣财政监督机构到地方，主要是对该地方政府发行的债券进行查验并实时检测地方财政的运行状况，有针对性地提出意见并督促地方改正，这样可以有效地减少财政赤字现象出现；第四种方式是各个地方的代理银行对地方政府的财务状况进行监督。

3. 法国地方政府债券的偿还及风险控制

（1）偿还。在法国，地方政府的税收收入和中央政府的转移支付是可以偿还地方政府债务的，地方政府还设立了偿债准备金以按期足额偿还债务，除此之外，还通过发新债还旧债的方式偿还债款。

（2）债务风险管理。在20世纪80年代，由于地方政府债务风险已经很严重，所以引起政府部门的高度重视。因此，在此时期之后，法国政府在逐步探索适合本国的方案，积极运用模型等资料开始为债务组合进行择优选择。不过一直到2000年前后，法国政府才制定出配套的债务管理战略，不仅考虑政府资产负债的情况，而且还提高债务与资产的匹配度，使国内债务与政府税收收入相匹配，这样才降低了地方债务风险（陈工、朱峰，2017①）。

（五）日本地方政府债券市场发展状况

日本现在发行地方政府债券（即地方公债）的规模很大，作为世界上第二大发行地方政府债券的国家，它也是单一制国家发行地方政府债券的

① 陈工，朱峰．地方政府债券的发行与监管：发达国家的经验借鉴［J］．财经智库，2017，2（03）：102-117+143.

典型代表。在日本，行政体制划分为三级政府，分别为中央政府、都道府县和市町村，其中地方政府为都道府县和市町村。地方政府代表国家来治理地方事务，享有相当少的自治权力，且没有完全独立的立法权和财政权，中央政府有权随时对地方事务进行干预。在2006年之后，为了给予地方政府更多的自主决定权，地方公债的发行方式由审批制改革成协商制。虽然给予地方政府发债自主权，但是地方公债的发行并不是肆意妄为的，还是要由地方政府负责人与总务大臣进行协商①，协商通过方可发债，若未通过协商，则可在议会报告后发债，由此可见地方公债的发行规模在不断扩大，如图8-2所示。

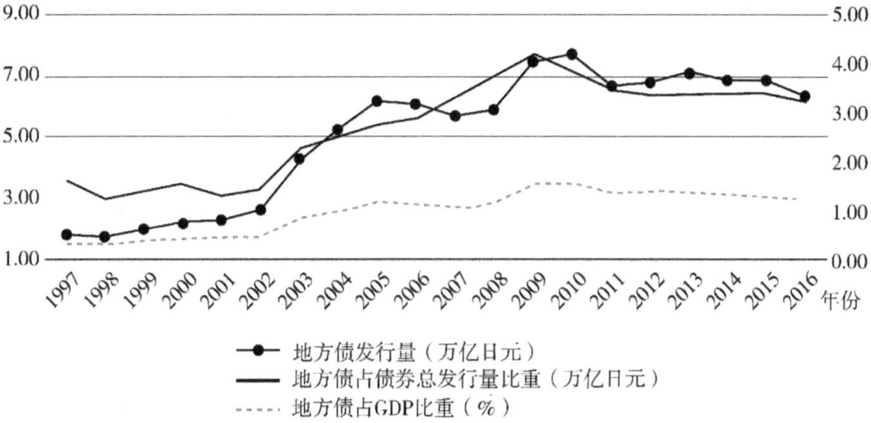

图8-2 1997—2016年日本地方债发行量及占比情况（万亿日元;%）

1. 地方公债的发行主体、类型及方式

（1）发行主体。在日本，地方公债的发行主体总共分为两类：一类是地方政府，其实主要就是都道府县和市町村两个层级的政府；二类是地方公营企业。

（2）债券分类及发行方式。日本地方政府发行债券的类型有两种，分别为地方公债和公营企业债，其中地方公债和公营企业债的发债比例为5∶1，由此可见地方公债占主体地位（宋立，2015②）。地方公债的偿还是地方政府用税收收入作为偿债来源的，发行地方公债的用途主要是在道

① 总务大臣要审核地方政府的财政状况及债务的安全程度以确保地方政府债务的安全性。

② 宋立. 地方公共机构债券融资制度的国际比较及启示——以美国市政债券与日本地方债券为例［J］. 经济社会体制比较，2015（3）：76-83.

路、教育等公用事业；公营企业债是由企业偿还且是由特殊的公营企业发行，发行公营企业债主要用于自来水、下水道等基础设施建设。

招募发行和共同发行作为日本地方政府发行地方公债的主要发行方式，其中招募发行包括公募和私募两种形式。公募是由财力雄厚的地方政府直接在市场上发行；私募是地方政府向管辖区内的机构发行债券并且由这些机构直接购买。

2. 地方公债的发展历程

第二次世界大战结束后，日本地方债务产生了几次突飞猛进的增长，这与刺激经济增长有必然联系，大致将其划分为四个阶段：第一个阶段是1945—1954年，为日本经济高速增长期，日本政府制定一系列财政政策刺激经济高速增长，但是后期随着国际出口小于进口，导致国际收支不平衡，此时日本政府被迫实施了财政紧缩政策（王曼，2020）。1951年，地方政府在财政支出急剧上升和财政紧缩政策的双重压力下，因财政赤字严重恶化导致了危机，截至1954年，财政支出额高出财政收入额达648.81亿日元①。为了解决危机，地方政府发行地方债进行融资，由此导致地方政府对地方债产生很大依赖度，同时地方债的规模逐年增长；第二个阶段是20世纪70年代石油危机时期，日本地方债经历了两次大规模的增长，第一次是1971年日本采取了刺激经济的扩大财政政策，第二次是由于布雷顿森林体系崩溃和石油危机的影响，在一定程度上抑制了日本经济的增长，由于这两次的政策刺激地方政府大量发行地方债弥补财政漏洞；第三个阶段是20世纪80年代泡沫经济时期，经济过热、资产价格急剧上升以及货币供应量膨胀对以外向型为主的日本冲击是很大的。为了刺激日本经济的增长，日本政府推动地价和股价价格上涨，于是在此时期日本政府也获得一定税收收入，所以80年代日本地方公债的发行量大大减少；第四个阶段是2000年后的稳定时期，在2000年底日本地方政府债券余额是20世纪90年代的两倍还要多，在2009年又因为受到全球金融危机的冲击，地方政府为了尽快发展地方经济所以又迎来地方公债发行数量大规模的上升。2011年的日本大地震、海啸及核泄漏等事故，给日本经济带来了毁灭性的破坏，在2016年日本政府开始实施复兴战略，对经济产生了正向带动影响，所以近年来日本债务余额呈现出稳中有降的积极形势。

---

① 数据来源于《昭和32年地方财政白皮书》。

3. 地方公债的风险控制及监管

因为日本是中央集权制国家，所以在中央政府实施对地方债务管理的改革方案时可以快速地看到成效，这样不仅可以有效地改善地方债的规模，还可以降低地方公债的发行成本和债务风险（陈会玲、罗绍明，2014①）。

（1）设立偿债准备金制度。近年来，虽然协商制可以给予日本地方政府发行债券的自由，但是地方政府也要承担相应的责任如自主偿还借款，所以日本地方政府要在预算编制中设立偿债准备金，以此来确保地方政府可以如期足额偿还债款。那么地方政府在编制该年财政预算时，为了进一步保障地方政府的偿债能力就会将债务总额纳入预算中。一般地，划拨偿债准备金的额度为该年债务余额的1/3（刘穷志、刘夏波，2020②）。

（2）三大风险控制制度。首先，要建立"隐含担保"制度即地方交付税补助制度（LAT），其主要作用是当地方政府凭靠税收收入不能够偿还全部债务时，中央政府就要通过LAT帮助地方政府偿还债务本息；其次，要建立政府债务审查控制制度，也就是地方政府发行债券时必须与总务大臣协商，如若未得到总务大臣的许可，那么地方政府发行的债券如果不能如数按期偿还，地方政府自然也不能享受LAT带来的优惠，也就是中央政府不会帮助地方政府偿还债务；最后，要建立财务控制制度，中央政府有权根据地方政府财务披露信息来判断其财务状况，可以有针对性地对财务恶化早期的地方政府施以援手，可以凭靠中央政府的财政支持来改善地方政府的财务恶化状况。

（3）地方债务的流通监管。一般来说，地方债是由银行和中央政府直接认购，所以在市面上是见不到地方债的。但是，近几年来地方债一直在改革，地方债逐渐开始在市场上流通，上市流通的债券通常由证券公司和金融机构进行认购。为了规范地方债的交易，证券交易机构开始对地方债的日常交易进行监督，除此之外其交易行为也要受到社会公众的监督。

（六）韩国地方政府债券市场发展状况

1. 基本概述

韩国是单一制国家，同时又制定了立法、司法和行政三权分立的制

---

① 陈会玲，罗绍明．日本地方政府债券风险控制制度及其启示［J］．企业经济，2014（4）：189-192.

② 刘穷志，刘夏波．日本地方政府债务治理及启示［J］．现代日本经济，2020（5）：24-39.

度。历史上，韩国各地方设有自治机关，但一直以来中央政府都对其债务融资实行行政管理。经过多次财政改革，韩国地方政府逐渐成为政府结构体系中的重要组成部分，在行政管理上获得了一定的权力，同时也加大了地方政府发展经济和提供社会公共物品的压力，但这并没有促使韩国地方政府债务规模一定程度上的扩大。至今，韩国地方政府的债务规模仍然较小，融资渠道比较单一，债务大部分为借款，地方政府债券在财政收入上占的比重很小（章孟迪，2017①）。

2. 地方政府债券种类

韩国根据债券发行所募集资金的用途不同，把地方债分成地域开发债券、城市地铁债券和市政债券三类。从地方政府债券结构上看，占比最大的是地域开发债券，其次是城市地铁债券，市政债券规模最小（林力、张自力，2015②）。韩国实行强制性包销公债制度，即如果债券募集的资金用于提供社会公共服务，则债券的借款费用由受益人承担，因此该制度下的债券不会出现无法出售的情况。地方政府可以利用城市地铁债券几乎零成本募集到资金，降低了地方债的发行风险，但这可以看作是居民向政府上交的一种强制“税收”，有损居民的利益。城市地铁债券和地域开发债券均为这类型债券，例如，居民在乘坐地铁购买地铁票时，其中有一定比例是债券费用，最终会使用在地铁的建设和维修上。

3. 地方政府债券运行机制

（1）发行制度。在韩国，地方政府的债务融资受中央政府的控制，没有经过中央政府授权的内务部和议会的审批，地方政府不允许以任何形式进行债务融资。根据法律的规定，各个地方政府的经济发展水平、资产负债结构和债务规模等因素共同决定债券发行限额。地方政府债券的发行条件依据债券发行限额而定，具体来讲，债券规模在限额以内时，地方政府可以自行决定债券的发行规模；在限额外的，也可以发行超额债券，但必须是在经过地方议会和行政长官批准的前提下。

韩国中央政府每年都会发布一个指导方针，规范地方政府的举债行为，并拟订“地方筹资中期计划”，对地方政府债券的发行总量和增量严

① 章孟迪．韩国地方政府的支出责任与地方税收：实践与启示［J］．公共经济与政策研究，2017（1）：87-133.

② 林力，张自力．韩国地方政府债务融资管理及问题研究［J］．证券市场导报，2015（11）：37-43+55.

格控制。韩国内务部主要对地方政府债券进行监督管理，并公布债券指导方针和债券发行各要素的具体规定。地方政府在发行债券之前，需要预先提交根据指导方针撰写发行地方政府债券的方案报告，获得募集资金投资项目的相关部门批准后，交给中央政府审批。中央政府参考审批指标进行衡量，决定地方债是否通过审批，只有经过批准的地方债才可发行。

（2）风险监管制度。由于韩国地方政府债券发展规模的扩大缓慢，其地方债务管理体系仍未完善，但是风险监管体系及相关制度比较成熟。1997 年的东南亚金融危机期间，韩国银行和企业债券发生很多的违约问题。此后，韩国政府对债券市场进行全面整顿，建设了全国范围内统一规范的信息管理系统。横向上，该系统形成了从部门到单位到地区覆盖全国的信息网络；纵向上，从中央政府一直连接到乡村。该系统涵盖的具体内容包括预算编制、预算执行、预算管理、宏观经济指标、资金管理、负债管理及监督管理等。

在信息披露方面，各个地方政府每年需要拟订下一期的财务计划，包括债务发行，向社会公布并征集当地公众的建议。最终的发行计划需要提交至行政安全部，由行政安全部依据地方政府提交的资料公布《地方自治团体债务状况》，这一报告包含所有各级政府的债务信息，包括债务存量和增量、债务期限、投资项目等。

（七）新加坡政府债券市场发展状况

1. 基本概述

作为“亚洲四小龙”之一，新加坡的社会经济高速发展，一直坚持“小规模强政府”的原则，其大部分的公共管理和服务都是直接通过中央政府进行（莫亚琳、徐鹏程，2016①）。新加坡国家主权信用高，金融市场发达，政府收入占 GDP 的比重比较低，但融资能力强，政府债务水平较高，政府债务占 GDP 的比重连续多年处于 100% 以上。并且新加坡政府发行债券，不同于其他国家是为了平衡财政收支，而是为了投资项目以获取更高的收益。另外，对大多数国家来说，为基础设施融资是土地财政的主要目的，新加坡结合自身的政治经济体制和基本国情，形成了具有新加坡特

① 莫亚琳，徐鹏程．东盟国家政府债务现状及风险研究［J］．亚太经济，2016（3）：18-23.

色的非土地财政模式，推动着新加坡公共设施不断完善（林双林，2021①）。

2. 政府债券运行机制

（1）发行制度。新加坡国家金融局承办国库券和政府公债的发行，明确制定债券发行办法。新加坡政府债券发行有法律化特征，国家金融局代表政府从事发行管理国库券和政府公债的法律依据是1982年公布的《地方国库券法》和1992年公布的《政府债券法》。新加坡的宪法和政府证券法规定，发行政府债券招募的资金只能用来投资，严格的政府举债机制和合理的政府债务用途，都降低了新加坡政府债务潜在的信用风险。国库券和政府公债的发行具体程序：由财政部部长提出，经议会批准和授权，由总统发布命令，由国家金融局承办。政府可根据需要举债，举债数额由议会审批，发行量不得超过国会议案通过的限额。

（2）交易制度。新加坡地方政府债券可以在一级市场和二级市场上进行交易，投资者可以通过ATM购买初级市场发行的新加坡政府债券，通过银行购买二级市场发行的债券。新加坡政府债券具有利率市场化特征，在1987年前，政府通常会确定政府公债的利率。1987年后，债券发行是通过公开拍卖方式进行的，债券利率根据拍卖时的投标情况而定。新加坡地方政府债券期限在两年及以上，每年按照固定利率支付两次利息，到期日时将本金偿还给债券持有人，并且投资者可以在二级市场上自由交易债券。

（3）资金管理制度。新加坡的政府债券操作现代化程度高，实行无纸化交易。新加坡的所有金融机构需要在货币管理局开通两个账户，一个账户记录自己的政府债券交易，一个是负责记录客户的债券交易。另外，金融机构也要开通一个现金结算账号，实现政府债券的实时结算。并且，金融机构还需要记录投资者的债券交易记录，该记录不会保留在货币管理局。同时，无纸化交易促进了政府债券在二级市场上流通，货币管理局可以充分运用政府债券这一货币政策，调节市场利率水平，管控资金流通。

二、发展中国家地方政府债券市场发展状况

除了美国、德国、法国、日本等发达国家之外，通过发行地方政府债券，进行基础设施融资的现象，也反映在新兴发展中国家，促进了本国地

① 林双林．新加坡非土地财政模式的启示与借鉴［J］．人民论坛，2021（Z1）：134-137.

方政府债券市场的发展。近年来，不少新兴国家在地方政府债券发行管理方面取得了显著的进步和发展成效。考察其地方政府债券市场发展状况，借鉴其相关管理方法，可以优先防范类似风险在中国发生。

（一）印度地方政府债券市场发展状况

1. 基本概述

印度是新兴市场经济体的代表，是世界第二人口大国，经济的快速发展促使其城市人口持续增加，城市化进程不断加快。印度是实行联邦制的国家，政府财政由联邦财政、邦财政和地方财政三级构成，地方财政需要大规模融资为持续增加的城市人口提供公共物品，推动了印度地方政府市政债券市场的发展。

印度是发行地方政府市政债券较早的国家，20 世纪 90 年代末，市政债券市场开始发展（林力，2015①）。这是由于 1990 年“一级政府，一级事权”的分权制财税制度改革②和城市化进程的加快，给印度地方政府带来了巨大的资金需求，印度地方政府开始发行市政债券向社会募集资金，以缓解日益增加的财政压力。经过 20 多年的发展，印度地方政府市政债券的市场日趋完善，印度当前的政府债券余额中大部分为市政债券。

2. 地方政府债券种类

印度市政债券类型呈多元化趋势，主要包括应税债券、免税债券、联合融资债券等，债券募集的资金用途较为广泛，包括城市供水、卫生设施、污水处理与道路设施等城市建设的各个方面。在债券发行条件方面，邦以下的地方政府通过邦政府议会许可后，即可发行地方政府债券，但所发行的债券均需要经过信用评级，根据评级结果确定政府需承担法律责任和债券是否可以享受免税政策。联合融资债券的发行模式比较特殊，运用规模经济的原理便利各级政府通过债券融资。在印度，规模较小、信用评

① 林力．地方政府市政债信用评级制度研究：印度的经验及启示［J］．地方财政研究，2015（7）：91-96.

② 1990 年印度财税制度改革的实施确立了“一级政府，一级事权”的分权制财税体系，由此也造成了中央、地方政府事权和财权上的不对应等诸多现实问题。例如，目前印度宪法所规定的地方政府市政机构（Urban Local Bodies，ULBs）应当承担的 18 项职能主要包括：对城镇社区公共设施建设进行规划、建设（街道照明、公交车站、公园、广场）；承担道路交通桥梁的建设；为居民生活、工业商业活动承建供水系统；对城镇贫民窟生活设施进行改造升级；城市居民扶贫工作；为本地居民提供文化、教育发展经费等内容。这其中，超过一半的事权责任中央政府没有给予相应的财权安排，凸显出地方政府事权和财权上的不对应。

级水平较低的中小型地方市政机构，无法在资本市场直接融资，这些机构可以联合起来，通过多层次信用增强机制发行联合融资债券。

根据新德里公共债务数据，印度政府的总负债从 2019 年 6 月底的 88.18 万亿卢比增至 2020 年 6 月底的 101.3 万亿卢比，占 GDP 比重接近 83.23%，而 2000/2001 财年至 2013/2014 财年占 GDP 比重只有 69.7%，邦债务占 GDP 比重只有 20%（见表 8-2）。

表 8-2 印度中央和邦债务余额占 GDP 比重（2000/2001 财年至 2013/2014 财年）

财年	2000/2001	2010/2011	2011/2012	2012/2013	2013/2014
中央债务	53.9%	50.5%	50.0%	50.3%	49.7%
内债	50.8%	48.5%	48.1%	48.5%	48.1%
外债	3.0%	2.0%	1.9%	1.9%	1.6%
邦债务	16.4%	21.6	20.5%	20.2%	20.0%
政府债务总额	70.3%	72.1%	70.5%	70.4%	69.7%

资料来源：Indian Public Finance Statistics 2013—2014，table 6.2（A）.

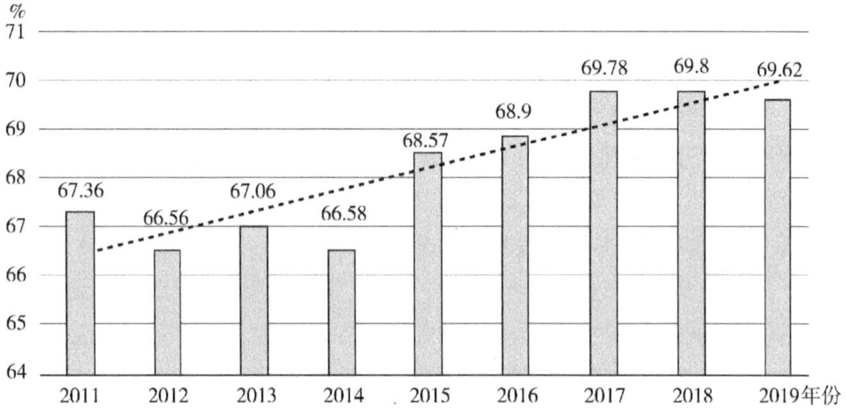

图 8-3 2011—2019 年印度政府债务占 GDP 比重（%）

资料来源：Tradingeconomics Com/Reserve Bank of India.

3. 地方政府债券运行机制

（1）债券发行和流通。印度地方政府债券筹集资金的来源有很多，一是向中央银行即印度储备银行（RBI）贷款；二是通过政府构建的公共机构及基金平台融资，解决城市公共基础设施建造的资金需求；三是发行市政债券；四是公私合作特殊项目融资，通过与民间机构合作为社会提供公共服务。

在印度，可以发行市政债券的部门较丰富，包括邦及邦以下市级政府、城市地方机构和市镇实体公司等。为保证国家债券市场的可持续发展，中央政府会确定各级财政每一年的发债规模和上限，当地债务余额不可以超过当地 GDP 的 30%，并且不能超过地方财政当年收入的 2~3 倍；还规定政府当年需支付的债券利息在当地财政收入的 1/5 以下（马恩涛、齐文燕，2020①）。

印度政府可以通过公募、私募的形式发行债券，但主要以定向私募为主，发行对象较单一，通常为大型金融机构，包括商业银行、国有企业和合作社等。通常情况下，印度邦政府在没有中央政府债务的情况下，通过中央政府的审批便可以公开发行市政债券。随着发行制度和信息披露制度的制度化，印度市政府尝试采取招标方式竞价公募发行市政债券，方便零售机构和个人加入市政债券市场进行理财。地方政府政策的透明化和资本市场不断完善，越来越多的自然人开始投资市政债券，丰富了地方政府债券的结构。但是，相比邦政府债券，在二级市场交易的市政债券种类较少，流动性差，很多投资者选择长期持有市政债券甚至持有到期，并且投资的积极性较低。

（2）监管机制。印度出台了多部相关法律法规，约束地方政府发债行为。通过《印度共和国宪法》《财政责任法》等法律法规和其他地方性规范文件，共同管控地方政府，对地方政府的债务规模、举债方式、债务偿还等各个方面作出了具体的规定。一方面，可以使地方政府的债务风险维持在较低水平，促进经济社会的稳定发展；另一方面，可以为投资者提供保障，提高社会对政府的公信度。

另外，印度设立了官方机构监督债券市场，包括债务管理办公室和证券交易委员会。其中，管理办公室的主要责任是对地方政府的债务规模、债券期限和结构等基本要素的规定，同时对债务风险进行监控（杨泽睿，2020②）。作为市政债券市场的直接监督机构，其对政府信息披露作出严格规定，政府需要提交真实的财务报告和相关证明以备公布，具体包括募集

① 马恩涛，齐文燕．地方政府债券风险管理：国际经验与借鉴［J］．经济研究参考，2020（7）：80-92.

② 杨泽睿．印度地方政府市政债券法律制度的经验及启示［J］．法制博览，2020（15）：220-221.

资金的使用范围、债券违约的补偿方式等信息披露细则等内容。

与其他新兴国家的地方债务市场相比，印度市政债券的信用评级体系较为完善，其所批准的评级机构都是在印度或在世界范围内有较大影响力的企业。在印度，如果债券工具的期限在18个月以上，则需要经过管理办公室批准的评级公司进行评级。信用评级机构在评判债券的信用等级时，利用发行主体向管理办公室提供的相关材料对市政债券进行系统性测算，具体的研判角度包括偿债意愿、偿债能力与盈利能力等。

（3）偿债基金制度。印度的偿债基金由14个邦政府一同创立，集中管理，该制度促使地方政府举债能力和偿债能力相匹配，以此进一步降低地方政府市政债券的风险。该制度规定中央银行为基金管理人，负责偿债基金监督管理方案的制订，其资金来源方式越来越多样化，资金规模也日趋庞大。

（二）巴西地方政府债券市场发展状况

1. 基本概述

巴西是世界第七大经济体，也是拉美地区中综合实力最强的国家，经济持续处于高速发展状态，对基础设施建设的要求较高，这促进其形成了较大规模的地方债务和先进的地方债务管理体系。巴西是一个联邦制国家，邦政府、州政府和地方政府均可以发行债券。20世纪80年代，巴西进行的财政联邦主义改革，较大幅度提升了地方政府的财政自主权，地方间的发展竞争越发激烈（陈工、朱峰，2016①）。随着各地经济的快速发展，政府所需的货币资金量远远超过前期的积累，各地地方政府选择“负债式增长战略”发展。为满足经济发展所需资金而发行的大量债务，极大加重了地方政府的偿债压力，导致巴西在20年内经历了三次较大规模的债务违约，给经济和社会带来了一定程度上的衰退。最终中央政府为化解债务危机对地方政府债务进行偿还，此后，巴西政府吸取预算软约束的失败经验，全面改革地方财政体系，重新制定地方债务制度，1998年实施了“财政稳定计划”政策并在2000年颁布了《财政责任法》。完善行政、法律各方面的制度，形成了制度约束型的债务管理体制，即采用强制措施约束地方政府，收效甚佳（见表8-3）。

① 陈工，朱峰．新兴经济体国家的地方政府债务监管——经验总结与启示［J］．财政科学，2016（10）：35-42+136.

表 8-3　1997—2001 年巴西地方政府债务指标（单位：百万雷亚尔）

年度	债务	财政盈余	国内生产总值	债务/国内生产总值
1997	16544	-3309	870743	1. 9%
1998	19198	-1591	914188	2. 1%
1999	29976	2837	963869	3. 1%
2000	32897	3457	1086700	3. 0%
2001	30744	4689	1184768	2. 6%

数据来源：财政部相关资料整理。

根据巴西央行发布的最新数据，该国政府总体负债额呈上升态势，2020 年 9 月巴西政府总体债务占国内生产总值（GDP）的比重也从 8 月的 88. 8%增加到 90. 6%。截至 2021 年 4 月，巴西政府债务余额为 1. 23 万亿美元左右，政府债务超过 GDP 的 85%。如表 8-4 所示，2012—2014 年巴西地方政府债务规模也逐年增加，增长速度相比 2013 年增长 14. 06%，占 GDP 比重连续 3 年都在 10%左右，2014 年 12 月巴西地方政府债务占 GDP 比重 10. 74%（见表 8-4）。

表 8-4　2012—2014 年巴西地方政府公共部门净债务

	2012 年 12 月		2013 年 12 月		2014 年 12 月	
	债务额（亿雷亚尔）	占 GDP 比重（%）	债务额（亿雷亚尔）	占 GDP 比重（%）	债务额（亿雷亚尔）	占 GDP 比重（%）
州政府	4411. 00	10. 04	4832. 57	9. 97	5511. 99	10. 74
市政府	783. 23	1. 78	865. 36	1. 79	918. 66	1. 79
国有企业						
州国企	316. 64	0. 72	343. 33	0. 71	407. 50	0. 79
市国企	29. 15	0. 07	27. 48	0. 06	27. 29	0. 05

说明：地方政府包括州和市两级政府。

资料来源：巴西中央银行：http：www. bcb. gov. br/。

2. 地方政府债券管理体制

（1）发行制度。在法律规范的基础上，巴西运用有针对性的配套措施，有效控制了地方政府的发债行为，从供给和需求两个方面共同控制地方政府的债务规模。

在需求方面，运用明细的债务比率管控各级政府的发债规模和债务余额。其中，新增债务率是新增债务额占政府净收入的比重，各级政府不得超过18%；债务率是债务余额占政府净收入的比重，州政府不得超过200%，市一级政府不得超过120%，对不同级别地方政府采用不同的债务比率限制，满足各地发展需求的同时灵活控制其债务规模。《财政责任法》还明确规定了各个州政府的举债方式和举债期限，也针对州政府换届可能带来的债务风险问题作了相关规定。

在供给方面，巴西限制社会各部门提供给地方政府贷款的规模。地方政府只有在其债务余额占银行净资产的比例小于45%时才可以向金融机构借款（谢群，2013①），另外，不允许国有银行或地方政府投资设立的银行向地方政府发放贷款。

（2）信息披露制度。在信息披露方面，巴西采用几乎透明的制度，在统一各地方政府的会计准则的基础上，实行债务定期报告制度。地方政府不仅需要在发行新债之前通过全方位的信息披露，而且需要定期向联邦政府反馈财政账户的收支额，还需要每4个月公布一次政府的债务报告（赵红、杜爽，2011②）。

此外，巴西的国家信息系统在公众监督过程中发挥着重要作用，它是由各个银行联网协同建立的，具有公开、透明的特征。地方政府债券的交易必须在该系统内合法进行，并且该交易系统自动运行，不受人为干预，所有政府与个人可通过该系统查看交易内容。这套系统的建设增加了投资者的知情权，投资者可以运用及时的债券信息进行自己的风险防控，同时，方便了中央对地方政府债务的监督管理，还间接提高了地方政府的税收收入，为债券偿还提供了保障。

（3）偿债制度。巴西地方政府债券偿还制度较为严格，各级地方政府对发行的债券自主进行收支分配，自己偿还到期债券，不再执行中央政府提供代为还债的政策。如果出现自然灾害和系统性风险等不可抗力，联邦政府不得不代地方政府偿还债务的情况下，在该代偿债务被完全清偿以前，地方政府被禁止发行新的债券。根据法律规定，有违法违规行为的主

① 谢群．国外地方政府债券发行模式借鉴及启示［J］．地方财政研究，2013（6）：71-75.

② 赵红，杜爽．国外地方政府债务管理的经验及启示［J］．河南科技学院学报，2011（5）：5-9.

体将受到一定程度的惩罚，例如，银行不对有违规行为的政府授信；对违规的责任人给予行政处罚，甚至判刑。

三、国外地方政府债券市场发展的经验借鉴

（一）发达国家地方政府债券市场发展的经验借鉴

以美国、日本、英国、法国、德国、韩国、新加坡为主的发达国家的地方政府债券市场已经日趋成熟，发行地方政府债券成为政府融资的主要手段。以下几个方面值得我国地方债券市场发展借鉴。

1. 健全地方政府债券相关法律法规

通过分析国外地方政府债券的发行管理，法制化是规范地方债券的有效途径之一，应进一步制定符合国情的财政责任法律制度，明确地方官员的职责，并对违反法规的官员施以惩戒，需要对相关法律文件从发债人到债务偿还一系列环节加以修订。规范地方债的发行管理，一定要将责任明确到岗，明确到人。

2. 完善地方政府债券管理机制

虽然上述7个国家的国家制度不同，但都建立了相对完善的地方政府债券管理机制。各个国家不仅建立了一整套规范、系统的监管体系，而且还将财政风险防控作为头等任务，积极完善风险预警机制和信用评级制度（宋伟健、霍志辉，2015①）。实时关注债务风险的信用风险和流动性风险，变事后约束机制为事前预警机制，加强市场化约束机制。这些措施都有助于地方政府在发债时慎重思考，努力降低发债成本和风险，可以推动社会经济的健康发展。我国应该借鉴发达国家监管地方债务的经验，首先应加强第三方市场自律组织或者独立监管机构对债务的监管，其次完善风险预警、信用评级和信息披露制度，最后要完善规范化和法制化等一系列的监管机制，保障地方债融资发挥最大作用。

3. 加强地方政府债券预算监督

从上述发达国家发行地方政府债券的经验可以得出，必须严格地方政府发行债券预算管理，所以我国已经开始将地方债券的预算管理从“软约

① 宋伟健，霍志辉．美国市政债券市场发展情况及对我国地方债的借鉴意义［J］，中国财政，2015（21）：64-65.

束”转向“硬约束”，更要把地方债务按照分类分别纳入相应的预算管理中。值得一提的是，这是政府重视地方债务风险的表现，而非简单地将债务相关信息纳入预算管理中。进一步提高政府财务状况以及融资使用率和负债率透明度，为完善债券市场信用评级机制奠定良好的基础。在我国预算监督是立法机构对行政机构实施制衡的一种措施，地方政府债券预算监督的主体是人大常委会，主要是通过调整预算方案的方式来实现监督（孙艺、胡艳芳，2021①）。

（二）发展中国家地方政府债券市场发展的经验借鉴

当前，我国的地方政府债券市场发展处在探索阶段，债务余额较大，缺乏完善的制度保障债券市场的稳步发展。通过对国外发展中国家地方政府债券基本情况的概述和运行机制的分析，取长补短，汲取各国的先进经验，借鉴适合我国地方政府债券市场的先进制度，以促进我国地方政府债券市场的进一步完善。

1. 健全地方政府债券相关法律制度

完善地方政府债券的相关法律法规，可以促进地方政府债券市场朝合理化、规范化的方向发展，并为债券风险的防范提供前提和保障。例如，巴西经历三次债务危机后通过了《财政责任法》，利用法律手段约束地方政府债务管理，实践表明该法律对巴西债务风险的有效防范作出了极大贡献。建立健全地方政府债券监管法律法规，明确划分各级政府的财权和事权，确保各级政府清晰所需履行的责任，可以避免各政府之间的责任推脱和利用非正当方式获取资金的现象。利用法律法规规范政府的举债行为，帮助地方政府增强公信度，积极引导并鼓励政府通过发行债券进行融资，提高社会闲置资金的使用效率，促进地方基础设施的建设和经济的发展。

当前，预算法和证券法是监管我国债券市场的主要法律文件，尚没有针对地方政府债券制定的相关法律（宋宇，2019②）。尽管财政部制定了规范一般债券市场的相关文件，但是暂未作出针对举债违规行为的具体规定，因此，应进一步修订现行的预算法、证券法，完善监管地方政府债券

---

① 孙艺，胡艳芳．地方政府债券发行监管机制研究［J］．金融理论与实践，2021（5）：96-103.

② 宋宇．地方政府债券市场监管机制探讨［J］．财政监督，2019（18）：64-72.

的法律法规体系。具体地，可以通过法律法规规定债券的发行主体、规模、期限等发行要素，以及资金使用范围、管理和偿还的一系列问题，有效控制地方债的发行和管理行为。

2. 完善地方政府债券监督管理体系

在建立健全法律法规的基础上，完善地方政府债券的监督管理体系，更有效地降低债券市场的风险。因此，建立包含发债审批制度、信息披露机制以及信用评级机制等在内的一整套监督管理体系是十分必要的。

在完善信息披露制度方面，中国地方政府作为发行人参与市场并接受自身监督，缺乏完善的社会监督机制。中国可以借鉴巴西透明的信息披露制度准确及时地反馈债券交易状况。完善信息披露制度，可以为债券投资者提供必要的信息以便作出决策，同时，可以增强政府债务信息的透明度，接受公众的监督，促进政府规范工作行为，帮助政府提高公信力。一方面，应该补充债券信息披露具体内容的要求，不仅要披露债券的相关信息，还要公布当地政府的财务情况，具体应涵盖财务报告、风险评估报告、债务信息、资金用途等；另一方面，建立公开的债券信息管理系统，定期披露政府债券信息，及时上传债券交易信息，方便全社会对信息的了解和监督。

在信用评级方面，我国还未建立成熟的制度，仍处于探索阶段。市场上发行的地方政府债券信用评级应合理反映各个债券的内涵风险，提供给市场高效的参考价值，方便社会各方对政府债券的监控。在发展中国家，印度的信用评级制度较为先进，其所批准的评级机构都是在印度或在世界范围内有较大影响力的企业。公正的信用评级可以客观反映地方政府债券的风险度，既方便债券发行的审核，也利于公众的投资决策。我国在完善评级机构制度的同时也应该优化评级方式，对不同地方政府、不同类型债券采取不同的评级方法，灵活有效地控制债券市场的风险。

3. 健全地方政府债务偿债机制

偿债机制是对地方政府债券市场的主要监管措施，能够有效地降低债券违约率，增加公众对地方债的信心。印度建立统一的偿债基金，巴西制定严格的债券偿还制度，都可以促使地方政府的偿债能力与举债能力相适应，提供了一定的资金保障。我国应借鉴这些先进的制度，根据金融市场的发展程度完善科学合理的偿债机制，包括偿债准备金制度、债券违约惩罚制度等。其中，偿债准备金制度是整个偿债机制最重要的内容，准备金规模过小起不到为投资者提供安全保障的作用，规模过大会增加财政压力，一定程度上也会降低货币的利用效率。因此，中央可以参考各级政府的财务状况和债券投资项目的收益率，灵活确定准备金的规模，并设立专门机构对资金进行监督管理，确保准备金的安全。

第九章　中国地方政府债券市场法制建设发展研究

地方政府债券最早诞生于19世纪20年代的美国，距今已有200多年的发展历史。许多国家通过发行地方政府债券，筹集资金，用于国家建设与社会发展。中华人民共和国成立之初，我国就开启了探索发行地方政府债券之路，但进展缓慢，发展道路曲折。直至2009年，我国规定中央财政部可以代理地方政府发行和偿还债券；2011年则规定了试点地区可以自主发行地方政府债券，但要由中央代办偿债；2014年除开展了地方政府自发自还债券的试点任务外，还修订发布了预算法，从立法层面上赋予了地方政府通过发行政府债券，进行举借债务的权力。现阶段，发行地方政府债券，已是我国进行城市建设与经济发展的重要融资路径，地方政府债券市场运行秩序的建立，也日趋迫切。因此，在地方政府债券市场的健康有序发展中，有必要对与之相关的法制建设现状，以及未来发展进行研究与探析。

一、中国地方政府债券市场法制建设现状

（一）地方政府债券市场的法律基础

全国人大常委会制定与地方政府债券相关的法律规定，同级人大负责监督地方政府举债融资的行为，其享有的法律权威效力最高。现阶段，我国尚未颁行专门的地方政府债券法，其所依据的法律基础除来自预算法中的有关规定外，还适用担保法、会计法、商业银行法和证券法中的相关地方财政规定。

首先，2015年伊始，修订后的预算法开始正式实施，地方政府发行债

券融资有了法律依据。预算法中的第三十五条[①]、第四十八条[②]、第六十七条[③]、第七十九条[④]和第九十四条[⑤]的有关规定，基本上构成了我国地方政府债券市场的法律监管体系。具体而言，第三十五条针对地方政府举借债务的权力进行了界定与限制，即仅限于省级政府享有举债权且其发债要遵循人大的限额管理，并对地方政府的信用担保提出了严格的限制性要求；此外，还规定了国务院财政部在地方政府债券市场中所承担的职责与工作，即负责对地方债的监督与管理。第四十八条和第六十七条就地方政府债务预算安排情况的审查审核及预算调整等有关方面进行了规范。第七十九条明确规定了县乡镇等基层人大可以对本级政府债务决算的有关方面进行审查。第九十四条严格规定了地方官员违规举债和违规担保应当承担的行政责任及所要遭受的处分，对政府发债的方式和规模都进行了严格限制。总的来说，上述这些规定在一定意义上对地方政府债券市场迈入法制化和规范化的发展轨道起到了奠基的作用。

---

① 预算法（2014 年修正版）第三十五条：经国务院批准的省、自治区、直辖市的预算中必需的建设投资的部分资金，可以在国务院确定的限额内，通过发行地方政府债券举借债务的方式筹措。举借债务的规模，由国务院报全国人民代表大会或者全国人民代表大会常务委员会批准。省、自治区、直辖市依照国务院下达的限额举借的债务，列入本级预算调整方案，报本级人民代表大会常务委员会批准。举借的债务应当有偿还计划和稳定的偿还资金来源，只能用于公益性资本支出，不得用于经常性支出。除前款规定外，地方政府及其所属部门不得以任何方式举借债务。除法律另有规定外，地方政府及其所属部门不得为任何单位和个人的债务以任何方式提供担保。国务院建立地方政府债务风险评估和预警机制、应急处置机制以及责任追究制度。国务院财政部门对地方政府债务实施监督。

② 预算法（2018 年修正版）第四十八条：（四）重点支出和重大投资项目的预算安排是否适当；（六）对下级政府的转移性支出预算是否规范、适当；（七）预算安排举借的债务是否合法、合理，是否有偿还计划和稳定的偿还资金来源。

③ 预算法（2018 年修正版）第六十七条：经全国人民代表大会批准的中央预算和经地方各级人民代表大会批准的地方各级预算，在执行中出现下列情况之一的，应当进行预算调整：（一）需要增加或者减少预算总支出的；（二）需要调入预算稳定调节基金的；（三）需要调减预算安排的重点支出数额的；（四）需要增加举借债务数额的。

④ 预算法（2018 年修正版）第七十九条：县级以上各级人民代表大会常务委员会和乡、民族乡、镇人民代表大会对本级决算草案，重点审查下列内容：（二）支出政策实施情况和重点支出、重大投资项目资金的使用及绩效情况；（七）经批准举借债务的规模、结构、使用、偿还等情况。

⑤ 预算法（2018 年修正版）第九十四条：各级政府、各部门、各单位违反本法规定举借债务或者为他人债务提供担保，或者挪用重点支出资金，或者在预算之外及超预算标准建设楼堂馆所的，责令改正，对负有直接责任的主管人员和其他直接责任人员给予撤职、开除的处分。

审计法第二条对地方财政收支的审查监管进行了明确规定[①]，目的在于提高财政资金的使用效益。会计法第二条则规定了各单位的会计事务都适用本法，包括国家机关在内[②]，第十条规定债权债务的结算要依据本法办理会计核算[③]。证券法中第二条明确对政府债券的发行和交易需要由国务院依据本法来予以规制进行了明确说明[④]。商业银行法第三条第七款针对地方政府债券的发行、兑付、承销和买卖可以交由商业银行代理这一点，进行了明确规定[⑤]。这些法律文件在一定程度上为地方政府债券市场的监督与管理提供了法律依据。

（二）地方政府债券市场相关的行政法规

自2014年修改预算法赋予地方政府法律上的举债权后，国务院及各部门针对地方政府债务监督与管理的规范性文件相继出台，以便与新预算法做好衔接工作。本书主要就预算法修订（2014）以后发布且现行有效的地方政府债券市场相关的行政法规进行了梳理。

中央针对地方政府债券市场的规范发展，相继发布了一系列行政法规，主要集中在地方政府债券发行限额、地方政府性债务管理及风险处置、债券资金使用范围、地方政府性债务管理工作规范等方面。作为指导地方政府债务管理的基础性行政法律法规，国发〔2014〕43号文件对地方政府的法定举债权、债务规模限额控制、债券资金用途及其分类预算管理，以及债务风险预警和应急处置等地方政府债券举借、使用和偿还等全过程的管理机制，进行了规范。2015年12月，财政部部长楼继伟在第十

---

① 审计法第二条：国家实行审计监督制度。国务院和县级以上地方人民政府设立审计机关。国务院各部门和地方各级人民政府及其各部门的财政收支，国有的金融机构和企业事业组织的财务收支，以及其他依照本法规定应当接受审计的财政收支、财务收支，依照本法规定接受审计监督。审计机关对前款所列财政收支或者财务收支的真实、合法和效益，依法进行审计监督。

② 会计法第二条：国家机关、社会团体、公司、企业、事业单位和其他组织（以下统称单位）必须依照本法办理会计事务。

③ 会计法第十条：下列经济业务事项，应当办理会计手续，进行会计核算：（一）款项和有价证券的收付；（三）债权债务的发生和结算。

④ 证券法第二条：在中华人民共和国境内，股票、公司债券和国务院依法认定的其他证券的发行和交易，适用本法；本法未规定的，适用《中华人民共和国公司法》和其他法律、行政法规的规定。政府债券、证券投资基金份额的上市交易，适用本法；其他法律、行政法规另有规定的，适用其规定。证券衍生品种发行、交易的管理办法，由国务院依照本法的原则规定。

⑤ 商业银行法第三条：（六）代理发行、代理兑付、承销政府债券；（七）买卖政府债券、金融债券。

二届全国人大常委会上以地方政府债务管理工作为主题，针对地方债管理工作规范的现实情况、问题及今后相关债务管理工作规范的发展作了报告[①]。国办函〔2016〕88号文件分别就一般债务违约和专项债务违约而引致的地方债风险的具体处置办法进行了规定。国办发〔2018〕101号规定中，围绕地方政府专项债券资金及其项目管理的加强，提出了指导性意见与明确要求。

此外，《关于做好地方政府专项债券发行及项目配套融资工作的通知》（2019年，中共中央办和国务院办印发）和《关于加强地方人大对政府债务审查监督的意见》（2021年，中共中央办印发）这两项党内法规分别就地方政府专项债券管理工作、强化人大对地方政府债务的监督与管理等相关方面作了明晰的规定与要求，进一步完善了地方政府债券市场管理行政法规建设体系。

（三）地方政府债券市场相关的部门规章及政策性文件

通过对现行地方政府债券市场相关部门规章的梳理，可以发现，自我国开始着手探索地方自主发行债券的实施方案以来，财政部、发改委、司法部、中国人民银行、中国银监会、中国保监会、中国银保监会等部门就地方政府债券发行、使用和偿还等过程的债务监管及风险管控等相关方面，发布了大量的规定意见和办法，其中，财政部是地方债相关规章的主要制定者，尤以其制定的相关地方债规范性文件的数量最多。这些部门规章共同构成了多元主体的地方政府债券市场规范的微观基础框架。

关于地方政府债券自发自还试点任务的相关规范主要有财库〔2014〕57号文件、财库〔2014〕70号文件和财库〔2014〕69号文件，它们分别对试点地区范围、试点地区信用评级工作和试点地区信息披露工作等，提出了规范性要求，要求省级政府负责对其下辖市县级政府债券信息予以披露。随后，财预〔2018〕209号文件则明确要求，县级以上地方各级财政部门对于本地区本级政府及其下辖地区政府的债务状况和信用评级情况，要随预算得到公示与公开。此外，财预〔2021〕5号文件和财库〔2021〕8号文件等规章，分别对地方债信息公开平台管理和信用评级管理等方面，

① 张少春．国务院关于规范地方政府债务管理工作情况的报告——2015年12月22日在第十二届全国人民代表大会常务委员会第十八次会议上［J］．中华人民共和国全国人民代表大会常务委员会公报，2016（1）：105-108.

予以了明晰的规范。

立足于地方政府债券发行有关的制度规章而言，财库〔2015〕64 号文件、财库〔2015〕83 号文件、财预〔2015〕225 号文件和财预〔2017〕35 号文件分别就地方政府一般债券和专项债券的发行管理、地方债限额管理、新增地方债限额分配等方面进行规范与界定。同时，财库〔2018〕68 号文件和财库〔2018〕74 号文件共同对地方政府债券的两大发行方式，即公开承销和弹性招标，制定并提出了明确的规范与要求；就地方政府债券发行渠道而言，银发〔2018〕283 号文件、财库〔2019〕11 号文件和财库〔2020〕49 号文件等都对地方政府债券的银行间债券市场柜台发债工作进行了明确的规制。此外，财库〔2018〕72 号、财库〔2019〕23 号和财库〔2020〕36 号等规范性文件都对地方政府债券发行工作规范提出了具体、详细的规定。

基于地方政府性债务方面的相关规定而言，财预〔2014〕351 号文件对界定并清理地方政府存量债务以及政府债务甄别的相关方面，作了明确而详细的规定，为地方政府性债务实行分类化的全口径预算管理奠定了基础；财预〔2015〕47 号文件围绕地方政府一般债券预算编制和调整、执行、监督和检查等方面，提出了明确的规定，以提升一般债券资金使用效益；财预〔2016〕154 号和财预〔2016〕155 号则分别规范了地方政府一般债务和专项债务的预算管理、偿债资金来源与偿还方式，为地方政府债券实行分类预算管理提供了可资参照的规范。此外，财预〔2016〕152 号文件中明确规定了地方政府债务的分类处置办法，要求地方政府依法承担地方政府债券的全部偿还责任；保监发〔2018〕6 号文件则从保险机构认购地方政府债券视角，对运用保险资金支持地方债风险的防范与化解方面提出了指导性意见和规范。

立足于地方政府举债融资的相关规定来看，财预〔2017〕50 号和财预〔2017〕89 号文件分别对规范地方政府举债融资、实现专项债项目收益与其融资相平衡提出了明确要求；财库〔2017〕62 号文件、财库〔2017〕97 号文件和财库〔2018〕28 号文件则分别对土地储备专项债、收费公路专项债、棚户区改造专项债等具体地方政府专项债券品种的发行规模和资金使用作了详细的规定。此外，财预〔2020〕94 号文件和财预〔2021〕61 号文件则对地方政府专项债资金使用，以及债券项目资金绩效管理，提出了清晰的规范与要求。

二、中国地方政府债券市场法制建设存在的问题

如前所述，近年来我国地方政府债券市场法制建设方面，取得了积极进展，构建了以行政法规、部门规章为主的法律制度体系，基本可以满足目前地方政府债券市场管理的需要，但和地方政府债券市场规范发展，以及我国社会主义市场经济法制建设的要求相比，还有一定的差距，存在不少的问题，需要在进一步完善地方政府债券市场法制建设中逐步解决。

（一）法律体系不完善，缺乏系统性

1. 基本法缺失

自 2014 年新预算法使地方政府拥有举债权后，我国地方政府债券市场已经发展了近 10 年。但是，国家立法机关尚未专门针对地方政府债券的发行、交易、结算和偿还等方面颁行基本法，具有针对性和独立性的地方政府债券法或地方公债法仍然缺失，而鉴于地方政府债券市场的特殊性，预算法也无法对地方政府债券的所有相关方面予以规制，与之相关的法规也体现在其他诸如证券法、审计法、商业银行法、会计法等法律规范中，缺乏系统性。而且，这些法律对地方政府举债行为的监督与管理较为空泛，并未就具体实施方案及操作细则予以明确规定。整体而言，地方政府债券基本法的缺失，已经难以满足中央通过地方政府债券市场加强宏观调控，以及地方政府债券市场规范化、法制化的进一步发展诉求。

2. 立法层级低，部门规章难成体系，综合协调性差

诚然，通过前文对有关地方政府债券法律规章的梳理也可知，大量的行政法规、部门规章以及政策性文件，针对地方政府债券的发行、流通、偿还、债务风险管控与应急处置等诸多方面作了具体规定，基本上是以相关“条例”“办法”“通知”“决定”“意见”等形式出现，立法层级和适用条件远远达不到地方政府债券人大立法的要求，法律效力处于低阶，法律权威不足。此外，这些规范性文件之间的综合协调性较差，衔接性不强，造成了地方政府债券市场规章制度框架缺乏系统性与合理性。现阶段，地方政府债券部门法规频繁制定，立法冲突现象加剧。一方面，存在各部门就某些环节竞相出台法规的情况，引致法律规章之间的冲突；另一方面，在某些领域的法律规章却有所缺失，造成立法空白。法规之间的这

种较差的协调性，在某种程度上会导致地方政府债券法规适用上的难处。

3. 现行法规存在滞后性，立法质量低下

值得关注的是，地方政府举债所依据的法律规章，只是中央政府和地方政府进行短暂博弈的结果，是中央政府针对地方政府债务风险而提出的临时性、应急性规范。换言之，就是针对地方政府债券市场中已经发生或暴露的风险问题进行监管，这种“头痛医头，脚痛医脚”的解决方式，无疑是较为被动的。很显然，它会导致法规的发布具有滞后性，即地方债问题已经发生且恶化之后，相关部门才开始加以重视并着手制定监管规范与办法，比如，地方政府债券信用评级工作都只是依据其他行政法规中有关信用评级管理的原则性架构，可操作性不强，容易在法规理解和执行之间产生一定偏差，立法质量偏低，从而导致了地方债信用评级的规范性与有效性较低的问题；而针对这一问题，直到 2021 年我国财政部才发布了财库〔2021〕8 号文件，进一步对地方政府债券信用评级工作的有关具体细节方面进行了规范与限制。总之，这种法规制定的滞后性会导致立法质量偏低且缺乏科学性与系统性的问题。

（二）法律监管主体定位不清晰，综合协调监管机制尚未建立

现阶段，我国地方政府债券存在多头监管的问题，对于各级人大及其常委会、审计署、中央政府、财政部、发改委、地方政府、金融监管机构而言，其往往基于不同的监管目标，针对地方政府债券市场风险防控提出各自的规范要求，造成相关具体规定存在冲突和矛盾的现象频发，致使监管主体的权责模糊化，各行其是。

首先，我国各级人大及其常委会在地方政府债券市场中享有的地方政府债务监督权力难以充分发挥，相关规定往往偏原则性和概括性，在实际操作中缺乏人大预算审批程序的明确规定，而且存在人大审议期限过短且审议工作量大、人大代表修正权缺失等诸多问题，导致人大或其常委会的地方政府债券市场监管缺乏有效性和针对性①。

其次，审计署对地方债的监管只是关注当下地方政府债务的规模，并未据此构建相应的惩罚机制，加上财政部门对地方政府债券的发行起主导作用，并通过设立财政部驻各地财政监督局监督与管理地方政府债券市

① 蒋媛．我国地方政府自主发债的法治化思考［J］．地方财政研究，2015（1）：21-26+31.

场；同时，地方政府债券的市场化发展倾向决定了其发行和流通还要受制于金融监管机构，如此，“一元多头”的监管机构的存在，势必会滋生监管主体定位模糊、权责不明的问题，从而造成在发生地方政府债务风险或危机时，各机构互相推诿形成监管真空的不利局面①。

此外，地方政府举债的各监管主体之间缺乏统一的管理协调机制，很难对其在地方政府债券市场中的职能进行明确划分与界定，不但导致彼此之间的配合效果较差，而且在问题发生时难以追责；与此同时，各地方债法律监管主体之间综合协调机制的缺失，也会导致“政出多门”或“政出无门”这种国家行政资源极大浪费的问题，从而影响地方债监管的有效性，造成监管低质无效的不利形势。

（三）法律责任体系不健全，地方债风险防控低效

我国地方政府债券市场监管的法律责任体系现存的问题主要集中在三个方面：其一是中央与地方政府的财权与事权划分模糊且法制化程度较低；其二是各级政府之间的转移支付责任不清，相应的责任追究机制和监督机制缺失；其三是地方政府的债务责任不明，纠错问责机制尚不健全。

首先，立足于央地财权与事权的匹配方面来看，分税制改革对中央政府与地方政府之间的财权和事权进行划分的目的，在于促进“财权上移、事权下移”的财政体制格局的形成，但这一财政分权缺乏具体明确的法律规范，尤其是各级政府之间的事权缺乏明确的规范界定，事权划分的规范化、法制化程度还处于一个较低的水平，导致了央地之间、地方各级政府之间财权与事权的配置亦存在较大争议，相关权责主体责任模糊。同时，税收权基本集中在中央政府这一层面，地方政府的征税权受到限制，缺乏权威的法律支撑，而地方事权却日益增多，造成地方政府有限的财力难以支撑相应事权支出的需要。这就在很大程度上会引致地方政府由于其财政自给能力匮乏而回避预算法中的相关禁止性规定，导致其违法违规举债和担保行为的频繁发生，造成地方政府隐性债务的大量积聚，最终引发地方债风险。

其次，就转移支付制度而言，中央政府与地方政府、地方各级政府之间的支出责任亦存在划分不清、交叉模糊的问题，转移支付制度缺乏合理

---

① 王璐．地方政府债券违约风险处置的法治逻辑［J］．安徽大学学报（哲学社会科学版），2020，44（2）：121-129.

统一的标准，相应的责任追究机制和监督机制缺失，使得各级地方政府的转移支付随意性较大，造成资金被各级政府截留的情况时有发生，从而对地方建设项目的进度产生消极影响。

最后，作为地方政府债券的发行主体，地方债法律责任主要涉及官员自身的责任和政府机构责任两方面[①]，现阶段，与之相关的法律规范有所缺失。除却预算法中关于行政责任的简单规定外，主要法规依据源自国办函〔2016〕88号文件和国办发〔2018〕6号文件中的有关规定，其中仅就省级政府针对市县级政府的问责进行了规范，但针对省级政府自身的问责缺乏明确的法规依据，责任范围狭窄且未成体系，同时相应的纠错问责规范机制仍存在缺陷，使得各级政府官员存在法治意识淡漠，以政绩为导向坚持经济利益至上的发展倾向，导致与地方政府举债初衷相背离的情况的发生。

（四）配套法律制度不健全，法律监管属性弱化

地方政府2015年才真正在法律层面享有举债权，地方政府债券市场的相关法律制度建设仍处于起步阶段，相应的配套法律制度仍存在缺憾与不足。首先，虽然财预〔2021〕5号文件和财库〔2021〕8号文件分别对地方政府债券相关的信息公开平台管理与信用评级管理作了进一步的规范，但这一法律规范的层级较低，只是地方政府提高公信力便于举债的手段，行政控制色彩浓厚，加之债券市场行业自律制度的缺失，法律监管属性被弱化。

其次，地方政府债务风险预警监控机制不健全，缺乏与预算管理之间的联系，导致债务风险监管权责不明晰，相关债务数据、会计工具与风险预警指标较为匮乏[②]；此外，国发〔2014〕43号文件和国办函〔2016〕88号文件只是就财政部对各省级政府建立债务风险预警机制作了架构性的规定，并无具体实操细则，而且对于各地方政府自身和地方债市场金融机构参与风险预警缺乏相应的规范，过于依赖行政控制力量，市场化和法制化欠缺。同样，地方政府纠错问责制度、地方政府债券违约处置制度和债务

---

① 冯果，罗昕．我国地方债务治理的制度检讨与法治化改造［J］．证券市场导报，2019（6）：52-57+77.

② 刘继峰，曹阳．我国地方政府债务法律监管研究［J］．法学杂志，2017，38（8）：76-85.

清偿制度，均存在类似的问题。其中，鉴于禁止地方政府破产的法律规定的存在，现实中即使存在地方政府无力对到期政府债券进行还本付息的情况而发生违约，但对其进行认定并予以处置仍面临着行政控制和无法可依的困境。

三、“十四五”时期及 2035 年前中国地方政府债券市场法制建设发展趋势分析

2017 年党的十九大明确提出了“建设法治国家、法治政府、法治社会”的目标要求。之后，在 2021 年召开的十三届全国人大四次会议上，《国民经济和社会发展第十四个五年规划和 2035 年远景目标纲要》（以下简称《纲要草案》）经过人大审议后得以通过，其对未来 15 年国家的法制建设发展目标和战略要求，进行了描绘和擘画，更进一步为中国特色社会主义法治道路的前途指明了方向。在此背景下，以法治中国为导向，在公共财政领域不断推进法治发展战略，立足于地方政府债券市场而言，首要的即是建立和完善与之相关的法律制度体系，并对地方政府债券市场法制建设的未来发展趋势进行预测与探索，助力实现地方政府债券市场的规范性发展，推动地方政府债券市场由“管理”向“治理”转变，最终实现以法制促法治。这无疑与实现财政和金融治理体系和治理能力现代化，进而实现国家治理体系和治理能力现代化的目标相契合。

2021 年是我国“十四五”时期的起步之年，《法治社会建设实施纲要（2020—2025 年）》和《法治中国建设规划（2020—2025 年）》的连续发布表明，随着新的发展规划实施时期的到来，法治国家建设就会基于新形势而提出新要求。而法制建设是实现法治的制度基础。

（一）探索立法层级的提高，建立系统性的法律法规体系

提高地方政府债券市场的立法层级，有利于对地方政府债券市场的法律地位进行确认，同时可以推动构建地方政府债券市场法制建设的顶层设计，从而可以助益法治思维在地方债治理中得以确立和运用。

在“十四五”新发展时期，首先要在对现行地方政府债券市场相关法律、行政法规和部门规章，以及政策性文件进行总览与分析的基础上，探索相关基本法的构建，可以初步草拟地方公债法（草案），由其对地方政

府债券发行、使用、偿还及地方政府性债务风险防控等地方政府债市的各个方面，提出明确的法律规范，为加强地方政府债券市场法制建设的顶层架构厘清方向。

其次，可以基于地方公债法（草案）的顶层设计，构建一个明晰有力的地方政府债券市场的法制框架，从而对统一的立法模式进行厘定并对当前碎片化的法律效力位阶较低的“立法资源”进行整合，以提升地方政府债券市场专门立法的层级。同时，还要对现存的地方政府债券市场相关法规文件进行清理与整合，将有冲突与矛盾的规范性文件予以废止；此外，基于强化综合协调效果的目标，在后续各部门发布地方债相关法规文件时，要注重填补现存法规体系的空白，以增强法规之间的互补性，规避立法冲突问题。

最后，要根据预算法及地方政府举债相关行政法规中的原则性、框架性规范，制定实操性较强的具体方案和细则，进而构建从顶层设计到具体推进再到落地实施的系统性的地方政府债券市场法律法规体系，提升立法质量。在前述基础上，积累制定地方债相关法律规章的经验，总结地方政府债券市场运行过程中存在的规范问题，从而为探索地方政府债券基本法的建立提供充分准备，以期真正实现其相关立法层级的提高。

（二）明确法律监管主体定位，构建统一协调的监管机制

“十四五”规划阶段，面对我国地方政府债券法律监管机构的“一元多头”问题，对相关法律监管主体进行明确定位，有助于明晰其所承担的法律监管职责，为各法律监管机构制定和颁行地方政府债券市场法律法规提供遵循，并推动监管机制走向统一和协调，有效规避地方政府债券市场“多头监管”问题的持续出现。

首先，要注重强化各级人大及其常委会对地方债的监督与管理，除负责本级政府举债行为规制的相关法规制定外，还要适时增加人大审议期限以应对较多的审议工作任务，并明确规定了人大预算审批程序，确认了人大代表的修正权，以提升人大或常委会的地方政府债券市场监管质量和效率。其次，要针对各法律监管机构的职责进行有效的整合，解决监管存在的交叉与冲突的问题，加强各级人大及其常委会、审计署、中央政府、财政部、发改委、地方政府、金融监管机构等法律监管主体之间的协调和沟通，明确各自的监管职责，避免权责主体责任不明而导致“监管真空”现

象的持续发生。此外，还要建立责任追究与惩罚机制，针对违法违规行为由财政部门依据预算法中的相关规定提请纪检监察、组织人事、司法等部门依规启动问责、追责程序①。最后，针对地方政府债券市场各法律监管主体存在的“各行其是”造成的“多头监管”的问题，可以考虑在中央层面建立一个各法律监管主体之间的信息共享与交流平台，加强地方政府债市监管的协同配合，从而为构建统一的综合协调监管机制奠定基础。

（三）健全相关法律责任体系，提高地方债风险防控的有效性

从明确央地财权与事权划分并提升法制化水平、确认各级政府转移支付的法律责任并构建责任追究与监督机制、明确地方政府的债务责任并健全相应的纠错问责机制等方面，着手改进与健全地方政府债券市场的法律责任体系，切实提升地方政府债券市场上可能存在的债务风险防控的有效性。

首先，以支出责任为立足点推进财政权责配置的法制化，着力解决由于地方财政负担过重而导致的地方政府债务治理困境，逐渐形成中央政府和地方政府财权与事权匹配合理的财税法律体制，这无疑符合地方政府债券市场法制化建设发展的未来趋势。在新的发展规划时期，在对央地财权与事权法律关系进行调整时，相关财政法律部门应该对此进行明确的规定，制定相关财政法律或者在预算法中就央地财权与事权进行进一步明确划分，在实现有权必有责、权责相匹配的同时对其进行“法律赋能”。具体而言，一方面要针对地方财政自主性予以强化和增加，适度扩大地方财权，提高地方财力的可持续性；另一方面要加强各级地方政府的财政转移支付的规范化与法制化，完善责任机制，强化对各级政府权力过程的监督与制约，以使其在财政体制中的补充、平衡与监督的作用得以充分发挥②，最终促进地方债风险防控实现由低效向高质高效的转变。

（四）建立健全配套法律制度，强化法制监管

整体而言，“十四五”新时期，针对当前地方政府债券市场配套法律制度不完善、监管偏行政主导的问题，相关部门可以就信用评级制度、信

---

① 魏敬淼．我国地方政府债务的法律治理审思［J］．财政监督，2019（13）：5-11.

② 苗连营，郎志恒．“依宪治国”语境下的地方财政责任机制［J］．郑州大学学报（哲学社会科学版），2015，48（3）：52-56.

息披露制度、风险预警监控机制、地方政府纠错问责制度、地方政府债券违约处置制度以及债务清偿机制等方面，整合与其相关的碎片式的、法律效力低位阶的地方政府债券市场规范，探索建立一部较高位阶的法律规范，提高制度法规层级；同时，基于这一法律还要具备较高的可操作性要求，明确规定相关实施细则，以强化其法律监管属性。

具体而言，首先，就信用评级制度而言，在市场化的评级机构建立以后，要加强对其的法律监管，要明确评级机构的法律责任；其次，在地方债信息公开过程中要引入专业法律服务机构，提高信息披露的真实性和可信度；再次，在完善地方政府债务风险预警监控机制方面，要将风险预警监控与预算管理相结合，明确债务风险监管权责，保证债务数据的可获得性，并建立科学合理的债务风险预警指标体系。在健全地方政府纠错问责制度方面，除了要对地方政府及其官员落实责任追究以外，还要将问责机制与其他地方债市场法律制度相连接，比如对信用评级机构、信息披露机构、债务风险监控主体和债券违约主体等都可以实行问责，对其违法违规行为进行责任追究，压实法律责任。基于此，系统性的责任追究机制得以在地方政府债券市场建立并发挥其应有的法律主体监管作用；最后，对于地方债违约处置和债务清偿机制的构建与完善而言，可以着手探索地方政府破产相关法律规范，从制度规章层面就其政府债券违约进行明确认定，从而为后续债务清偿提供法律基础，并且基于“举债—使用—偿还”主体相一致和中央政府不救助的原则，建立和完善债务清偿机制。

第十章 结论与展望

前文全面论述了我国地方政府债券市场发展的主要方面，其主要结论和展望如下。

一、主要结论

（一）地方政府债券市场规模

在我国地方政府债券市场规模方面，本书从债务率、负债率、偿债率、债务依存度和长期偿债能力指标，分析其存在的问题。从债务率分析，我国地方政府债务风险总体可控。从区域来看，东部地区的政府债务风险要低于其他三个区域；从负债率分析，我国地方政府债务风险总体可控。但是自 2016 年以来，我国地方政府负债率总体呈现出快速上升的趋势。从区域来看，负债率水平从高到低排名分别是：西部地区、东北地区、中部地区和东部地区。从时间跨度看，在 2016—2020 年，我国 31 个省（自治区、直辖市）地方政府负债率普遍呈现出上升趋势，债务风险持续扩大。从偿债率分析，我国地方政府债务风险总体可控。分区域看，偿债率水平从高到低依次排名分别是：东北地区、西部地区、中部地区和东部地区。在 2016—2020 年，我国 31 个省（自治区、直辖市）地方政府偿债率普遍呈现出上升趋势，债务风险持续扩大。从单独年份角度看出我国 31 个省（自治区、直辖市）地方政府偿债率水平存在较大的地区差异。从债务依存度分析，我国地方政府债务依存度呈现出先降后升的趋势，区域债务依存度水平从高到低依次排名分别是：西部、东北、中部和东部地区。在 2016—2019 年，我国 31 个省（自治区、直辖市）地方政府债务依存度普遍呈现出下降趋势，债务风险持续下降，但 2020 年又回升。从长期负债能力分析，我国地方政府长期偿债能力值呈快速上升的趋势，地方政府债务潜在风险在扩大。从单独年度看，我国 31 个省（自治区、直辖市）地方政府长期偿债能力水平存在较大的地区差异。

在“十四五”时期及2035年前，我国地方债券限额、发行额以及余额增速会保持一个平稳下降趋势，政府杠杆率要稳中有降，避免风险持续累积，以实现财政可持续发展。

（二）地方政府债券市场结构

我国地方政府债券市场结构方面，存在的问题主要是专项债券规模增长较快。从债券发行额看，2015—2020年，我国地方政府一般债券发行规模年均增长率为-3.92%。而专项债券发行规模由2015年的9692亿元，扩张至2020年的414055亿元，年均增长高达65.44%，显著高于同期一般债券和财政收入以及GDP的增长率。从债券余额看，2015—2020年，我国地方政府一般债券余额年均增长率为46.06%。而专项债券余额由2015年的907亿元，扩张至2020年的36019亿元，6年增幅高达12倍以上，显著高于同期一般债券和财政收入以及GDP的增长率。同时，短期期限类债券发行量较低。

从“十四五”时期及2035年前中国地方政府债券市场结构发展趋势分析，将需要重点开展以下领域的改革和发展：短期期限债券持续扩容；资金投向领域更加丰富；适当控制专项债券的增长速度及比重；投资者结构进一步优化。

（三）地方政府债券市场绩效

我国地方政府债券市场绩效存在问题，主要包括：法律制度不完善，无法保障绩效管理落地实施；债券项目绩效目标设置不够明确，指标体系设计不够科学；债券资金绩效管理过程管控不严；债务绩效评价结果运用不理想。

从“十四五”时期及2035年前中国地方政府债券市场绩效发展趋势分析，需要重点开展以下领域的改革和发展：建立全生命周期债券项目绩效评价体系；规范绩效指标体系建设；发挥绩效评价的结果导向；建立全方位绩效评价框架；推进绩效评价法律制度建设。

（四）地方政府债券市场管理体制

我国地方政府债券市场管理体制存在的问题，主要包括各级政府事权与支出责任划分不清，中央不救助原则难以落实；地方债管理涉及部门众多，职责不清、协调机制不畅；地方政府发债自主性受限，债券限额与地区举债能力和融资需求错配；地方政府的责任主体地位不清晰，债务追责权限不明。

从“十四五”时期及2035年前中国地方政府债券市场管理体制发展趋势分析，需要重点开展以下领域的改革和发展：明确划分各级政府事权与支出责任，促进中央不救助原则的落实；构建职能明晰的地方债券管理体制，形成完善的地方债券管理协调机制；进一步扩大地方政府发债自主权，实现发债限额与举债能力和融资需求相适应；强化地方政府的责任主体地位，健全债务追责体制机制。

（五）地方政府债券市场国际比较与借鉴

以美国、日本、英国、法国、德国为主的发达国家的地方政府债券市场已经日趋成熟，发行地方政府债券成为政府融资的主要手段，以下几个方面值得我国地方债券市场发展借鉴：健全地方政府债券相关法律法规；完善地方政府债券管理机制；加强地方政府债券预算监督。

而发展中国家地方政府债券市场发展的经验借鉴，主要包括：健全地方政府债券相关法律制度；完善地方政府债券监督管理体系；健全地方政府债务偿债机制。

（六）地方政府债券市场法制建设

我国地方政府债券市场法制建设存在的问题，主要包括法律体系不完善，缺乏系统性；法律监管主体定位不清晰，综合协调监管机制尚未建立；法律责任体系不健全，地方债风险防控低效；配套法律制度不健全，行政控制架空了法律监管。

从“十四五”时期及2035年前中国地方政府债券市场法制建设发展趋势分析，需要重点开展以下领域的改革和发展：探索立法层级的提高，建立系统性的法律法规体系；明确法律监管主体定位，构建统一协调的监管机制；健全相关法律责任体系，提高地方债风险防控的有效性；建立健全配套法律制度，强化法制监管。

二、研究展望

我国目前是世界第二大经济体，但人均GDP水平仍属发展中国家，且各地区发展极不平衡，在国家实现第二个百年发展战略目标的过程中，地方政府债券市场仍有较大发展空间，在本书对我国地方政府债券市场总额、结构、绩效、管理体制和法制建设研究的基础上，下一步还需要拓展以下领域的研究。

第一，积极发展地方政府债券二级市场，适时推出期货交易。目前地方政府债券二级市场不够活跃，在条件成熟时推出地方政府债券期货交易，扩大二级市场交易规模，一级市场、二级市场相互推动，促进我国地方政府债务的繁荣与发展。

第二，进一步丰富和发展地方政府债券新品种，积极开发各类金融衍生产品，满足投资者的需要。如大力发展地方政府绿色债券、地方政府债券期权产品等。

第三，开发地方政府债务风险指数，加强地方政府债务风险监管。改变目前单一的债务率风险指标，全面反映地方政府债券的存量、增量风险，防范系统性、区域性财政金融风险。

第四，建立地方政府债券项目综合评价制度。由于地方政府债券项目的公益性、外部性因素，仅从项目微观的角度进行绩效评价是不够准确的。在微观绩效评价的基础上，还需要从中观、宏观的角度进行绩效评价，才能得出较准确、全面和科学的结论。

参考文献

［1］本书编写组．中国共产党简史［M］．北京：人民出版社；中共党史出版社，2021.

［2］曹婧，毛捷，薛熠．城投债为何持续增长：基于新口径的实证分析［J］．财贸经济，2019，40（5）：5-22.

［3］池柳怡，张自力，吴泽华，张雪妍．英国地方政府债务构成特征及监管研究［J］．财政科学，2021（1）：150-160.

［4］陈工，朱峰．地方政府债券的发行与监管：发达国家的经验借鉴［J］．财经智库，2017，2（3）：102-117+143.

［5］陈会玲，罗绍明．日本地方政府债券风险控制制度及其启示［J］．企业经济，2014（4）：189-192.

［6］陈龙．优化政府债务结构，提升政府债务使用效率［N］．21 世纪经济报道，2021（4）：1-3.

［7］崔金平，代斌．基于增长效应和风险效应下地方债务适度规模研究［J］．金融发展研究，2020（4）：54-59.

［8］冯果，罗昕．我国地方债务治理的制度检讨与法治化改造［J］．证券市场导报，2019（6）：52-57+77.

［9］付妍雯，王思琪．完善我国地方政府预算绩效管理激励约束机制的思考［J］．财政监督，2021（7）：53-59.

［10］高国华．地方政府专项债新规对地方经济的影响［J］．债券，2019（7）：36-40.

［11］高明．美国市政债券的发展机制研究［J］．金融理论与实践，2019（2）：103-109.

［12］韩立岩，丁丁，任若恩．稳健中的积极：地方债发展思考［J］．国际金融，2019（5）：57-61.

［13］洪源，吕鑫，张彩云．地方政府融资平台债务绩效评价指标体系的构建［J］．湖南大学学报，2015（1）．

［14］胡锦涛．高举中国特色社会主义伟大旗帜 为夺取全面建设小康社会

新胜利而奋斗——在中国共产党第十七次全国代表大会上的报告［M］．北京：人民出版社，2007.
［15］胡才龙，魏建国．中国地方政府债券风险空间关联网络结构特征及收敛性研究［J］．江西财经大学学报，2021（2）：12-23.
［16］胡耀亭，曹萍．中美信用债市场期限差异化研究及启示［J］．深圳大学学报（人文社会科学版），2017，34（3）：113-118.
［17］吉富星．隐性债务治理与政府融资规范［J］．中国金融，2019（3）：67-68.
［18］江泽民．全面建设小康社会，开创中国特色社会主义事业新局面——在中国共产党第十六次全国代表大会上的报告［M］．北京：人民出版社，2002.
［19］姜爱华，郭子珩．地方政府债务规模与 PPP 模式偏好——来自中国地级市的经验证据［J］．山东财经大学学报，2019，31（6）：24-35.
［20］蒋媛．我国地方政府自主发债的法治化思考［J］．地方财政研究，2015（1）：21-26+31.
［21］金鑫．浅析英国政府债务预算管理的经验启示［J］．行政事业资产与财务，2021（4）：4-5.
［22］金荣学，董浩然．基于数据包络分析法的地方债绩效评价——以 A 省地市州为例［J］．现代商业，2021（3）：154-156.
［23］金荣学，毛琼枝．基于主成分与数据包络组合法的地方政府债务绩效评价［J］．华中师范大学学报（人文社会科学版），2017，56（3）：55-61.
［24］靳伟凤，张海星，孙艺，底萌妍．地方政府债务风险的评价与预警机制研究——基于辽宁省的样本分析［J］．统计与决策，2020，36（19）：155-158.
［25］孔丹凤，谢国梁．地方政府债券、债务置换与商业银行理财收益率［J］．当代财经，2020（9）：66-75.
［26］考燕鸣，王淑梅，马静婷．地方政府债务绩效考核指标体系构建及评价模型研究［J］．当代财经，2009（7）.
［27］李丽珍．地方政府或有隐性债务风险预警系统构建与应用研究——基于 BP 神经网络分析法［J］．财政论丛，2021（3）：14-25.
［28］李慧杰，李萱．德国市政债：政府隐性担保，银行可参与发行

[N]. 中国经济导报，2015-05-26（B07）.

[29] 李红霞，刘天琦. 预算绩效与政府治理：契合性与协同性视角[J]. 中央财经大学学报，2019（6）：11-19+118.

[30] 李升，朱欣，韩海彬. 地方显性债务与隐性债务的形成机制：基于融资约束的实证考察[J]. 天津商业大学学报，2019，39（1）：17-24.

[31] 李升. 地方政府债券的发展现状及其“十四五”展望[J]. 财政监督，2021（11）：75-80.

[32] 李一花，阎保华，贾聪聪. 地方政府债务绩效与债务风险的实证研究[J]. 公共财政研究，2020（6）：4-19.

[33] 李玉龙. 地方政府债券、土地财政与系统性金融风险[J]. 财经研究，2019，45（9）：100-113.

[34] 梁虎，张珩. 地方债务治理对银行信贷资金“脱虚向实”的影响——基于国务院“43号文”准自然实验的经验考察[J]. 当代财经，2021（2）：63-74.

[35] 梁若冰，王群群. 地方债管理体制改革与企业融资困境缓解[J]. 经济研究，2021，56（4）：60-76.

[36] 梁维和，仇彤，周文斌，刘敏，周彬. 澳大利亚地方债市场及其借鉴[J]. 预算管理与会计，2020（1）：56-64.

[37] 廖秋华. 美国市政债发行管理机制对我国地方政府债券风险防控的启示[J]. 区域金融研究，2017（12）：28-32.

[38] 林力. 地方政府市政债信用评级制度研究：印度的经验及启示[J]. 地方财政研究，2015（7）：91-96.

[39] 林力，张自力. 韩国地方政府债务融资管理及问题研究[J]. 证券市场导报，2015（11）：37-43+55.

[40] 林双林. 新加坡非土地财政模式的启示与借鉴[J]. 人民论坛，2021（Z1）：134-137.

[41] 刘继峰，曹阳. 我国地方政府债务法律监管研究[J]. 法学杂志. 2017，38（8）：76-85.

[42] 刘澜飚，范世成，邸超伦. 我国地方政府债券定价机制研究——基于城投债信用利差的分析[J]. 广东社会科学，2020（1）：18-29.

[43] 刘琳，张宗军. 市场化发展、信用违约与市政债券风险防范：基于

美国的经验［J］. 金融发展研究，2017（10）：16-21.
［44］刘继峰，曹阳. 我国地方政府债务法律监管研究［J］. 法学杂志，2017，38（8）：76-85.
［45］刘穷志，刘夏波. 日本地方政府债务治理及启示［J］. 现代日本经济，2020（5）：24-39.
［46］刘锐，龙小燕. 地方政府债券银行：理论逻辑、实践基础与实现路径［J］. 中央财经大学学报，2021（4）：14-23.
［47］刘颖. 地方政府专项债券发行演变与改进建议［J］. 地方财政研究，2021（2）：4-10.
［48］刘颖. 2015 年以来地方债发行情况及政策建议［J］. 中国债券，2021（1）：61-64.
［49］刘尚希. 以拆弹的精准和耐心化解地方隐性债务风险［J］. 地方财政研究，2018（8）：4-6.
［50］龙小燕，赵全厚，黄亦炫. 地方政府专项债券的问题解析与制度完善［J］. 经济纵横，2021（4）：120-128.
［51］龙小燕，黄亦炫. 美国市政债券发行交易概况及启示［J］. 债券，2021（2）：74-78.
［52］马恩涛，齐文燕. 地方政府债券风险管理：国际经验与借鉴［J］. 经济研究参考，2020（7）：80-92.
［53］马克思. 马克思致巴・瓦・安年柯夫［M］//马克思恩格斯全集：第 27 卷. 北京：人民出版社，1972：481.
［54］吴晓求. 证券投资学［M］. 中国人民大学出版社，2000：23-27.
［55］马海涛，吕强. 我国地方政府债务风险问题研究［J］. 财贸经济，2004（2）：12-17.
［56］马常青. 完善地方政府专项债发行［J］. 中国金融，2020（22）：62-63.
［57］毛捷，黄春元. 地方债务、区域差异与经济增长——基于中国地级市数据的验证［J］. 金融研究，2018（5）：1-19.
［58］毛捷. 警惕两个比重持续上升 深化政府债务管理改革［J］. 中国财政，2021（3）：32-35.
［59］毛锐，刘楠楠，刘蓉. 地方债务融资对政府投资有效性的影响研究［J］. 世界经济，2018，40（10）：51-74.

[60] 毛泽东．毛泽东选集［M］．北京：人民出版社，1991.

[61] 缪小林，石若瑾．地方债：规模、效率与风险［J］．公共财政研究，2020（3）：18-35.

[62] 苗连营，郎志恒．"依宪治国"语境下的地方财政责任机制［J］．郑州大学学报（哲学社会科学版），2015，48（3）：52-56.

[63] 莫亚琳，徐鹏程．东盟国家政府债务现状及风险研究［J］．亚太经济，2016（3）：18-23.

[64] 倪志良，宗亚辉，郭玉清．"省直管县"改革、土地融资激励与地区经济增长［J］．现代经济探讨，2018（10）：21-29.

[65] 牛霖琳，夏红玉，许秀．中国地方债务的省级风险度量和网络外溢风险［J］．经济学，2021，21（3）：863-888.

[66] 潘春阳，吴柏钧．腐败控制、私人部门参与基础设施提供与反贫困效应——来自发展中国家的经验证据（1996—2014）［J］．南方经济，2019（1）：60-80.

[67] 潘俊，王禹，王亮亮，王伯森．城投债与地方政府债券发行定价差异及其机理研究［J］．会计研究，2018（9）：31-38.

[68] 裴俊巍．国外 PPP 立法特点与经验借鉴［J］．中国财政，2016（12）：33-35.

[69] 彭睿，姜超．美国市政债管理模式对我国的借鉴与启示［J］．金融经济，2017（24）：74-75.

[70] 乔宝云，吴卓瑾．稳定预期、防范风险 更好地发挥地方政府专项债券的作用［J］．中国财政，2019（16）：26-28.

[71] 谭天骄，李亘．完善我国地方政府专项债的建议［J］．中国财政，2020（5）：78-79.

[72] 田进．关于地方政府专项债券的思考［J］．经济师，2019（11）：67+69.

[73] 万其龙．基于空间视角的地方政府债务竞争与私人投资挤出效应［J］．经济与管理研究，2019，40（4）：93-108.

[74] 王璐．地方政府债券违约风险处置的法治逻辑［J］．安徽大学学报（哲学社会科学版），2020，44（2）：121-129.

[75] 王金秀，于井远．我国地方财政支出效率评价：基于三阶段 DEA 方法［J］．中南财经政法大学学报，2018（5）：79-87.

[76] 王雪松．行政事业单位全面实施预算绩效管理的难点与对策［J］．纳税，2019，13（6）：270+272.
[77] 王晓凌．地方政府债务风险成因及对策研究［J］．经济研究导刊，2021（12）：34-36.
[78] 王信，李俊．德国地方政府债券市场的发展与启示［J］．中国货币市场，2012（3）：16-18.
[79] 王雍君．绩效管理中的激励机制设计难题［J］．新理财（政府理财），2018（9）：19-20.
[80] 王泽彩，徐军伟．地方政府债券绩效管理的问题与对策——基于财政与金融协同、公共绩效与市场绩效协同的视角［J］．财政研究，2020（2）：44-54.
[81] 魏敬淼．我国地方政府债务的法律治理审思［J］．财政监督，2019（13）：5-11.
[82] 文峰．我国“十三五”时期财政监督工作回顾与“十四五”展望［J］．财政监督，2021（3）：13-19.
[83] 温来成，马昀．财政透明度与地方政府融资成本——来自2015年《预算法》实施的证据［J］．地方财政研究，2019（12）：28-35.
[84] 温来成，翟义刚．地方政府债券市场发展问题研究［J］．财政科学，2019（1）：27-33.
[85] 温来成，贺志强．地方政府隐性债务治理重点及改革建议［J］．地方财政研究，2021（3）：10-16+23.
[86] 温来成．深化财税体制改革重要路径：地方债管理的制度化、规范化和法制化［J］．财政监督，2014（6）：18-19.
[87] 温来成，李婷．我国地方政府隐性债务边界的厘清及治理问题研究［J］．中央财经大学学报，2019（7）：18-26+114.
[88] 吴京，陈玉洁，王剑锋．我国地方债发行利率异象成因的主流观点—— 一个文献综述［J］．地方财政研究，2020（8）：48-56+105.
[89] 吴粤，王涛，竹志奇．政府投资效率与债务风险关系探究［J］．财政研究，2017（8）：29-42+55.
[90] 沈丽，范文晓．地方政府债务扩张对区域金融风险的溢出效应［J］．经济与管理评论，2021，37（2）：51-63.
[91] 石晓军，王訸，付莉．地方政府债券双轨制发行结构的理论模型及

实证研究［J］. 天津财经大学学报，2020，40（1）：41-55.
［92］宋立. 地方公共机构债券融资制度的国际比较及启示——以美国市政债券与日本地方债券为例［J］. 经济社会体制比较，2015（3）：76-83.
［93］宋琳. 财政风险金融化视阈下的地方债置换法律规制问题研究［J］. 西南大学学报（社会科学版），2018，44（1）：62-69.
［94］宋伟健，霍志辉. 美国市政债券市场发展情况及对我国地方债的借鉴意义［J］. 中国财政，2015（21）：64-65.
［95］宋宇. 地方政府债券市场监管机制探讨［J］. 财政监督，2019（18）：64-72.
［96］苏策，张宇. 地方债信用评级：体系完善与制度监管［J］. 宁夏社会科学，2021（3）：97-108.
［97］孙彬彬，陈宝林. 地方债发行回顾与展望［J］. 债券，2020（12）：27-30.
［98］孙大海. 美国地方债市场监管框架及启示［J］. 债券，2020（4）：57-60.
［99］孙艺，胡艳芳. 地方政府债券发行监管机制研究［J］. 金融理论与实践，2021（5）：96-103.
［100］孙晓霞. 供给侧改革引领地方政府债券市场高质量发展［J］. 清华金融评论，2019（7）：21-23.
［101］孙晓霞，刘国永，黄超. 全面实施地方债绩效管理助力财政逆周期调节［J］. 绩效管理，2020（24）：61-64.
［102］习近平. 决胜全面建成小康社会 夺取新时代中国特色社会主义伟大胜利——在中国共产党第十九次全国代表大会上的报告［N］. 新华社，2017-10-27.
［103］肖毅，何志强，吴宗书. 货币政策对地方债发行的影响机制［J］. 上海金融，2017（8）：17-23.
［104］谢群. 国外地方政府债券发行模式借鉴及启示［J］. 地方财政研究，2013（6）：71-75.
［105］徐蕾，刘小川. 地方政府债务违约风险测度［J］. 上海经济研究，2018（1）：84-93.
［106］许鹏. 土地财政、地区金融发展水平与地方政府债券发行定价关系

的研究［J］．当代经济管理，2019，41（11）：86-92.
［107］徐清飞．地方隐性债务风险的法律防控［J］．法商研究，2019，36（6）：114-126.
［108］杨继东，杨其静，刘凯．以地融资与债务增长——基于地级市面板数据的经验研究［J］．财贸经济，2018，39（2）：52-68+117.
［109］杨萍．国外地方政府债券市场的发展经验［J］．经济社会体制比较，2004（1）：137-141.
［110］杨云，孟星辰．城投债影响私人资本存量：理论与经验证据［J］．经济社会体制比较，2020（1）：146-158.
［111］杨泽睿．印度地方政府市政债券法律制度的经验及启示［J］．法制博览，2020（15）：220-221.
［112］尹李峰，张登，缪小林．专项债是否拉动了经济增长？——基于私人投资和政府投资传导的比较［J］．天津财经大学学报，2021，41（5）：19-32.
［113］余海跃，康书隆．地方政府债务扩张、企业融资成本与投资挤出效应［J］．世界经济，2020，43（7）：49-72.
［114］岳红举，陈军．省级政府在地方债管理中的地位：现实困境与治理转型［J］．当代财经，2021（1）：39-48.
［115］章孟迪．韩国地方政府的支出责任与地方税收：实践与启示［J］．公共经济与政策研究，2017（1）：87-133.
［116］张洁梅，王钰沛，张玉平．利益相关者视角的地方政府融资平台风险管理研究［J］．管理评论，2019，31（3）：61-70.
［117］张建顺，郭浩宇．地方债治理促进了企业创新吗？——来自上市公司的经验证据［J］．国际金融研究，2021（6）：86-96.
［118］张吉军，金荣学，张冰妍．高质量发展背景下地方政府债务绩效评价体系构建与实证——以湖北省为例［J］．宏观质量研究，2018（04）．
［119］张乐乐．地方政府债务管理的国际经验借鉴［J］．财会通讯，2021（7）：152-156+161.
［120］张莉，年永威，刘京军．土地市场波动与地方债——以城投债为例［J］．经济学，2018，17（3）：1103-1126.
［121］张宁．地方政府债务融资模式的国际比较分析与借鉴［J］．财会通

讯，2021（11）：150-160.

［122］张怡亮．地方政府债券发行选择和绩效管理问题研究［J］．预算管理与会计，2020（10）：60-63.

［123］张月玲，郝梓秀．新《预算法》、地方政府债务与 PPP 模式［J］．行政事业资产与财务，2017（28）：1-3.

［124］张曾莲，严秋斯．土地财政，预算软约束与地方政府债务规模［J］．中国土地科学，2018，32（5）：45-53.

［125］张子荣．中国地方政府债务使用绩效地区差异研究——基于新《预算法》实施前后 DEA 模型的分析［J］．经济经纬，2021，38（2）：141-150.

［126］张宗军，孙祁祥．外生型城镇化发展的驱动机制与融资路径转换——基于 SDM 的实证检验［J］．经济科学，2018（5）：56-67.

［127］赵桂芝，冯海欣．新预算法下我国地方政府债务使用绩效的区域差异与对策启示［J］．辽宁大学学报（哲学社会科学版），2019，47（2）：38-46.

［128］赵红，杜爽．国外地方政府债务管理的经验及启示［J］．河南科技学院学报，2011（5）：5-9.

［129］赵全厚．在“稳投资”中创新地方政府专项债券风险防范机制［J］．中国财政，2020（5）：60-62.

［130］赵全厚，赵泽明．我国地方政府隐性债务化解再认识与再探讨［J］．地方财政研究，2021（3）：4-9.

［131］赵全厚，孙家希，李济博．地方政府债券发行机制的国际比较［J］．经济研究参考，2017（70）：35-45.

［132］郑芳芳，陈素云．地方政府债务绩效管理的现实基础与实现路径［J］．地方财政研究，2021（2）：22-30.

［133］郑兴新，张琦，佘怡漫，申若雯，陈石．地方政府债务、金融效率与民营中小企业融资的动态关系研究——基于省际面板数据的 PVAR 模型实证分析［J］．国际商务财会，2020（4）：78-86.

［134］钟玮．高质量推进地方政府专项债管理［J］．新理财（政府理财），2021（6）：47-48.

［135］中国地方政府专项债券管理研讨会［J］．中央财经大学学报，2019（6）：129.

[136] 中国银行课题组．把握政府与市场的边界——英国地方政府债务管理的国际镜鉴［J］．金融市场研究，2014（11）：44-52.

[137] 周海峰．德国政府债务管理经验与启示［J］．财政科学，2016（5）：64-69.

[138] 仲凡．基于风险与绩效相关性的地方政府性债务管理研究［J］．财政研究，2017（3）：20-32.

[139] 邹晓梅．美国市政债券发展实践：现状、特征及启示［J］．全球化，2018（2）：88-99+133.

[140] Besancenot D.，Huynh K.，Vranceanu R. Default on sustainable public debt：Illiquidity suspect convicted［J］．Economics Letters，2004，82（2）：205-211.

[141] Bo L，Mear F C J，Huang J. New development：China's debt transparency and the case of urban construction investment bonds［J］．Public Money & Management，2017，37（3）：225-230.

[142] Canh Thi Nguyen，Lua Thi Trinh. The impacts of public investment on private investment and economic growth evidence from Vietnam［J］．Journal of Asian Business and Economic Studies，2018.

[143] Casady Carter Boon. Examining the institutional drivers of Public-Private Partnership（PPP）market performance：a fuzzy set Qualitative Comparative Analysis（fsQCA）［J］．Public Management Review，2021，23（7）：981-1005.

[144] Cerra V，Saxena S C. Growth Dynamics：The Myth of Economic Recovery［J］．American Economic Review，2008，98（1）.

[145] Checherita-Westphal C，Hallett A H，Rother P. Fiscal sustainability using growth-maximizing debt targets［J］．Applied Econometrics，2012，46（6）.

[146] Cheol Liu，Tima T. Moldogaziev，John L. Mikesell. Corruption and state and local government debt expansion［J］．Public Administration Review，2017（5）：681-690.

[147] Cong L. W.，Gao H.，Ponticelli J.，Yang X. Credit allocation under economic stimulus：Evidence from China［J］．The Review of Financial Studies，2019，32（9）：3412-3460.

[148] Siyuan Dai. Risks and countermeasures of local government debt in China [J] . Modern Economy, 2020 (10): 1611-1620.

[149] De Mello R. Fiscal decentralization and intergovernmental fiscal relations: A Cross-Country Analysis [J] . World Development, 2000, 8 (2): 365-380.

[150] Deloitte Research. Closing the infrastructure gap: The role of Public-Private-Partnership [M] . 2006.

[151] Dezhi Liu. Research on the impact of Chinese government accounting reform on local government debt management [J] . International Journal of Social Science and Education Research, 2020.

[152] Zheng Dianhong, Li Changsheng. Credit risk evaluation of local government debt in Jiangsu Province [J] . World Rural Observations, 2017 (2) .

[153] Dimu Ehalaiye, Nives Botica Redmayne, Fawzi Laswad. Financial determinants of local government debt in New Zealand [J] . Pacific Accounting Review, 2017 (4): 512-533.

[154] Dinci Jessica Penzin, Olajide Sunday Oladipo. Domestic debt and private investment: the case of a small open economye [J] . The Journal of Developing Areas, 2019, 55 (4): 249-267.

[155] Han Hong. The causes and risk prevention of local government debt in China [J] . International Journal of Social Science and Education Research, 2020, 3 (9) .

[156] Ji Hongdan. Research on the influence of information accuracy on the coupon rate of local government special bonds in China [J] . Economics, 2020 (4) .

[157] Irina Bilan. An evaluation of the sale of public assets as alternative public debt reduction strategy in European countries [J] . EIRP Proceedings, 2015, 10 (1): 335-344.

[158] Irem Demirci, Jennifer Huang, Clemens Sialm. Government debt and corporate leverage: International evidence [J] . Journal of Financial Economics, 2019 (2): 337-356.

[159] Jianxin Wu, Yanrui Wu, Bing Wang. Local government debt, factor mis-

allocation and regional economic performance in China [J] . China & World Economy, 2018 (4): 82-105.

[160] Kozera Agnieszka, Standar Aldona, Satola Lukasz. Managing rural areas in the context of the growing debt of Polish local government units [J] . Agriculture Volume, 2020 (9): 376.

[161] Xing Li, Xiangyu Ge, Wei Fan, Hao Zheng. Research on spatial correlation characteristics and their spatial spillover effect of local government debt risks in China [J] . Sustainability, 2021 (5): 2687.

[162] Lizhen Li, Xiumei An. Local government implicit debt under China's public private partnerships: Scope, formation and governance [J] . Journal of Investment and Management, 2018 (5) .

[163] Marco Buso, Frederic Marty, Phuong Tra Tran. Public-private partnerships from budget constraints: Looking for debt hiding? [J] . International Journal of Industrial Organization, 2017 (51): 56-84.

[164] Mauro S G, Cinquini L, Grossi G. External pressures and Lnternal dynamics in the institutionalization of performance-based Budgeting: An endless process? [J] . Public Performance & Management Review, 2018, 41 (2) : 224-252.

[165] Menghan Dai. Is the regulation policy of local government debt effective in controlling stock debt? Analysis based on document No. 43, 2014 of the Chinese State Council [J] . World Scientific Research Journal, 2021 (3) .

[166] Mikesell, John L. The threat to sales taxes from ecommerce a review of the principal issues [J] . Municipal Finance Journal, 2002, 23 (3): 48-60.

[167] Moussa SIGUE, Moussa COULIBALY. Evaluation of the non-linear effects of the public debt on the economic growth of the WAEMU [J] . Research in Economics and Management, 2020 (2) .

[168] M. Yu. Kozhevnikov. Debt of local governments of China: Assessment issues and analysis [J] . Studies on Russian Economic Development, 2019 (6): 714-716.

[169] Nora Traum, Shu - Chun S. Yang. When does government debt crowd out

investment? [J] . Journal of Applied Econometrics, 2015 (1): 24–45.

[170] Office of the Auditor–General New Zealand. Managing the implications of public private partnerships, 2011.

[171] Ouyang Alice Y., Li Rui. Fiscal decentralization and the default risk of Chinese local government debts [J] . Contemporary Economic Policy, 2021 (3): 641–667.

[172] Liao Qi. the Theoretical mechanism of local government debt affecting industrial structure changes [J] . World Scientific Research Journal, 2021 (4) .

[173] Rajakaruna Iwanthika, Suardi Sandy, Perera Nelson. On public debt and twin imbalances in the South Asian region [J] . Applied Economics, 2021, 53 (27): 3080–3069.

[174] Roberts, M. A. A non–monotonic relationship between public debt and economic growth: The effect of financial monopsony [J] . The B. E. Journal of Macroeconomics, 2017, 17 (2): L1–10.

[175] Rongzhou Zhang, Ruoyu Shi, Cheng Li. Local government debt risk measurement and early warning structural system building – research based on KMV and TOPSIS Models [J] . E3S Web of Conferences, 2021.

[176] Rubo Zhao, Yixiang Tian, Ao Le, Francis Boadu, Ze Ren. The effect of local government debt on regional economic growth in China: A non-linear relationship approach [J] . Sustainability Volume, 2019 (11) .

[177] Salyungu Mabula, Felician Mutasa. The effect of public debt on private investment in Tanzania [J] . African Journal of Economic Review, 2019 (1): 109–135.

[178] Saungweme Talknice, Odhiambo Nicholas M. Does public debt service expenditure crowd – out economic growth? Empirical evidence from an African developing country [J] . Studia Universitatis Babes – Bolyai Oeconomica, 2019 (3): 23–38.

[179] Seong–ho Jeong. Does the size of local government debt affect the level of debt of off – budget entities? The case of local government in Korea [J] . International Review of Administrative Science, 2020 (2):

333－348.

[180] Shujuan Li, Peishen Cao. Does local government debt promote China's new urbanization? [J]. Chinese Economy, 2020 (4): 342－354.

[181] SS Husain, MR Amin. Public Private Partnership in livestock sector of Bangladesh [J]. Bangladesh Journal of Animal Science, 2018, 46 (3).

[182] Stucka Tishomir, Sebudde Rachel, Walker Richard. Public debt transparency in Uganda [M]. World Bank, 2021.

[183] Tao Wu, Peng Zhong, Lingyue Wu. Has local government debt promoted economic growth in developing countries? New evidence from a survey in China [J]. E3S Web of Conferences, 2021.

[184] Ugo Panizza, Andrea Filippo Presbitero. Public debt and economic growth: Is there a causal effect? [J]. Mo. Fi. R. Working Papers, 2012, 41 (C).

[185] Weige Yang, Xinyue Wang. Research on the relationship between local government debt scale and local economic development [J]. Frontiers in Economics and Management, 2020 (9).

[186] Yousha Liang, Kang Shi, Lisheng Wang, Juanyi Xu. Local government debt and firm leverage [J]. Asian Economic Policy Review, 2017 (2): 210－232.

[187] Zara Liaqat. Does government debt crowd out capital formation? A dynamic approach using panel VAR [J]. Economics Letters Volume, 2019: 86－90.

[188] Zengping He, Genliang Jia. Rethinking China's local government debts in the frame of modern money theory [J]. Journal of Post Keynesian Economics, 2020 (2): 210－230.

[189] Zheng Changjun, Huang Siwei, Qian Ningyu. Analysis of the co－movement between local government debt risks and bank risk in China [J]. The Singapore Economic Review, 2021 (3).

[190] 김애진. A study on the effect of political factors of local governments on the issuance of local government bonds [J]. The Korea Journal of Local Public Finance, 2017 (1): 161－193.